삶에
행복을 주는
시기적절한 질문

삶에
행복을 주는
시기적절한 질문

"질문으로 내 안에서 답을 찾다"

권귀헌 지음

MIRAE
BOOK

20년 후 당신은 했던 일보다 하지 않았던 일로 인해 더 실망할 것이다.
그러므로 돛 줄을 던져라. 안전한 항구를 떠나 항해하라.
당신의 돛에 무역풍을 가득 담아라. 탐험하라. 꿈꾸라. 발견하라.

마크 트웨인

프롤로그

위대한 소설가 마크 트웨인의 말처럼 떠남은 우리의 숙명일지도 모른다. 새로운 목표를 찾고 그것을 성취하기 위해 계획을 세우고 뭔가를 해내는 것이 바로 우리의 삶이기 때문이다. 이는 곧 변화를 의미하며 현재와 이별하고 낯선 곳으로 떠나감을 말한다. 이런 일련의 과정이 없다면 그것은 살아있음이 아닌 죽음일 것이다. 우리 몸의 세포가 생성과 소멸을 끝없이 반복하는 것처럼 우리는 떠남과 도착 그리고 다시 떠남을 지속적으로 반복하는 것이다.

죽음을 앞둔 사람만이 인생을 한마디로 표현할 수 있을 것이다. 마지막을 겪어보지 않고 감히 인생이란 어떻다고 단언하기는 어렵지 않을까? 그 때문인지 우리는 복잡하고 다양한 삶의 모습과 현상들을 이해하기 위해 여러 비유를 드는 것 같다. 인생을 마라톤이나 연극에 비유하는 것처럼 말이다. 이런 비유는 '순간의 성과에 오만하지 말고 긴 레이스 전체를 봐야 한다, 스스로 주인공이 되어 삶을 적극적으로 살아야 한다'

는 등의 가르침을 주곤 한다.

　마라톤이나 연극도 좋지만 인생을 여행에 비유하는 것만큼 적절한 것도 없는 것 같다. 마크 트웨인의 말처럼 안전한 항구에 머물지 않고 끝없이 새로운 목적지를 향해 떠나는 것이 우리의 삶과 비슷해 보이기 때문이다. 물론 여행과 달리 우리 대부분은 시작과 끝을 선택할 수 없다. 태어남과 죽음을 자기 마음대로 할 수 있는 사람이 어디 있는가. 그러나 시작과 끝 사이에 놓인 그 긴 시간을 어떻게 보낼지는 우리가 선택하고 결정할 수 있다. 이것이 바로 인간이 가진 가장 강력한 힘인 '생각' 이다.

　우리는 자신의 생각에 따라 뭐든지 선택하고 결정할 수 있다. 이것은 진리이다. 그러나 내 맘대로 되는 것이 과연 얼마나 있었나? 우리의 삶이 그러했으므로 생각대로 뭐든 할 수 있다는 말에 동의하기는 쉽지 않을 것이다. 누구나 하기 싫은 일을 해야 할 때도 있으며, 사소한 뭔가를 결정할 때에도 여러 가지 요소를 고려해야 하기 때문에 개인의 생각이나 의지는 상대적으로 중요하지 않아 보인다.

　그러나 그것은 어디까지나 우선순위의 문제라는 것을 알아야 한다. 우리는 늘 선택을 했고 그 대가로 뭔가를 포기했다. 칼을 든 강도를 만나더라도 지갑을 내줄지, 도망을 갈지, 싸울지 선택하는 것은 결국 자신이다. 목숨을 지키기 위해 지갑을 내주기도, 죽어라 도망치기도 혹은 자존심과 정의를 위해 맞서기도 한다. 이처럼 극단적인 상황에서도 선택은 오로지 자신이 한다는 것은 사실이다. 주어진 상황에서 자신이 중요하다고 생각하는 가치에 따라 스스로 결정을 내린다는 말이다.

하지만 우린 너무나 오랫동안 이러한 사실을 잊고 살았다. 자신이 결정할 수 있는 권리를 포기하고 살았다는 것이다. 우리의 삶을 놓고 생각해보자. 태어남과 죽음 사이에 놓인 긴 시간을 어떻게 만들어갈지는 오로지 각자의 선택에 달려있는데도 그 막중한 권한을 유행이나 트렌드에 함부로 맡겨 버리고 있지 않은가. 이제는 주인이 되어 스스로 결정해야 한다.

인생을 쭉 펼쳐놓고 보면 '상황 발생-고민과 판단-결정 또는 선택-행동'으로 이어지는 단순한 구조이다. 때론 행동으로 옮기지 못하지만 주저하고 머뭇거리는 것 또는 아무것도 하지 않는 것도 행동의 일종이다. 그런데 이 일련의 과정이 시작되는 지점, 즉 어떤 일이 발생하는 것은 우리가 어떻게 통제할 수 없다고 해도 그 다음의 모든 과정은 오로지 개인의 역량에 따라 좌우되는 것이다. 즉, 고민이 시작되면서부터 발생하는 거의 모든 일은 개인이 선택하고 책임져야 할 일이라는 뜻이다.

이 과정에서 필요한 것이 바로 질문이다. 필자는 그것을 삶행시, 즉 '삶에 행복을 주는 시기적절한 질문'이라고 명명했다. 이를테면 목표를 찾을 때는 '꿈을 분명히 그릴 수 있는가', '꿈의 기반은 무엇인가', '목적을 분명히 설명할 수 있는가', 위기에 봉착했을 때는 '무엇을 버려야 하는가', '여전히 간절한가'와 같은 질문들이다. 이런 질문들은 던지지 않는다면 결코 찾아낼 수 없는 여러 답들을 가르쳐 준다. 그야말로 우리의 삶에 행복이 뿌리내리기 위한 전제조건이 바로 이런 질문들인 것이다. 이로부터 고민과 판단, 결정과 선택, 그리고 행동이 탄생한다. 질문이 성공이나 행복을 보장하지는 않아도 질문이 없다면 성취도, 성공도, 행복도 없다.

이 책은 긴 여정에 비유되는 삶을 어떻게 살아가야 하는지에 대한 진지한 고민을 담고 있다. 평소에 접하기 쉬운 인터넷 가십거리나 뉴스, SNS의 인기 동영상, 베스트셀러 또는 알려지지 않았지만 의미 있는 책, 리더들의 성공과 실패, 주변 지인들의 잔잔한 일상, 성인(聖人)들의 날카로운 통찰 등 일상에서 경험하고 접하는 거의 모든 것들이 질문에 대한 영감을 얻는 원천이 되었다. 그것들을 곱씹고 곱씹어 건져 올린 질문들은 삶의 순간순간을 지혜롭게 이어갈 수 있도록 잠들어 있는 여러분의 생각을 깨워줄 것이다.

어떤 질문에 대한 답은 사실상 정해져 있다고 해도 과언이 아니다. 예를 들어 '나의 삶은 누구의 것인가?'라는 질문에는 대부분이 '자기 자신'이라고 답할 것이다. 그럼에도 불구하고 이런 질문을 언급하는 것은 우리가 질문 자체를 하지 않아 스스로도 원치 않는 행동을 하고 후회가 가득한 삶을 살기 때문이다. 그런 면에서 질문은 간단하지만 질문이 가져오는 발견은 실로 위대하다고 할 수 있다.

질문은 생각을 자극하고 그 생각은 또 다른 질문을 낳는다. 그리고 답을 찾는 과정에서 발견하는 것은 답 자체가 아니라 변화하고 성장하는 자신이다. 이 책이 제시한 질문이 모든 상황에 어울리는 해결책이 될 수는 없을 것이다. 모든 사람에게 동일한 의미로 다가갈 것이라 기대하지도 않는다. 그럴 수도 없다. 하지만 이 질문들을 기반으로 한 발 한 발 나아가다보면 독자 여러분이 스스로 잉태하는 위대한 질문들을 만나게 될 것이다. 그렇게 일군 수많은 질문들은 우리의 삶을 보다 행복하게 해줄 것이라 확신한다. 아무쪼록 이 책이 우리의 인생을 보다 당당하게 살도록 해주는 자극이 되길 바란다.

2015년 8월
모두가 질문하는 아름다운 세상을 꿈꾸며

권귀헌

차 례

/ Part 3 /
여행길에 오르며 그리고 목적지를 향해

질문하지
않으면
행복은
없 다

PART 1

작은 변화가 일어날 때 진정한 삶을 살게 된다

레프 톨스토이

현실이라는 장벽

죄수의 딜레마

두 명의 용의자가 격리된 취조실에서 심문을 받고 있다. 서로 만나거나 의견을 주고받을 수 없는 상황에서 범죄 행위를 자백하느냐 하지 않느냐에 따라 치르게 되는 죗값은 달라진다. 경우의 수는 이렇다. 둘 중 하나가 배신하여 자백을 하면 배신한 사람은 바로 석방되지만 침묵한 사람은 10년을 복역해야 한다. 그러나 둘 모두 배신할 경우, 모두 5년간 복역해야 하고 둘 모두 침묵할 경우에는 6개월간 복역한다.

이 상황에서 당신이 용의자라면 어떻게 하겠는가? 용의자 A의 입장에서 한번 따져보자. 용의자 B가 침묵을 한다면 당신은 자백해서 석방되는 것이 유리하다. 용의자 B가 자백을 한다고 해도 10년보다는 5년을 복역하는 것이 유리하므로 당신은 자백을 선택할 것이다. 즉, 용의자 B가 어떤 선택을 하더라도 당신에게는 자백하는 것이 유리하다. 그렇다면 용의자 B는 어떨까? 그 역시 동일한 이유로 자백을 선택할 것이다. 그러므로 당신과 용의자 B 모두 자백을 선택하고 각자 5년씩 복역하는 결과를 얻게 된다.

구분	용의자 A의 침묵	용의자 A의 자백
용의자 B의 침묵	모두 6개월씩 복역	A 석방, B 10년 복역
용의자 B의 자백	A 10년 복역, B 석방	모두 5년씩 복역

두 사람 모두 자신에게 가장 유리한 선택을 했는데 왜 결과는 좋지 않을까? 그것은 바로 상대방의 결과를 고려하지 않고 자신에게 돌아올 결과만 봤기 때문이다. 비록 범죄에 연루되긴 했지만 어쨌든 파트너였지 않은가. 그렇다면 상대방의 입장을 한 번쯤 생각해야 하는데 개인의 욕심을 앞세운 결과, 둘 모두 6개월만 복역할 수도 있는 기회를 날려버린 것이다.

'죄수의 딜레마'라고 불리는 이 이야기는 상상 속의 이야기가 아니다. 우리 주변에서 지금도 일어나고 있는 현상을 설명하고 있기 때문에 결코 웃어 넘길 수 없다. 그 대표적인 예가 바로 선행학습인데 남보다 더 많이 더 일찍 배워 놓아야 경쟁에서 앞설 수 있다는 생각이 예습의 범위와 시기를 극단적으로 넓히고 앞당겨 놨기 때문이다.

그것이 얼마나 과도하게 변형되었는가 하면 다음날이나 다음 달에 배울 부분을 예습하는 수준이 아니라 짧게는 1년부터 길면 3년에 해당되는 교과 과정을 미리 배우는 정도에 이르렀다. 10년 전만 해도 학습 부담이 없는 중학교 3학년 겨울방학을 이용하여 고등학교 1학년 수학 정도는 익혀두면 좋다는 정도였는데 요즘은 선행학습의 정도가 상상을 초월한다. 소위 알아주는 특목고에 가려면 초등학교 1학년 때부터 관리를 해야 하는 것은 물론이고 중학교 수학 같은 경우는 초등학교 3학년 때 시작해 중학교 입학 전에 마쳐야 한다는 식이다.

그러다 보니 사교육 시장의 풍문이 교육을 결정하는 꼴이 되어버렸고, 학교 교육은 뒷전이다. 학원가에서는 "이미 늦었다"며 부모들을 자극해 선행 시기를 더욱 앞당기고 있다. 심지어 유명 학원에 들어가기 위해 '새끼 학원'을 다니는 학생도 있다고 하니 과외와 학원에 얼마를 쏟아붓는가는 이제 교육의 한 지표가 된 듯하다.

사교육비는 감당할 수가 없을 만큼 부어올랐고 학군을 보고 무리하게 이사를 한 덕에 일상에서는 여유를 찾을 수가 없다. 그렇다고 아이들의 인생이 대단해지는 것도 아니다. 서로 자기 자식이나 스스로의 이익만 챙기다 보니 우리 모두가 어디로 향하고 있는지 볼 여력이 없다. 잘 살아보자고 시작한 일인데 뒤를 돌아보니 뛰어내릴 수 없는 화차(火車)에 올라타고 있는 것이다. 이것이 죄수의 딜레마와 다를 게 뭐란 말인가.

무한 경쟁만 추구하는 우리 사회에 죄수의 딜레마로 설명할 수 있는 현상은 끝도 없다. 다양할수록 취업에 유리할 거란 막연한 기대감이 만들어낸 '스펙'이라는 것도 그렇다. 정작 채용하는 기업 입장에서는 중요하게 보지도 않는데 취업 준비생들은 그것이 마치 생명줄이라도 되는 양 매달리고 있는 것이다. 많은 시간과 노력을 들여 취득한 자격증이나 인턴 경력, 해외 봉사 경험 등은 단순히 이력서의 한 줄을 채우는 것으로 끝날지도 모른다. 그럼에도 우리는 모두가 경쟁하듯 스펙을 쌓아올리고 있다.

취업 후에도 마찬가지다. 현재의 업무에는 물론이고 앞으로도 크게 사용할 일이 없을 것이 분명한데도 저마다 귀에 이어폰을 꽂고 영어를 듣고 있다. 배워서 나쁠 것은 없다. 자신의 역량을 키우거나 어떤 목표를 세워 성취하는 것도 좋다. 그러나 막연히 남들보다 앞서기 위해, 자신의 역량평가서에 한 줄 더 써넣기 위해 하는 것이라면 이 또한 죄수의 딜레마와 다를 바 없다.

스스로의 결심이나 조직의 방침 덕분에 수많은 변화가 시도되고 있는 것은 좋은 현상이다. 그러나 뛰어내릴 수 없는 경쟁에 내몰리고 있는 것은 아닌지 돌아볼 필요는 있다. 자신은 잘 되자고 시작한 일이 어느 순간 경쟁으로 변하여 원치 않는 결과를 만들어내는 경우가 얼마나 많았던가.

기능보단 성능

물건의 가치는 그 쓰임과 의미에 있다. 어떤 물건의 쓰임이라는 것은 보통 실용적인 측면을 말하는데 사용자가 어떤 가치를 만들어내는 데 기여한다면 쓸모가 있는 것이고 우리는 이를 유용하다고 한다. 예를 들어, 펜은 글씨를 쓸 때 유용하고 지우개는 글씨를 지울 때 유용하다. 칼은 뭔가를 자를 때 유용하고 풀은 반대로 뭔가를 붙일 때 유용하다. 물건 모두 나름대로의 쓸모가 있는 것이다.

반면 물건이 가지는 의미는 조금 다른 관점에서 볼 수 있다. 이것은 물건 자체의 아름다움이 주는 예술적 풍요로움이 될 수도 있고, 과거의 어떤 경험을 함께했다는 정서적 애착이 될 수도 있다. 그래서 이런 물건은 유용하지는 않지만 소장할 가치가 있다. 미술품을 실용적인 측면에서 논하지 않음에도 불구하고 유명 화가의 작품이 고가에 거래되는 것은 그것이 가진 의미 때문이다. 때로는 이것이 경제적 이로움을 주기도 하고 누군가는 이것을 목적으로 미술품을 소장하기도 하지만 이것을 가능하게 하는 것은 작품이 가진 의미 그 자체다. 고가의 미술품이 아니더라도 우리는 학창시절의 일기장, 대학입시를 준비하면서 정리했던 노트, 감히 꺼내보기 어려운 연애편지, 성적표, 부모님의 유품, 우정의 징표 따위를 아무런 쓸모가 없음에도 간직하고 있다. 이 모든 것이 쓰레기통에 버려지지 않는 이유는 이들이 가진 의미 때문이다.

쓰임과 의미가 있는 물건들은 우리의 삶을 조금이라도 풍요롭게 해 준다. 우리에게 정리라는 행위가 필요한 이유는 아무런 쓰임도 의미도 없는 수많은 것들이 우리의 일상을 채우고 있기 때문이다. 자신에게 쓸모와 의미가 있는 것들만 남아 있다면 우리는 그것에 집중하며 보다 풍요롭게 살 수 있을 것이다.

그런데 쓸모와 의미라는 것은 지극히 상대적이다. 이를 다르게 표현하자면 기능 또는 역할이라고 할 수 있다. 예를 들어, 배달업자에게는 1000cc 소형차가 상당히 유용하지만 카레이서에게는 5000cc 스포츠카가 유용하다. 보통의 경우, 배달업자에게 5000cc 스포츠카는 쓸모없는 물건이며 아무런 성능을 발휘하지 못할 것이다. 이런 논리를 조금 더 확장해보자. 중학교에서 물리를 가르치는 교사가 박사학위를 받고 하버드대에서 수년간 연수를 받아야 할 필요는 없어 보인다. 아이들에게 물리를 쉽게 설명하는 기술과 방법을 연구하는 것이 더 적절하다. 야전부대에서 병사를 지휘하는 군인이 영어를 능통하게 구사할 필요는 없다. 오히려 사격술처럼 실전에서 필요한 기술을 연마하는 것이 더 효율적이다. 은행 창구의 직원이 플래시나 동영상 제작 능력을 갖출 필요는 없다. 고객의 요구에 실수 없이 응대하고 은행의 상품을 판매하는 데 전문성을 가지는 것이 낫다. 그렇지 않은가?

그럼에도 불구하고 우리 사회는 거의 모든 것들에 대해 그것의 쓰임과 의미, 즉 기능보다는 성능과 품질에 열을 올리고 있다. 지금 손에 들고 있는 스마트폰만 하더라도 전체 성능의 몇 퍼센트를 사용하고 있다고 생각하는가. 우리는 지금 과도한 성능 경쟁을 하면서 쓸모없는 부가가치를 창출하고 있는 것이다. 저가 스마트폰의 시장 점유율이 높아지

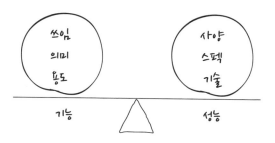

〈어디에 무게를 둘 것인가〉

쓰임
의미
용도

기능

사양
스펙
기술

성능

고 있는 것은 소비자들의 관점이 성능에서 기능으로 바뀌고 있음을 보여주는 단적인 예이다. 물론 디자인을 불필요한 경쟁이라고 말할 수도 있지만 그것은 어디까지나 기능에 포함된다. 디자인이 제공하는 아름다움은 우리의 예술적 감각을 만족시켜 주기 때문이다. 앞서 말한 의미에 포함될 수 있는 것이다.

사람을 대하는 관점 또한 마찬가지다. 조직에서 인재를 채용할 때는 사람의 기능적 측면을 보지 않고, 그 사람의 스펙, 즉 성능을 본다. 그러나 사람의 능력이라는 것은 절대적이지 않다. 어떤 자리에서, 어떤 일을 하더라도 모두 잘해내는 사람은 드물다는 얘기이다. 적재를 적소에 앉히는 것이 바로 리더가 해야 할 일이라면 리더는 오히려 성능 일변도의 자원을 곁에 두는 것이 아니라 여러 기능을 발휘할 수 있는 다양한 자원을 곁에 두는 것이 바람직할 것이다. 소위 스펙이라는 것은 우열을 가리기 위한 기준으로서나 유용할 뿐이지 그것이 그 사람의 능력을 대변하는 것도 아니다. 스펙을 볼 바에야 됨됨이를 보는 편이 더 현명할 것이다.

요즘 대부분의 소비자들은 물건을 살 때 필요가 있는지, 어디에 사용할지, 불필요한 기능은 없는지 깊게 고민하지 않는다. 그 결과 진열장에는 온통 높은 성능의 제품들만 판을 친다. 개발팀에서는 경쟁사에 비해 하나라도 기능을 더 넣으려 안달이다. 그것이 유용한지, 의미가 있는지는 그 다음이다. 그래서 정작 필요한 기능만 가진 제품은 구하기 어렵다.

사람을 볼 때도 그렇다. 우리 사회에서 어떤 기능이나 역할을 하는지 생각하지 않는다. 아무리 못났다고 해도 나름의 의미와 가치가 있는데도 그저 그 사람의 학력, 인맥, 재력, 권력 등 얼마나 능력이 뛰어난지만 본다. 그러나 사람의 능력은 다 다를 수밖에 없다. 그렇다고 해도 그것이 개인에 대한 판단의 기준이 되어서는 안 된다. 그러니 낮은 곳에서 묵묵히 일하는 사람을 업신여기는 일이 생긴다. 사람은 그 자체로 존중을 받아야 하지만 조직이나 사회의 일원으로서는 역할과 기능으로 평가받으면 된다. 우리 사회에 어느 하나 소중하지 않은 자리가 있을까.

역할이나 기능보다 성능과 능력을 우선하는 우리 사회의 문화가 스펙 쌓기를 조장하고 갑의 횡포가 탄생하게 된 근본적인 원인이라고 생각한다. 사회를 구성하는 다양한 모습을 이해하지 못한 채, 피라미드의 정점에 오르는 것만이 유일한 희망이라 믿고 있다는 말이다.

티켓은 한 장뿐

경쟁이 치열해지면서 세상 인심이

야박해지고 대가 없는 호의에는 의심을 먼저 품게 되는 요즘, 많은 사람들은 직장 안에서의 자신을 바둑판 위의 미생과 다를 바 없다고 생각한다. 검은 돌의 공격에 언제 집을 잃을지 모른 채 불안해하는 흰 돌의 모습과 닮았기 때문이다. 실적을 가로채는 상사, 실수를 공론화시키는 동료, 악랄한 단어로 감정을 토해내는 수많은 사람들은 그나마 참을 수 있다. 우리를 정작 힘들게 하는 것은 다시 시작할 수 있는 여지가 없다는 것이다. 그래서 우리는 참고 또 참고 버티는 것이다. 첫 단추가 잘못 채워진 것을 알아도 다시 끼우기가 쉽지 않은 현실을 이겨낼 힘도, 바꿔볼 용기도 없기 때문이다. 이런 삶은 돌이 놓인 자리를 바꿀 수 없는 바둑판과 다르지 않다. 우리들은 너무나 불안한 흰 돌이 되어 버렸다. 바둑판을 한 번 떠나면 다시는 돌아올 수 없는 처지란 말이다.

이런 현실을 가장 단적으로 보여주는 것이 바로 경력단절여성, 소위 경단녀이다. 통계청 자료에 따르면 2014년 4월 기준 15~54세 기혼 여성은 956만 명이다. 이 중에서 결혼, 임신 및 출산, 육아, 자녀 교육, 가족 돌봄 등으로 직장을 그만둔 여성이 무려 213만 9,000명에 달하는 것으로 확인됐다. 전체 기혼 여성의 22.4%가 가정을 유지하기 위해 자신의 직업적 경력을 중단 또는 종료하는 것이다.

정부가 제도적 장치를 통해 상황을 개선하려고 하지만 직업 현장에서는 결혼도 모자라 육아까지 병행하는 여성을 탐탁지 않게 본다. 냉정하게 말하면 기업과 같은 조직은 손에 쥐어 주는 봉급보다 더 일을 시켜도 군말이 없는 젊고 튼튼한 남자 직원이나 다루기 쉬운 여자 직원을 선호한다. 소위 효율의 극대화를 노리는 것이다. 그래서 한국의 여성 직장인들은 결혼과 출산을 기점으로 최적의 노동력을 제공할 수 없다는 편견 때문에 경력이 끝나 버리는 실정이다.

물론 최적의 노동력이란 것은 어디까지나 직관적인 것이다. 그리고 그 직관은 "업무 시간에 자리를 지켜야지"라는 업무 시간의 관점, "상사가 불편함 없이 아무 때나 일을 시킬 수 있어야지"라는 수직적 관점에 의한 것이다. 그러니 육아와 가사를 병행해야 하는 여성 직장인은 최적의 노동력을 제공할 수 없는 것이다.

〈티켓은 한 장뿐, 내리면 다시 못 탄다〉

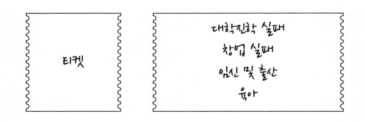

현재 우리나라에서는 직업을 바꾸거나 직종을 전환하는 것이 상당히 어렵고, 여성의 경우에는 결혼과 출산을 기점으로 상당수가 직업 현장에서 이탈하며, 복귀하더라도 오랜 시간이 흐른 뒤 자신의 경력과는 무관한 현장으로 다시 돌아오고 있다. 쉽게 말해, 우리 사회에서는 목적지로 가는 티켓을 딱 한 장만 준다는 말이다. 목적지가 어딘지 명확하지 않음에도 불구하고 일단은 고등학교나 대학교를 졸업하면서 티켓을 받아 챙기고 열차에 몸을 싣는다. 막연히 함께 출발할 수 있었음에 감사해 하면서 말이다.

지금이 아니면
다음도 없다

외국계 투자 회사에 다니는 친구가 외국인 동료와 함께 일하며 경험한 에피소드를 들려줬는데 우리가 생각지도 못한 내용이라 처음 들었을 때는 충격이었다. 외국인 동료의 말인즉슨, "왜 한국 사람은 12시가 되면 배가 고픈지 모르겠다. 모두 밥을 먹으러 간다"는 것이다. 그래, 우리나라 사람들은 왜 모두 같은 시간에 배가 고플까? 설사 배가 고프지 않더라도 왜 모두 같은 시간에 밥을 먹어야 할까?

시기를 두고 하는 상반되는 두 가지의 표현은 바로 '모든 일에는 때가 있다'는 것과 '늦었다고 생각할 때가 바로 가장 빠를 때'라는 말이다. 경우에 따라서는 두 가지 표현이 모두 맞기도 하지만 우리 사회에서는 통상 '특정한 때'를 염두에 두는 전자의 사고방식을 따르는 것 같다. 이를테면 남자의 경우 스무 살에 대학에 들어가고 군대를 다녀온 다음 20대 중반에 취업을 하고 돈을 좀 모아 서른 즈음에 결혼을 한다. 공부도 때가 있고, 취업도 때가 있으며 결혼과 출산도 때가 있다. 마치 12시가 되면 점심을 먹어야 하는 것처럼 소위 '때'를 놓치면 뭔가 이상하게 보인다. 서른이 넘어서도 일자리가 없거나 마흔이 넘어서도 배우자가 없는 자식을 바라보는 부모의 심정이 그럴 것이다.

물론 적기라는 것은 존재한다. 공부는 젊을 때 하는 것이 유리하다. 나이를 먹으면서 학습능력이 떨어지기 때문이다. 아이를 키우기에는 조금 젊을 때가 나아 보인다. 조금이라도 젊을 때 많이 놀아줄 수 있기 때문이고 아이의 유치원이나 학교 체육대회에서 상이라도 받으려면 사십 대 때보다는 삼십 대 때가 나을 것이다. 빨래는 해가 날 때 널어야 하고, 찌개는 뜨거울 때 먹어야 제맛이다. 결재를 올릴 때는 상사의 기분을 반드시 체크해야 하고(좀처럼 맑은 날이 없는 그들의 기분을 우리는 날씨라고 표현한다), 투자한 자금을 뺄 때는 시기를 잘 봐야 한다.

그러나 이 적기라는 것이 말 그대로 적당한 시기라는 것을 인식해야 한다. 상대적이라는 말이다. 다른 시기에 비해 조금 낫다는 의미인데 마치 이것이 절대적이라는 듯, 이 시기를 놓치면 대단한 가치를 잃어버리는 것으로 오해해서는 안 된다는 말이다.

점심식사를 일정한 시기에 먹는 것은 생체리듬을 지키는 데 대단히 중요하고 이것은 건강과 직결된다. 끼니를 들쭉날쭉 해결하면 소화계통에 문제가 생긴다. 그렇다고 모든 사람이 같은 '때'에 밥을 먹어야 한다는 말은 아니다. 또, '간헐적 단식'으로 건강을 지키는 사람들처럼 일부에게는 생체리듬 자체가 완전히 다른 개념일 수도 있다. 없는 살림에도 결혼을 서두르는 사람이 있는 반면, 경제적으로 안정된 뒤 결혼하려는 이도 있다. 취업이 어려워 대학원에 진학하기도 하지만 정말 공부가 좋아서 그러는 사람도 있다. 이들에게 취업은 대학 졸업 후 반드시 치러야 할 과업이 아니다.

그럼에도 불구하고 우리 사회는 마치 지금이 아니면 다음도 없다는 식의 협박으로 가득 차 있다. 한정판이라는 위협적인 마케팅 문구는 우리에게 '지금 사지 않으면 다음에는 절대 못 산다'는 불안감을 선사한다. 그렇게 우리는 인생에서도 적기를 놓치지 않으려 애쓰며 살아간다. 티켓도 한 장뿐인데, 그 티켓을 지금 바로 꺼내 써야 하는 사회, 그게 바로 오늘날의 우리 대한민국인 것이다.

CHAPTER

장벽을 마주한 우리

겁쟁이

화려한 조명을 받고 있는 무대 위에 세 개의 문이 설치되어 있다. 그리고 한 대의 자동차와 두 마리의 염소가 각각 문 뒤에 놓여 있다. 자동차가 어느 문 뒤에 있는지 알고 있는 사람은 오직 사회자뿐이다. 확률은 1/3이다. 어디 있는지 맞히기만 하면 멋진 자동차의 주인이 될 수 있는 기회가 생긴 것이다.[1]

모든 것을 운명에 맡긴 채 왼쪽 문을 지목한다. 그러자 사회자는 나머지 두 개의 문 중 다른 하나(오른쪽 문)를 열어 보인다. 거기에는 염소가 서 있다. 그러고는 "결정을 바꾸겠습니까?"라며 다시 한 번 선택의 기회를 준다. 여러분이라면 어떻게 할 것인가? 결정을 바꿀 것인가? 아니면

---

1 몬티홀이라는 미국의 TV쇼 프로그램에서 유래한 확률문제

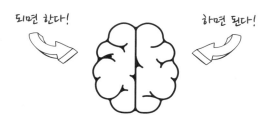

<나는 어느 쪽인가?>

되면 한다!

하면 된다!

첫 번째 문에서 자동차가 나오길 기다리며 결정을 고수할 것인가?

결정을 잠시 미루고 확률에 대해 조금 짚어보고 가는 게 좋을 듯하다. 확률은 어떤 사건이 일어날 수 있는 가능성을 수로 표현한 것인데 수학적(선험적) 확률과 통계적(경험적) 확률로 구분할 수 있다. 수학적 확률은 자동차가 어디 있는지 고르는 이벤트처럼 경험하지 않고도 계산에 따라 확률을 구할 수 있는 경우를 말한다. 반면 통계적 확률은 과거에 이러이러 했기 때문에 이번에도 이럴 것이라며 통계치를 들어 추정하는 것이다. 야구 경기에서 타율이 높은 선수가 안타를 칠 확률이 높다고 생각하거나 축구 경기에서 페널티킥을 실축한 경험이 있는 선수가 또 실수할 수도 있다고 생각하는 경우를 말한다.

자동차와 염소가 있는 무대로 돌아가 보자. 결정을 번복할 텐가 아니면 고수할 텐가? 사회자가 염소 한 마리의 위치를 알려줬으므로 자동차가 첫 번째 문 뒤에 있을 확률은 50%가 아닐까? 그렇다면 결정을 바꾸든 바꾸지 않든 같은 것이 아닐까? 그러나 수학적 확률로 문제를 바라

본다면 결정을 번복하는 것이 유리하다. 왼쪽 문을 선택한 순간, 그 뒤에 자동차가 있을 확률은 1/3, 다른 두 개의 문 뒤에 자동차가 있을 확률은 2/3이다. 그런데 사회자가 오른쪽 문을 열어 염소를 확인시켜 주는 순간, 가운데 문에 자동차가 있을 확률은 2/3로 올라간다. 처음에는 모든 문의 확률이 1/3로 동일했지만 확률이 증가한 것이다.

여기에서 우리는 확률이란 것을 다시 봐야 할 필요를 느낀다. 확률이 높은 것과 실제 당첨이 되는 것은 별개의 문제이기 때문이다. 제작진이 매번 첫 번째 문에 자동차를 배치할 수도 있지 않은가. 학창시절, 객관식 시험 문제에서 연거푸 동일한 번호가 답으로 선택될 때 뭔가 불안해서 고치면 틀리곤 했었다. 선생님의 고상한 취미처럼 제작진도 그럴 수 있지 않을까? 극단적이라고 생각하지 않기를 바란다. 현실 세계에는 수학적 논리 이외의 다양한 변수가 상당히 많이 존재하기 때문이다.

경우 1	자동차 (첫 선택)	염소 (번복한 선택)	염소 (문 열린 곳)
경우 2	염소 (첫 선택)	자동차 (번복한 선택)	염소 (문 열린 곳)
경우 3	염소 (첫 선택)	염소 (문 열린 곳)	자동차 (번복한 선택)

왼쪽 문을 선택하고 그 선택을 바꾸지 않을 경우 자동차를 갖게 될 확률은 1/3이다. 그런데 사회자가 염소가 놓여 있는 문 중 하나를 연 뒤 결정을 번복할 기회를 줬을 때 처음의 선택을 바꾼다면 외와 같은 세 가지의 가능성이 생겨난다. 경우 1이라면 자동차를 잃게 된다. 그러나 경우 2, 3이라면 자동차를 얻게 된다. 그러므로 결정을 번복할 경우, 당첨 확률이 높다.

문제는 많은 사람들이 확률을 매우 신뢰한다는 것이다. 특히 수학적 확률은 모든 경우가 발생할 조건이 동일할 수가 없고, 모든 경우의 수를 경험적으로 구현하기가 어렵기 때문에 실생활에서 활용하기는 어렵다. 예를 들어 염소와 자동차를 맞히는 쇼에서 자동차가 각각의 문 뒤에 서 있을 경우의 수를 동일하게 할 수는 없다. 만약 그렇게 한다면 총 90번의 방송을 한다고 했을 때(이것 또한 어디까지나 가정이다) 종반부로 갈수록 맞힐 확률은 높아진다. 마지막 90번째 방송에서는 어느 문 뒤에 있을지 누구나 알기 때문에 확률은 100%이다. 이것은 공정하지 않으므로 제작진은 특정 문 뒤에 배치하는 빈도를 늘릴 수 있고, 몇 회 방송하는지 공개하지 않을 수도 있다.

또 학교에서 A(AO)형 남자와 B(BO)형 여자 사이에서 AB형 아이가 나올 확률이 25%라고 가르치지만 실제로는 그렇게 되지 않는다. 아들이나 딸을 낳을 확률도 설명할 방법이 없다. 필자는 누나만 다섯인 반면 아들만 셋을 낳았다. 적어도 필자의 어머니나 필자에게는 딸과 아들을 낳는 문제가 확률적으로 설명되지 않는다. 누가 필자에게 "확률은 반반이니까 앞으로 두 명을 더 낳으면 그중 하나는 딸일 거야"라고 말할 수 있겠는가. 수학적 확률은 어디까지나 논리에 따른 확률일 뿐이다.

반면 경험적 확률은 유용한 편인데 통계를 활용하여 예측의 정확성을 높이는 방법이 실제 효과를 내고 있기 때문이다. 미국 메이저리그 동부지구의 템파베이 레이스 감독 조 매든(Joe Maddon)은 상대편 타자들의 안타구가 떨어지는 지점을 모조리 분석하여 해당 선수가 타석에 들어섰을 때 타구가 떨어질 확률이 높은 지점으로 미리 수비를 이동시킴으로써 수비 효율성을 상당 수준 끌어올렸다. 과거에 우익수 방면으로 안타를 쳤던 선수는 앞으로도 우익수 방면으로 안타를 칠 것이라 예상했는데 그것이 맞아 떨어진 것이다. 이외에도 경험적 확률은 선거 결과를 예측하거나 기상 예보 등에 유용하게 사용된다. 그러나 경험적 확률 또한 현재 또는 미래를 100% 담보하지는 않는다. 확률 자체가 가능성의 문제이기 때문이다.

복잡한 확률 이야기를 길게 꺼낸 이유는 확률이 낮은 게임은 하지 않으려 하는 우리의 마음가짐을 말하기 위함이다. 취업도 어렵고 경기도 나빠지면서 성공 가능성이 높은 일을 하려고 하며 그렇지 못하더라도 실패 가능성이 없는 일만 하려는 경향이 심해졌다. 취업률 높은 대학과 학과에 학생이 몰리고 큰 문제가 없으면 60세까지 안정된 생활을 할 확률이 높은 공직에 몸담으려는 사람이 많아진 것도 그 단적인 예이다. 이 자체가 문제는 아니지만 스스로에 대한 깊은 성찰 없이, 소위 확률 싸움에서 이기기 위해 이런 선택을 했다면 결과에 대한 기쁨이나 행복이 그리 오래가지 않을 것이다.

확률에만 의존했다면 베이징 올림픽, 일본과의 야구 준결승전에서 이승엽 선수가 쏘아 올린 역전 투런 홈런의 감격을 맛볼 수 없었을 것이다. 그는 직전까지 삼진, 병살, 삼진을 기록했고 올림픽 내내 부진하여 타율도 1할 2푼에 그치고 있었다. 통계를 근거로 들었다면 이승엽 선수는 엔트리에서 빠졌어야 한다.

에디슨(Thomas Alva Edison)도 수천 번의 실패 끝에 전구를 개발했고, KFC창업주 할랜드 커널 샌더스(Harland David Sanders)도 1009번째 가게에서 자신의 치킨 레시피를 팔 수 있었다. 통계로 따지자면 이들의 성공 확률은 1/1000이다. 과연 요즘의 젊은이들에게 성공 확률이 1/1000인 일에 도전하라고 하면 몇 명이나 그 일에 뛰어들까?

확률이 높은 것을 맹신하지도, 확률이 낮다는 것에 겁을 먹을 필요도 없다. 그것은 하나의 의견에 지나지 않는다. 언제나 예외는 존재한다. 정말 자신에게 필요한 일이라면 그냥 하면 된다. 자신이 하고 싶은 일이면 가능성만 타진하지 말고 큰맘 먹고 해야 한다. 힘들어도 인내하고, 불가능에 도전하라는 말이 아니다. 무조건적인 희생을 강요하는 것도 아니다. 확률만 따지느라 본질을 놓쳐서는 안 된다는 말이다. 관심 있거나 잘하는 분야가 아닌데도 상급자에게 좋은 평가를 받을 확률이 높다는 이유로 특정 보직을 맡거나, 자신이 전공한 분야이고 조직에도 매우 중요한 프로젝트이지만 실패 위험이 높다는 이유로 발을 담그지 않으려는 것이 바로 확률만 따지는 행동이다.

도전에 대한 자신의 입장이 "하면 된다"가 아닌 "되면 한다"는 아닌지 돌아봐야 한다. 현실이라는 장벽 앞에서 우리가 선택했던 것들은 언제나 성공 확률이 높은 일이었다. 그것을 과연 도전이라고 할 수 있을까? 용기는 어디 가고 두려움만 남았다.

오류투성이

운전하는 사람이라면 길을 잘못 들어 고생한 경험이 한 번쯤은 있을 것이다. 게다가 뒷자리에 누군가가 타고 있었다면 뒤통수에 쏟아지는 눈총을 이겨내기는 어려웠으리라. 2008년 여름, 필자는 아내와 아내의 직장 동료 2명을 태우고 장거리 길에 올랐다가 고속도로를 잘못 타는 바람에 1시간가량이나 돌아간 적이 있었다. 도대체 길을 알긴 아는 것이냐며 화를 내는 아내보다 더 무서웠던 것은 자신들은 괜찮다며 오히려 아내를 말리던 동료들의 웃는 얼굴이었다. 몇 번 가본 터라 가는 길을 잘 안다고 생각했는데 그게 화근이 된 것이다.

사람들이 일을 그르치는 것은 뭔가를 잘 몰라서가 아니라 잘 안다고 확신하기 때문이다. 마치 길을 잘 알고 있다고 착각한 것처럼 말이다. 우리는 자존심을 지키려고 또는 어리석어 보이지 않기 위해서 뭔가를 잘 안다고 생각하며 주위 사람에게도 그렇게 떠벌리고 다닌다. 그러고는 그 생각이 틀리지 않다는 것을 증명하기 위해 주변의 말이나 여러 신호를 무시한다. 필자가 "길을 잘 모르면 내비게이션 켜고 가"라는 아내의 조언을 귓등으로도 듣지 않은 것처럼 말이다. 목적지가 가까워질수록 반신반의했지만 "곧 아는 길이 나올 거야. 이정표도 있으니까"라며 안심했다. 내비게이션을 켜는 순간, 길을 잘 안다는 말은 거짓이 되고 의기양양했던 내 자신이 우스꽝스러워진다고 생각했다. 하지만 이런 생각이 필자를 점점 늪으로 끌고 들어갔고 거기에서 빠져나오는 데는 무려 1시간이나 걸렸다.

횟수나 정도의 차이는 있지만 누구나 가끔 이런 실수를 범한다. 사실이나 실제와는 다르게 생각하는 것이다. 몇 가지 예를 들어보겠다. 현재의 배우자와 다시 결혼할 의향이 있는가를 묻는 질문에 남성은 50%가 다시 하겠다고 했지만 여성은 30%에 불과했다. 이것을 '다른 성향의 배우자를 한번 만나보고 싶어 한다'는 정도로 결론 내리기에는 문제가 좀 심각하다. '하고 싶지 않은 편이다' 또는 '절대 하지 않겠다'라는 답변이 남성의 경우 12%에 불과했지만 여성은 25%에 달했기 때문이다.[2] 기혼 여성 네 명 중 한 명은 자신의 남편을 정말 끔찍하게 생각하는 것이다.

부모들은 자녀교육에 관해서도 다양한 경험과 풍부한 학습 기회를 제공하면 아이들이 행복한 삶을 살 수 있을 것이라 기대한다. 그러나 아이들의 일기장에는 숨 쉴 틈 없이 몰아치는 부모들의 교육 방식에 대한 원망이 쌓이고 있다. 앞날을 위한다고 하지만 과연 누구를 위한 앞날인지에 대해서는 고민이 부족하다. 지금 당장 아이들의 영혼이 병들어 가고 있는데 부모가 생각하는 미래의 행복이 아이들의 병을 낫게 해줄지도 의문이다.[3]

국내의 한 대기업에서 업무 실적을 스스로 평가해달라는 설문을 한 적이 있는데 '내가 적어도 50% 안에는 든다'는 문항에 '그렇다'고 답한 직원이 87%에 달했다. 100명 중 최소 87명이 스스로를 더 우수하게 평

---

2 2010년 여성가족부 가족실태 조사

3 조선일보 기사(2014. 11. 20) 『어느 초등생의 일기, '온종일 엄마에 이끌려 학원 시험지에 파묻혀'』

가하고 있다는 말이다. 상사들은 부서 단결을 위해 회식이 꼭 필요하다고 생각하지만 정작 부하 직원들은 업무의 연장선으로 생각할 뿐이다. 회식을 싫어한다는 부하 직원은 무려 70%에 달한다. 회식을 일컬어 함께하기 싫은 사람과 맛없는 음식을 내 돈 내고 먹어야 하는 가장 고된 일이라는 볼멘소리가 나오는 것도 무리는 아니다.

정말 많은 일들을 사실이나 실제와 다르게 알고 있지 않은가? 앞서 언급한 것처럼 우리는 많은 착각 속에 살고 있다. 그러나 일상에서 그것을 바로 보기는 어렵다. 왜냐하면 우리는 '그럴 것이라 믿고 있는' 자신의 생각을 뒷받침하는 선택만 하게 되고 그러한 자료만 받아들이기 때문이다. 회식을 좋아했던 부하 직원들만 기억하고 시계를 쳐다보며 지루해했던 직원들은 기억나지 않는 것처럼 말이다.

자신의 신념 체계에 반하는 증거, 즉 기존의 선택이 잘못되었다는 것을 입증하는 증거는 받아들이지 않고, 자신의 신념에 비추어봤을 때 딱 맞아떨어지는 것(확인된 증거)들만 받아들이는 생각의 오류를 심리학에서는 '확증 편향의 오류'라고 한다. 이를테면 길을 잘못 들었음이 명백해지는 새로운 환경, 낯선 교차로, 목적지가 아닌 지명만 보이는 이정표 같은 것들 말이다. 나는 이러한 정보를 무시했다. 심지어 조금이라도 비슷하면 과거의 기억과 결부시켜, "그래, 그때 봤던 길과 비슷해", "어, 맞아 그때도 여기 이런 가로등이 있었던 것 같아"라고 스스로를 안심시켰다. 믿고 싶은 자료들만 선별한 결과는 참혹했다.

스위스항공 그룹 산하의 여러 계열사에서 CEO를 역임한 롤프 도벨리(Rolf Dobelli)는 교육 수준이 높은 사람들조차 스스로는 논리적이고 합리적인 결정을 내렸다고 믿지만 그렇지 않은 경우가 많다는 것을 발견했다. 이를테면 아무런 근거도 없이 자신이 소유한 물건에 대해 상대가 제시한 가격보다는 더 받아야 한다고 생각하거나(5천만 원짜리 중고 자동차를 4천만 원에 샀으면서도 이를 5천 5백만 원에 되파는 것은 아깝다고 생각한다) 휴가를 가려고 예매한 비행기 표를 비행기 추락사고가 뉴스에 나온 뒤 취소하는 행동(비행기가 추락할 확률은 여전히 매우 낮다) 같은 것들 말이다.

이 같은 생각의 오류들을 이해하려는 갈증이 심해지면서 그는 미국 동부 해안의 수많은 학자들과 긴밀히 교류했고 자신의 고민거리를 정리하여 책으로 엮었다. 발간 6개월만에 30만 부가 팔린 그의 책《스마트한 생각들》에는 내가 범했던 '확증 편향의 오류'를 포함한 52가지 생각의 오류가 나온다. 천 원을 아끼기 위해 먼 길을 걸어 다니던 사람이 수천만 원짜리 자동차를 살 때는 몇 백만 원짜리 옵션을 대수롭지 않게 선택하기도 하고, 홈쇼핑에서 남은 물량이 얼마 남지 않았다는 경고 문구가 뜨면 주문을 위해 전화기를 들고야 마는 사람이 있다. 주사위를 던져 '6'이 열 번 연속해서 나왔다면 그 다음 번에도 '6'이 나올 거라 기대하는 것은 욕심이다. 하지만 주사위가 '6'이 나올 확률은 처음 주사위를 던졌을 때처럼 변함없이 '1/6'이다.

뭔가를 믿는 것, 신뢰하고 확신하는 것은 바람직한 일이다. 그러나 때로는 두 눈 크게 뜨고 있는 자신이 정작 코끼리의 꼬리를 만지는 장님이 되어 있는 건 아닌지 돌아봐야 한다. 눈에 보인다고 그것이 모두 우리의 사고 과정에 개입하여 의미 있는 정보를 만들어주지는 않는다.

착각이란 것은 어떤 면에서 자신이 알고 있는 정보나 지식에만 의존하여 믿고 싶은 대로 편하게 생각한 결과라고 볼 수도 있다. 논리적일 뿐 아니라 합리적이기까지 한 우리의 사고과정이 실제로는 오류로 가득 찬 모순덩어리일지도 모르는 것이다. 현실이라는 장벽 앞에서 복잡하거나 불리한 생각은 최대한 회피하고 유리한 결과만을 취해온 것은 아닌지 돌아봐야 할 것이다.

책임 전과자(前科者)

우리 사회에서 책임감이란 단어가 큰 관심을 끌 때는 대형사고가 발생해 막대한 손실이 발생했을 때, 또는 정책이 실패하여 국민에게 직접적인 불편과 피해를 입혔을 때이다. 책임감이라는 가치는 지니고 있는 고결한 의미에도 불구하고 대부분 부정적인 상황과 관계가 깊다. 왜냐하면 이것은 공기나 물과 같아서 제대로 지켜질 때에는 아무런 표시가 나지 않지만 그렇지 않을 때는 일이 커지기 때문이다. 학교에 납품되는 식자재를 무책임하게 검수하면 아이들은 중금속에 노출될 수도 있고 상한 음식을 먹어 식중독에 걸릴 수도 있다. 자동차 생산 라인에서 자신의 역할에 무책임하다면 바퀴가 흔들리거나 브레이크가 들지 않는 위험한 자동차들이 도로를 질주할 것이다.

책임이란 말에는 어떤 사안에 대해 어떤 반응을 할지 자신이 결정할 수 있다는 뜻이 포함되어 있다. 영어식 표현에서도 책임(responsibility)은 반응(response)할 능력(ability)을 말하고 있는 것처럼 자신에게 책임이 있다는 것은 자신이 결정권을 갖고 어떤 행동을 했다는 것을 말한다. 또 책임감을 느낀다는 것은 자신의 결정으로 현재의 상황이 만들어졌음을 인정하는 것이다. 그러므로 책임감은 매우 고결한 가치다. 그것은 자신이 해야 할 일을 중요하게 생각하고 누가 보지 않더라도 스스로의 신념에 따라 지켜나가는 마음이다.

사회가 복잡하고 거대해지면서 구성원의 역할이나 임무에 대한 책임감은 건강한 사회를 유지하기 위한 첫 번째 조건이 된다. 혼자서는 살 수 없는 세상에서 자신에게 필요한 재화나 서비스는 다른 사람의 손을 거치지 않을 수 없다. 그것을 믿고 쓴다는 것은 그것의 생산과정에 관여한 사람의 책임감을 믿는다는 말과 같다. 군것질거리에서부터 식자재에 이르기까지 먹을거리를 선택하는 기준의 바탕에는 생산자에 대한 믿음이 깔려있다. 법규를 지키는 것은 물론이고 자신이 먹는다는 생각으로 책임을 다해 만들었을 거라는 그 믿음이다. 우리가 버스나 지하철을 타는 것도 안전할 것이라는 믿음에 기인한다. 믿음보다 불신이 크다면 걸어서 다니거나 직접 운전을 할 것이다.

우리 사회를 뒤흔들었던 대형 인재들의 근원에는 모두 관계자들의 부족한 책임감이 깔려있다. 2014년 침몰한 세월호는 운항시간을 단축하기 위해 해양수산부가 제안한 권고항로를 이탈했다. 구명 뗏목은 정비 부실로 펴지지도 않았고 해상 안전에 대한 승무원 교육은 부족하고 부실했다. 최초 설계와는 달리 불법 개축 및 증축한 것이 밝혀졌으며 그 과정에서 이뤄진 검증은 부실하기 그지없었다. 1995년 붕괴된 삼풍백화점은 설계도 상 32인치였어야 할 기둥이 실제로는 23인치에 불과했고 설계도에는 없는 5층을 불법 증축했다. 게다가 붕괴 2년 전인 1993년에는 15톤에 달하는 대형 옥상 환풍기들을 설치했고 사고 전날에도 너비 1m, 깊이 20cm의 함몰 지점을 발견했음에도 보수공사로 넘겼다. 1994년 성수대교 붕괴 사고도 부실공사 및 소홀한 유지관리가 원인이었다.

사고의 원인을 파헤쳐 보면 불법 증축을 용인했거나, 안전점검에 소홀했음이 드러난다. 근무시간에 딴짓을 했거나 경고 신호를 무시했음도 밝혀진다. 결국 모든 비정상적인 원인의 배경에는 책임감의 결여라는 암세포가 존재한다.

책임감의 결여는 비단 대형 사고에서만 발견되는 문제가 아니다. 모든 현장에서 두텁게 요구되는 책임감은 오히려 사회 전반적으로 빈약해 보인다. 자신의 일을 중요하게 생각하지 않고 신념을 다하지 않다보니 언제나 책임감이 부족하다. '책임감'은 소위 '잘해야 본전'이 되는 거 추장스런 것으로 바라본다. 그러다 보니 책임을 다하는 것보다는 책임을 전가하는 데만 촉이 서 있다. 그래서 무슨 일만 생기면 "책임자를 찾아 엄중 문책할 것이다"라고 엄포를 놓는 일이 반복된다. 사태를 가장 잘 알고 수습을 담당해야 할 책임자들은 일을 해결하기 위해서가 아니라 자신의 책임을 최대한 덜어내기 위해 골머리를 앓는다.

오히려 처음부터 책임감을 가졌다면 일이 잘못되어도 책임질 일이 없다. 모두가 책임을 다했는데도 일이 생긴다면 그것이야말로 사람의 문제가 아니라, 통제할 수 없는 환경이나 상황의 탓이기 때문이다.

오늘날 우리는 모두 책임 전과자(前科者)가 되었다. 사안의 경중은 있겠지만 자신이 져야 할 책임을 다른 사람, 통제할 수 없는 어떤 상황이나 천재지변, 때로는 '운'과 같은 대상에게 전가하고 있기 때문이다. 출근 버스를 놓친 것도 늦게 깨워준 아내 탓이고 버스가 만원인 것도 정책을 잘못 수립한 시당국 탓이다. 거래처와의 계약이 틀어진 것도 담당자가 민감한 사안을 제때 보고하지 못했기 때문이며 심지어 배가 나오고 살찌는 것도 과도한 업무에 따른 스트레스 때문이다. 그런데 과연 그런가? 스스로에게는 아무런 책임이 없는 것일까?

건강한 사회가 유지되는 첫 번째 조건은 각자의 일에 책임을 다하는 것이다. 자신이 하는 작은 일에서부터 책임감을 가지고 임한다면 누구에게도 책임을 전가할 일이 없다. 자신에게 주어진 책임을 다했기 때문이다. 단순히 먹고살기 위해 하는 일이라고 할지라도 이 사실은 변함없다. 보다 나은 내일을 준비한다는 게 현재의 일에 무책임해도 좋다는 변명이 될 수는 없다.

무책임을 용인하는 사회 분위기와 개인적 습관은 스스로의 삶에 대해서도 그러한 자세를 갖도록 하는데 이것이 실은 더 큰 문제이다. 물론 이것은 '닭이 먼저냐 아니면 달걀이 먼저냐'와 같이 무책임의 원인이 개인에서 출발한 것인지 사회에서 학습된 것인지는 좀 더 고민해 봐야한다.

그러나 어떤 일이든 책임을 면하는 데 익숙한 나머지 물건을 사는 일상의 소비에서부터 인생의 중요한 결정들, 이를테면 고등학교에서의계열 결정이나 대학 또는 학과 선택, 취업, 경력, 연애, 혼인, 출산, 자녀교육, 선거, 지역사회 참가 같은 일에서도 그러한 태도를 취하게 된다면분명 심각한 문제이다.

책임지는 것에 서툰 우리는 순수한 내면을 대면하는 것에 익숙하지않다. 그래서 성찰이나 반성과 같이 자신과 마주 서는 불편한 숙제를 하지 않기 위해 잘못된 결과에 대한 책임을 자기 외부로 돌린다. 말로는주인의식과 소명의식을 갖고 산다고 하지만 책임과 관련해서는 줄곧남들이 인생을 대신 살고 있는 모양새이다. 모든 일을 자신의 책임으로돌리고 자책하는 것도 문제이지만 자신의 책임은 전혀 없다며 회피하는 것이 더 큰 문제이다.

코가 베여도 질문할 용기

한 줌 먼지에 불과한 지식

우리가 아는 것은

한 줌 먼지만도 못하고

짐작하는 것만이 산더미 같다

그토록 열심히 배우건만

우리는 단지 질문하다 사라질 뿐

- 칠레 시인, 파블로 네루다(Pablo Neruda, 1904~1973)

세상은 점점 복잡해지고 단순했던 지식은 그 시작을 알 수 없을 만큼

얽히고설켰다. 사람들의 이목을 끌 수 있는 제품을 만들려면 수학, 물리, 화학뿐 아니라 시각적 디자인부터 산업디자인, 심리 그리고 소비자 동향까지 이해를 해야 한다. 게다가 수익을 올리려 한다면 경영과 경제, 심지어 환경 문제까지 관심을 가져야 한다.

불과 20년 전까지만 해도 지물포에서 벽지를 직접 사서 도배를 했다. 이때는 그냥 무난하기만 하면 그만이었다. 환경 호르몬이나 냄새 따위는 고려 대상이 아니었다. 아니, 그런 건 생각조차 하지 않던 시절이었다. 그러나 지금은 새집에 들어갈 때 가장 걱정하는 것이 새집증후군이다. 벽지나 장판과 같은 곳에서 인체에 유해한 물질이 배출될 것을 가장 우려하기 때문이다. 그러다 보니 음이온과 같이 건강에 좋다는 물질이 배출되는 제품도 등장한다. 소위 친환경이라는 스티커가 하나 붙으면 가격이 20%는 올라간다. 그럼에도 절대 경쟁에서 밀리지 않는다.

이처럼 단순히 벽지를 만들어 팔더라도 예쁘게 만들어 팔기만 했던 시절과는 비교도 할 수 없을 만큼 많은 요소를 고려해야 한다. 디자인, 심리, 의학, 경제, 경영 분야의 전문가가 없이는 벽지 하나를 만드는 것도 쉽지 않다는 얘기다. 그만큼 사회는 복잡해졌고 지식과 기술은 서로 연결되어 또 다른 형태의 지식과 기술을 만들어내고 있다.

우리는 많은 것을 안다고 생각하지만 사실 그렇지 않다. 학계에서 박사 학위가 가지는 의미는 그 분야의 전문가가 되었다는 것을 말하지 않는다. 오히려 '이제 무엇을 모르는지 아는 수준, 그러므로 스스로 공부할 수 있는 단계'라고 생각한다.

착각에서 벗어나야 한다. 네루다가 말한 것처럼 우리가 아는 지식은 한 줌 먼지만도 못할지 모른다. 그러므로 우리는 이런 착각을 깨뜨리기 위해 질문을 던져야 한다. 의심을 품고 질문할 때 변화는 시작된다. 이 책에 제시된 수많은 질문은 바로 우리가 가지고 있는 착각, 편견, 고정관념을 허물어줄 것이다. 그 시작이 되는 첫 번째 질문은 자신의 꿈이 정말 자신의 것인가 하는 것이다. 착각의 늪에서 나와 인생이라는 긴 여행을 한번 즐겨보자.

생각이 다른 것은 자연스러운 현상이다. 차이를 인정하고 가능성을 열어두자. 오히려 거기에서 발생하는 에너지를 변화의 발판으로 삼는 유연성을 가져야 한다. 모두가 동의하고 고개를 끄덕이는 의견일수록 위험요소가 많은 법이다. 반대와 비판이 존재할 때, 그 의견은 더욱 성장할 수 있다. 일종의 정반합, 즉 변증법과 같은 원리이다. 그렇게 알아가고 부족한 것을 채우는 것이다. 지식은 이러한 과정을 통해 더욱 견고해진다. 그리고 이 과정에서 가장 중요한 것은 바로 질문이다.

'지피(知彼)'보다 '지기(知己)'

　　　　　　　　　　김철수 부장은 이번 달 실적보고를 가까스로 마쳤다. 전달 대비 10%나 매출이 줄어들었고 경쟁사의 성장률도 심상치 않았다. 무려 2시간 가까이 임원들의 따가운 눈총과 질문 공세를 온몸으로 버텨내고 사무실로 돌아와 자리에 앉았다. 회의 전부터 보고 자료를 준비한 부하 직원들은 김 부장의 눈치를 살피느라 분주하다. 이미 의지력이 바닥난 상사에게서 건전하고 합리적인 피드백을 받는 것은 불가능하기 때문이다. 이런 상황에서 눈치 없는 나 대리는 그동안 미뤄왔던 보고를 한 번에 해결하겠다며 김 부장에게 보고서를 들이민다. 김 부장은 맘에 들지 않는 나 대리가 더 맘에 들지 않는다. 울화가 치민다. 면전에 대고 소리를 지르고 싶다.

여러분이 만약 이런 상황이라면, 스트레스가 극에 달하고 정상적인 사고가 어렵다면 어떻게 해야 할까? 손에 든 보고서를 확 찢어버리거나 상대방을 향해 소리치고 싶을 때 숨을 깊게 들이마신 뒤 스스로에게 한 번 물어보자.

'정말 이것 때문인가?'

화가 치미는 이유는 여러 가지가 있을 수 있지만 분노에 불을 붙인 최후의 사건에 모든 원인을 돌리는 경우가 많다. 그런데 우리의 자제력(의지력)은 마치 근육과 같아서 쓰면 쓸수록 힘을 잃기 때문에 화가 난 원인은 어쩌면 이전부터 축적되어온 모든 스트레스들이라고 할 수도 있다. 만약 실적보고를 마친 김 부장이 부하 직원의 어떤 실수에 화를 냈다면 그것은 회의에서 쌓인 스트레스 때문이지 부하 직원의 실수가 큰 비중을 차지하는 원인이었을 확률은 적다. 이런 일은 일상에서 비일비재하다.

기분이 그나마 괜찮은 출근 무렵에는 그냥 넘어갈 부하 직원의 실수도 점심이 가까워질 무렵이나 복잡한 문제로 고민한 뒤, 또는 장시간의 회의 뒤에는 간과할 수 없는 중대과실이 되어 버린다. 그렇다고 화나는 상황을 무조건 참아 넘기라는 것은 아니다. 감정은 표출하되 다른 방식을 택하는 것이 좋다. 우리의 뇌는 생각보다 단순하기 때문에, 깊은 숨을 들이쉬거나 잠깐 그 자리를 벗어나는 것, 또는 5분 정도 뒤에 다시 이야기하는 것만으로도 충분히 감정을 다스릴 수 있다. 그리고 점심시간에 햇볕을 쬐며 산책을 하거나 일이 끝난 뒤 몸을 움직여 땀을 조금 흘리면 스트레스는 대부분 해소된다.

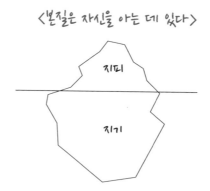

〈본질은 자신을 아는 데 있다〉

지띠

지기

그러니 정말 울화통이 터질 때에도 정말 이것 때문에 화가 나는 것인지 한번 자문할 필요가 있다. 리더는 수많은 덕목을 가져야 하지만 무엇보다도 자신의 감정을 잘 컨트롤할 수 있어야 한다. 혹자들은 화끈하다는 표현을 빌려 '화를 낼 땐 확실히 화를 내고, 다독일 땐 다독여주는 리더'라고 그런 부류의 사람들을 치켜세우지만, 자신을 대하는 누군가의 태도 때문에 감정이 허물어졌다면 이를 회복하기는 여간 어려운 일이 아니다. 그것은 그냥 그 사람의 스타일일 뿐이며 오히려 함께 일하는 사람에 대한 배려가 없다고 해야 할 것이다.

사실 이것은 누구나 다 아는 이야기이지만 의지력이 바닥났을 때 이러한 사실을 깨닫기는 어렵다. 게다가 어딘가로 감정을 표출하지 않으면 답답해 미칠 지경일 수도 있다. 그러나 냉정하게 따져보면 그것은 어디까지나 변명에 지나지 않는다. 더욱이 리더의 자리에서 그런 행동을 한다면 리더십에 큰 타격을 받을 테고 이는 앞으로 조직을 이끄는 데 치명적인 약점으로 작용할 수도 있다.

질문은 정말 간단하고, 어떤 면에서 보면 매우 작은 일이다. 겨우 세 어절로 이뤄진 문장, "정말 이것 때문인가?"는 너무나도 쉬워서 어디에 메모할 필요도 없다. 하지만 이 질문이 가져오는 결과는 실로 위대하다. 실적보고를 하면서 스트레스를 많이 받았다는 것(물론 예상은 했겠지만 스트레스는 쌓이게 된다), 지금은 건전하고 합리적인 판단을 할 여력이 없다는 것, 누군가와 대화를 한다면 감정적으로 흐를 수도 있다는 것, 무엇보다도 잠깐의 여유와 휴식이 필요하다는 것은 너무나도 간단하고 짧은 이 질문에서 얻을 수 있는 답이다.

감정을 억누를 필요는 없지만 조절하거나 통제할 필요는 있다. 김 부장이 만약 이 질문을 통해 자신의 상태를 정확하게 진단했다면 "보고서를 두고 가면 검토해볼게. 다시 얘기 나누자" 또는 "점심식사 후에 다시 들어오지"와 같이 답할 수 있을 것이다. 그리고 의지력을 회복한 뒤에는 정상적인 판단과 피드백이 가능할 것이다. 그러나 이 질문(굳이 이 질문이 아니더라고 자신의 상태를 알아볼 수 있는 질문)을 하지 않는다면 감정적으로 나가기 쉽다. 그동안 쌓였던 감정, 회의에서 받은 스트레스는 나 대리의 가슴에 비수가 되어 꽂힐지도 모른다. 자신의 감정도 조절하지 못하는 김 부장은 심리적으로 나약한 상사로 평가받을 것이고 팀을 지휘하는 데 적지 않은 타격을 입을 것이다. 적어도 나 대리의 잠재력과 충성심은 거기서 끝이 난다.

세상을 제대로 살아가기 위해서는 타인이나 주변을 이해하는 것도 필요하지만 우리 스스로를 잘 아는 것 역시 매우 중요하다. 춘추시대 최고의 병법이론가였던 손자는 《손자병법》에서 "적을 알고 나를 알면 백 번을 싸워도 위태롭지 않다"고 했다. 그는 전쟁은 하지 않는 것이 가장 좋지만 굳이 해야 하는 상황이라면 반드시 이겨야 한다고 했으며 전쟁에 임할 때는 반드시 상대방과 자기 자신을 철저히 이해해야 한다고 말했다. 적의 전략이나 전술을 잘 알더라도 자신의 능력을 모른다면 제대로 대응할 수 없기 때문이다. 그러나 우리들은 다른 사람이 무엇을 가졌는지, 얼굴의 어떤 부분을 고쳤는지, 새로 구입한 차는 할부인지 리스인지, 몇 평으로 이사했는지, 연봉은 얼마나 되는지에만 관심이 있을 뿐이다. 정작 자신이 어떤 사람인지에 대해서는 무관심할 정도이다. 매일 보는 거울 속의 사람이 어떤 철학과 가치관을 신봉하는지 제대로 알고는 있는가.

개인을 일컬어 하나의 세상이라고 할 만큼 인간이라는 존재는 그 안에 철학, 심리, 역사, 예술, 언어, 윤리, 이데올로기, 패러다임, 기호 등이 존재한다. 그래서 하나의 인간을 온전히 이해하기란 쉽지 않은 일이고 영원히 불가능한 일일지도 모른다. 타인은 물론이고 자기 자신도 마찬가지다.

　그러나 영원히 불가능할지라도 우리는 알아가야만 한다. 적어도 스스로에 대해서는 그렇게 해야 한다. 내 인생의 주인이 바로 나인데 나 자신을 모른다면 대체 누구의 삶을 산다는 말인가. 그리고 질문은 바로 그 앎의 시작이 될 것이다. 때로는 보다 객관적인 관점에서 외부의 시선이나 검사 도구를 활용할 수도 있다. 그러나 그 결과를 자신의 것으로 받아들이는 데에는 자신에 대한 성찰과 반성, 즉 또 다른 질문이 필요하다. 결국 자신을 알기 위해 질문을 던지는 것이 타인과 주변을 알아가는 것보다 더 중요하다는 말이다.

작지만
위대한 시작

　　　　　　　　눈 감으면 코 베어가는 세상도 모자라 이제는 눈을 뜨고 있는데도 코를 베어간다는 말이 나온다. 믿을 사람 하나 없다는 말이 틀리지 않아 보인다. 그럼에도 불구하고 우리는 세상이 그려놓은 밑그림 위에서 아무런 의심도 없이, 우리의 삶에 정해진 색깔을 정해진 시기에 칠하고 있다. 학창시절에는 말 잘 듣는 모범생이라는 것이 최고의 찬사이며 좋은 대학에 들어가는 것은 온 집안이 달라붙어서 해결해야 할 3년짜리 핵심 프로젝트이다. 대학에 들어가고 나서는 안정된 직장을 잡기 위해 또 다른 프로젝트에 돌입한다. 못 믿을 세상이라고 하면서도 이놈의 공식은 어느 누구도 거부하지 않는다. 오히려 열렬히 맹신한다. 도대체 모범생은 무엇이며, 좋은 대학의 기준은 무엇인가. 직업을 선택할 때 안정성보다 더 중요한 가치가 진정 없다는 말인가.

크게 다르지 않은 삶을 바람직한 것이라 믿고 있다면, 남들만큼만 살라는 말이 이상하게 들리지 않는다면 이제 우리는 스스로에게 질문해야 한다. 왜 남들과 비슷한 삶을 살아야 하는지. 그리고 우리가 닮아가려는 표준화된 삶은 정말 내가 살아가야 할 삶인지.

수많은 유혹이 우리를 흔들고 있다. 많은 사람들이 차별화를 추구하지만 그 차별화를 통해 얻어 내는 것은 무엇일까. 자신에 대해 성찰하지 않는다면 차별화의 결과는 결국 남들과 같은 표준화된 삶이다. 그저 더 많은 돈, 더 넓은 인맥, 더 큰 권력을 좇기 위해 차별화라는 전략을 사용했을 뿐이라는 말이다.

남들과 달라야 한다는 말은 독특한 삶을 살라는 것이 아니다. 죽을 만큼 고생을 하라는 것도 아니다. 남과 다르다는 것은 자신의 판단과 선택의 중심에 오로지 자기 자신이 존재해야 한다는 것이다. 스스로 질문하고 고심해서 결정한 일이라면 그 결과 또한 받아들이기 쉬울 것이다. 누구에게 책임을 미루지도 않는다. 남 탓하지 않는 삶에서 우리는 비로소 행복을 느낄 수 있다.

세상이 흔들리는 것을 막을 수 없다면 내가 중심을 잡고 버틸 수밖에 없다. 흔들리는 버스를, 요철이 심한 도로를 나무랄 수는 없다. 물 잔을 쥐고 있는 손을 잘 간수하거나 물을 빨리 마시는 것 외에는 도리가 없다. 문제는 세상이 아니라 그 세상을 살아가는 나 자신이다. 그러므로 해법도 내 안에 있는 것이다.

경쟁은 나날이 가속화되고 있다. 자신에게 주어진 단 한 번의 기회를 잘 살리지 못한다면 그걸로 끝일 수 있다는 걱정도 든다. 하지만 사실 우리에게는 끝없이 많은 기회가 있다. 그 기회는 바로 질문에서 나온다. 세상에 존재하는 모든 답들은 질문에서 나왔다는 사실을 명심하자. 확률 높은 싸움만 해왔던 겁쟁이, 세상을 다 안다고 착각하는 오류투성이, 그리고 자신의 삶을 책임지지 않으려는 책임 전과자라는 꼬리표를 떼고 이제는 질문을 통해 변화의 주인공이 되어 보자. 질문하는 행위는 작지만 위대한 시작이다.

도전에 대한 자신의 입장이 '하면 된다'가 아니라
'되면 한다'는 아닌지 돌아봐야 한다.
현실이라는 장벽 앞에서 우리가 선택했던 것들은
언제나 성공 확률이 높은 일이었다.
그것을 과연 도전이라고 할 수 있을까?

어 디 로
떠 날 지
정 하면서

PART 2

운은 계획에서 비롯된다

브랜치 리키

진정 나의 목표인가?

짜장면과 공무원

　　　　　　　　　　전세가는 천정부지로 뛰어 2014년
10월 기준, 우리나라 전체 평균가는 1억 4,228만 원에 이르렀다. 300만
원 월급쟁이가 한 푼도 쓰지 않고 4년 가까이 모아야 하는 액수로 소위
평범한 가정을 꾸리기 위해서는 누구나 부모의 도움을 받거나 빚을 내
야 한다는 말이다.

　한편, 고령층의 경제활동 참가율은 고용선진국을 월등히 앞서고 있
다. 2012년 기준, 65세 이상 남녀의 경제활동 참가율은 각각 41.6%,
23%로 고용선진국 평균인 19.5%와 10.5%에 비해 2배 이상 높은 것으
로 나타났다. 기대수명 연장과 저출산으로 고령화가 가속화되면서 노
동연령도 덩달아 노화되고 있는 것이다. 2014년 9월 기준, 노인빈곤율

은 50%에 육박한다. 복지선진국인 네덜란드와 룩셈부르크는 1.5%, 2.8%에 불과하다. 일을 하고 싶어서라기보다는 일을 해야만 하는 현실의 슬픔이 고령층의 경제활동 참가율로 나타났다.

위 두 가지 지표만 놓고 봤을 때, 대한민국은 자식의 전셋집을 구하는데 평생 모은 돈을 쓰고 여생은 또 힘겨운 노동을 해야 하는 그런 피로사회가 된 것이다. 자식은 또 부모의 그런 삶을 이어받는다.

힘든 삶을 그대로 드러내 주는 이러한 통계자료들은 사회를 움츠러들게 한다. 부모는 자연스레 자식에게 원하는 것을 맘껏 해보라고 격려할 수가 없다. 다만 위험한 길로 가는 것만은 막고 싶을 뿐이다. 부모의 이런 생각은 치열한 교육열을 넘어서 안정적인 직장을 구해야 한다는 바람과 압박으로 나타난다. 그리고 이것은 사회에 비교적 빨리 적응한 학생들의 현실 감각과 결합하여 한국의 4대 장래희망을 만들어냈다.

지구상에 수만 가지의 직업이 있음에도 불구하고 교사, 공무원, 법조인(변호사나 판검사), 의사 같은 직업에만 목을 매는 이유를 이해할 수 있는가? 그것은 마치 수만 명의 수험생이 하나같이 짜장면을 제일 좋아한다고 말하는 것과 다를 바가 없다. 기이한 이 현상은 서민들의 생활이 점점 어려워지고 있다는 것을 감안하더라도 납득하기 어렵다. 아무런 고민 없이 우리 모두가 짜장면을 주문하고 있는 것이다.

달리 말하면 진로와 직업 선택에 대한 개인의 사고 과정이 거의 프로그래밍 되었다고 볼 수밖에 없는 것이다. 왜냐하면 그것은 음식을 먹는 것처럼 쉽게 체험해 볼 수 없어서 간접적인 정보에 의지할 수밖에 없기 때문이다. 그래서 뭘 하는지도, 자신이 뭘 원하는지도 모른 채 노량진 고시촌에 방을 잡고 공무원 시험을 준비한다. 점심을 짜장면으로 통일하는 것도 모자라 장래희망까지도 공무원으로 통일해야 할 정도이다. 이런 식으로 직업을 선택하게 되면 자신이 스스로 선택했다는 감정을 가지기는 어려울 것이다. 자연히 어떤 책임의식이나 창의적인 성과를 기대하기도 쉽지 않다. 부모를 포함한 사회는 위기감을 조성하고 불안감을 조장하여 그들의 꿈과 목표는 모두 고이 접게 만든 뒤 짜장면 같은 획일적인 목표를 다시 부여해준다. 그리고 아이들은 주변의 기대에 부응하기 위해 착한 아이로 거듭난다.

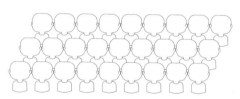

〈진정 우리가 원하는 것은 무엇일까?〉

우리는 모두 짜장면을 좋아하며 공무원을 꿈꾼다

자기결정성

　　　　　　1969년, 미국의 심리학자 에드워드 데시(Edward L. Deci)는 인간의 동기에 관한 위대한 실험을 수행한다.

대학생 두 그룹이 퍼즐을 통해 여러 가지 과제를 수행하는 것이었는데 목적은 다른 데 있었다. 과제 중 주어지는 8분간의 휴식시간에 대학생들이 어떤 행동을 하는지 알아보기 위함이었다. 첫날, 아무런 보상이 없었음에도 두 그룹 모두 휴식시간 중 3분 45초를 퍼즐에 할애했다. 다음 날에는 A그룹에만 '과제를 완수하면 1달러를 주겠다'고 보상을 제시했다. 그러자 A그룹은 휴식시간 중 약 5분을 퍼즐 과제 수행에 사용했다. 반면 B그룹은 전날과 달라지지 않았다. 3일째 되는 날에는 첫날과 마찬가지로 아무런 보상을 제시하지 않았다. 그러자 A그룹은 휴식시간의 3분만 과제 수행에 할애한 데 반해 B그룹은 전날보다 더 긴 시간을 사용했다. 의욕을 고취시켰던 외적 보상이 사라지자 동기가 감소했던 것이다. 오히려 아무런 보상이 없을 때 퍼즐에 몰두했고 과제를 즐겼다.

이 실험은 인간의 주체성을 밝혀낸 실험으로 상과 벌이 인간의 행동을 이끈다는 '스키너'식 행동주의로부터 인간의 존엄성을 되찾아냈다. 인간이 고작 당근과 채찍에 따라 움직이는 존재가 아니라는 것을 입증한 것이다. 이 결과는 경제적 이득, 권력에 대한 욕구, 외부를 향한 이미지 등과 같은 외재적 요인이 공공사회에 대한 헌신, 대상에 대한 호기심, 자발적 욕구와 같은 내재적 동기보다 강력하지 않다는 후속 연구 결과를 뒷받침하게 된다.

1985년, 에드워드 데시는 리차드 라이언(Richard M. Ryan)과 함께 《인간 행동의 내재적 동기와 자기 결정성》이라는 책을 세상에 내놓는다. 이들은 외재적 동기에 대립되는 것으로 인식되었던 내재적 동기를 좀 더 보완하여 자기결정성(Self-Determination)이라는 개념을 제시했다. 인간은 내면에서 우러나는 마음(내재적 동기) 뿐 아니라 행동이나 성과에 대한 외부의 보상과 자극, 환경적 요인(외재적 동기) 등을 종합적으로 고려하여 자기 스스로 대처하고 행동한다. 즉, 스스로의 의지와 결정이 동기를 만들어내는 핵심이라는 것이다. 바꿔 말하면 누군가가 어떤 행동에 대한 책임을 지기 위해서는 그 행동의 출발이 자신의 결정이어야 한다는 것이다.

물론 우리 모두 이 사실을 잘 알고 있다. 하려고 했던 일도 막상 누가 시켜서 '일할 맛이 안 난 적'이 얼마나 많았는가. 데시의 실험에서도 유추할 수 있듯이 인간은 자신의 행동을 스스로 결정하는 권한, 즉 자율성이 침해당했을 때 의욕을 상실하기 때문이다.

인간은 어떠한 상황에서도 스스로 결정했다고 느낄 때 적극적이고 능동적으로 몰입할 수 있다. 마음에서 진심으로 우러난 것이면 더할 나위가 없겠지만 설사 그렇지 않다고 해도 최종적인 결정은 자신이 했다는 감정과 근거를 갖는 것이 중요하다.

목표를 성취하려고 출발선에 섰을 때는 그 목표가 정말 자신이 결정한 것인지 반드시 물어봐야 한다. 상황에 내몰려 어쩔 수 없이 선택했다고 해도 스스로 내린 결정이라는 데에 정서적으로 동의하지 못한다면 그 일은 시작하지 않는 것이 나을 수도 있다. 자, 한번 물어보자. 진정 스스로 결정한 목표인가?

모든 주먹을 피할 순 없다

자신에게 중요한 일을 스스로 결정하거나 선택하는 것은 매우 당연한 일이다. 판단 자체만 놓고 보면 결국에는 자기 자신이 마음을 정하는 것이기 때문이다. 그러나 그러한 결정을 내리는 사고 과정에서 정작 가장 중요한 자신의 생각이 빠진다는 게 문제다. 예를 들어 직장 상사와의 갈등으로 고민을 하고 있는데 주변 사람들이 "그렇게 스트레스 받으며 일해서 뭐하려고 그래. 다른 곳을 알아봐"라고 조언을 한다면 어떤 생각이 들까? 아마도 이직을 심각하게 고려할 것이다. 자신의 진로, 경력, 연봉 등을 깊게 고민한 끝에 이직을 결정했다고 해보자. 그런데 예상과 달리 더 나은 직장을 구하지 못하거나 경제적으로 어려운 상황에 놓이게 되었다. 이런 상황이라면 아마 적지 않은 사람들이 자신에게 이직을 권유했던 사람을 원망할 것이다. 이직하고 나서 더 나빠진 상황에 대한 책임을 누군가에게 떠넘기고 싶기 때문이다.

자신이 내린 결정임에도 불구하고 책임을 회피하려는 이유는 뭘까? 결정에 대한 책임을 회피하는 버릇이 있는 사람은 결정 과정에서 자신의 생각을 최대한 배제하려 한다. 이 현상을 자세히 들여다보면 거기에는 두 가지 이유가 존재한다.

먼저 자신에 대해 잘 모르기 때문이다. 잘 모를 뿐 아니라 자신의 판단 자체를 믿지 못한다. 대학 진학, 취업, 연애, 결혼 등의 문제를 전적으로 자신의 신념과 주관으로 결정한 사람이 얼마나 될까? 오히려 자신에 대해 잘 알 것 같거나 세상을 좀 더 많이 경험한 사람에게 이 같은 문제에 대한 결정을 전적으로 의지하는 경우도 있다. 불안에 떨며 혹은 호기심에 점을 보는 행위도 이와 같은 맥락이다. 이런 사람들은 스스로를 잘 모르고, 안다고 해도 그것을 확신하지 못하기 때문에 좀 더 믿을 만한 정보를 찾는다. 하지만 누구도 자기 자신보다 더 자신을 잘 알 수는 없다. 우리가 간과해서 그렇지, 자신의 내면에 깊은 대화를 걸어보면 이 말의 진정한 의미를 알 수 있을 것이다.

또 다른 이유는 인간관계에 대한 그릇된 신념 때문이다. 다른 사람들의 의견을 귀담아 듣는 것은 몰랐던 사실을 알려 주거나 문제를 새로운 관점에서 보도록 해주기 때문에 매우 중요하다. 그러나 자신의 생각보다 자신을 둘러싼 사람들의 목소리를 더 비중있게 다루는 것은 문제가 된다. 오히려 뭔가를 결정하고 선택할 때에는 자신이 무엇을 중요하게 생각하는지, 어떤 가치를 추구하는지가 밑바탕에 놓여야 한다.

그럼에도 불구하고 인생의 주인이 되길 포기한 채 자신의 삶을 스스로 이끌어 가지 못한다. 이것은 주변과 조화롭기를 원하고 나아가 괜찮은 사람, 좋은 사람으로 인정받고 싶은 마음이 주변의 목소리, 생각, 이해관계 등을 판단의 1순위에 올려놓기 때문이다. 우리의 연약한 마음이 자기결정성이란 심리적 권리를 허락하지 않는 것이다.

"인생은 난타전이다."라는 말은 실베스터 스탤론(Sylvester Stallone) 주연의 영화 〈록키 발보아〉에 나오는 말이다. 챔피언이었던 자신의 명성 때문에 어깨 한 번 펴지 못하고 주변의 사람들을 의식하며 사는 아들을 향해 록키는 이런 말을 한다.

"인생에는 센 주먹을 많이 날리는 것만큼이나 상대방의 주먹을 맞고도 버티는 힘이 필요하다. 세상에는 밝고 따뜻한 곳뿐 아니라 어둡고 햇살이 비치지 않는 곳도 있다. 몇 대 맞지 않으려고 남과 세상을 탓해서는 안 된다. 남들을 지나치게 의식하지 말라. 타인의 시선에 연연하지 않고도 되고 싶은 사람이 될 수 있다."

필자는 우상이었던 실베스터 스탤론이 '근육도 많이 작아졌는데 왜 환갑의 나이에 다시 록키를 찍었을까'(록키 5가 나오고 무려 17년이 지났다) 궁금했는데 아들과의 대화 장면을 보고는 의문이 풀렸다. 세상으로부터 날아오는 주먹을 모두 피할 수는 없다. 자신의 생각에 모두가 찬성하거나 지지를 표하는 일은 없다는 말이다. 누군가는 우리의 감정을 건드리고 불편하게 하며 서 있기조차 힘들 정도로 격렬히 흔든다. 이들이 원하는 것은 기존의 질서를 유지하는 것이다. 열정이나 아이디어만으로 세상에 변화를 일으키는 행위는 용기가 부족했던 자신이 감히 도전하지 못한 일이기 때문이다. 그러므로 자세를 낮추고 중심을 확고히 잡는 게 무엇보다 중요하다. 마음이 원한다면, 열정이 뜨겁다면, 자신에 대해 아무것도 모르는 세상의 이목 따위는 신경 쓰지 말고 그 일을 해야 한다. 실베스터 스탤론이 하고 싶었던 말은 바로 이런 말이 아니었을까.

그가 직접 각본을 쓰고 감독과 주연을 맡은 〈록키 발보아〉는 대중에게서 잊혀 가던 그가 정상급 영화인으로 다시 존재감을 얻게 되는 계기가 되었다. 세상은 젊은 나이도 아닌데 액션 영화만 고집하는 실베스터 스텔론을 조롱하고 무시했지만 그는 자신이 가장 좋아하는 그 일을 통해 결국 자신이 옳았음을 증명했다. 그는 세상을 향해 하고 싶은 말을 〈록키 발보아〉를 통해 그대로 던진 것이다. 일흔을 바라보고 있음에도 여전히 새로운 작품에 열정을 쏟고 있는 실베스터 스텔론이야말로 세상의 소리에 흔들리지 않는 굳건한 중심의 상징이다.

<인생은 난타전이다>

세찬 비바람을 모두 이겨내야
꽃이 피고 열매를 맺는다

세상이 아무리 흔들어도
쓰러지지 않고 버텨야 한다

자기결정성은 당연하지만 우리가 놓치고 있던 심리적 권리이다. 자신에 대해 아는 것만큼 타인의 의견에 흔들리지 않는 것도 중요하다. 세상의 누군가는 자신을 싫어할 수도 있다는 생각에 마음 아파할 필요는 없다. 그보다 더 마음 아픈 것은 그런 이들의 시선 때문에 자신의 인생이 원치 않는 방향으로 틀어지는 것이다. 인생에서 무엇이 더 중요한지 생각해보라. 답은 간단하다.

행복 씨앗의
발아 조건

권한과 책임은 함께한다. 무엇을 결정할 수 있다면 거기에는 책임이 따른다는 말이다. 그래서 대부분의 조직은 구성원 각자의 권한과 책임을 규정하고 있다. 권한만 행사하고 책임은 지지 않거나 권한은 없는데 책임만 지게 되는 것을 방지하기 위해서이다. 제대로 돌아가는 조직은 이 둘이 적절한 균형을 이루고 있다.

그런데 조직에서 권한의 범위와 이를 행사하는 절차를 명문화하기는 비교적 쉬운 반면 책임에 대한 규정은 다소 두루뭉술한 것이 현실이다. 예를 들어, 권한에 관해서는 '예산의 집행은 본부장이 승인해야 하고 반드시 집행 하루 전 사용목적과 내역을 보고해야 한다'는 식으로 권한을 행사하는 주체와 절차 등을 세분화할 수 있다. 그러나 책임은 대부분의 경우 좋지 않은 결과에 대한 부담이나 제재를 의미하기 때문에 권한과 같이 세부적으로 규정할 수가 없다. 더군다나 어떤 일을 하다 보면 실수를 할 수도 있고 목표를 달성하지 못할 수도 있는데 이때마다 책임을 묻는다면 제대로 일을 할 수 없을 것이다.

책임이란 것이 모호하게 규정되어 있는 것은 그것이 어디까지나 인식과 개념에 관한 문제이기 때문이다. 법적인 문제로 확산되지 않는다면 책임이란 것은 어떤 결과에 대해 자신의 본분을 다하는 것이다. 그러므로 무슨 일이 터질 때마다 자리를 내놓거나 조직을 떠나는 방식으로 책임을 다하는 것은 잘못이다. 우리 사회에 만연해 있는 이런 형태의 책임 추궁은 좋지 않은 결과에 대한 피해를 남겨진 사람들에게 전가하는 것 외에 아무런 효과도 없다. 오히려 권한은 탐하면서 책임은 피하기 쉬운 문화를 만들 뿐이다. 우리 주변에는 조직에 실패를 안기면서도 요직에만 머무는 철새들이 많지 않은가.

책임은 끝까지 함께하겠다는 자세다. 그리고 그런 의지다. 빛을 보든 어둠으로 떨어지든 함께한다는 것이다. '한번 해보고 안 되면 그만'이라는 자세라면 권한을 행사해서는 안 된다. 권한만 행사하고 일의 결과에 대해서는 나 몰라라 하는 사람, 공약만 남발하고 실천은 하지 않는 사람, 말과 행동이 다른 사람을 무책임하다고 말하는 것도 끝까지 함께한다는 의지를 보이지 않기 때문이다. 이런 무책임한 행동들이 큰 사건과 사고의 근원이 되는 것이다.

그런데 권한과 책임을 우리 각자의 삶에 빗대어 보면 더 심각한 문제를 발견할 수 있다. 책임은 고사하고 어떠한 권리 행사도 보기 어렵기 때문이다. 인생에 놓인 수많은 선택 앞에서 그것을 결정할 권한은 오로지 자신에게만 있는데 그 사실을 모른다. 많은 사람들이 그 권한을 외면하거나 포기한다. 누군가가 대신 결정하고 선택해주기를 바란다. 심지어 삶의 목표, 진로, 직업까지도 말이다. 자신이 결정한 일에 대해서도 책임을 지지 않으려고 하는데 자신이 결정하지 않은 일에 대해서는 어떻겠는가.

행복이 싹트기 위해서는 자기결정성을 확보해야 한다. 어렵게 생각할 필요는 없다. 모든 일은 자신의 선택에서 비롯되었다고 인식하면 되는 것이다. 이것은 두 가지 측면에서 중요한 의미를 갖는다. 첫째는 마음의 안정이다. 자신의 삶이 자신의 의지대로 펼쳐진다고 생각하면 만족감이 높아진다는 것이다. 결과의 좋고 나쁨과는 관계없다. 이런 마음가짐은 나쁜 결과조차도 긍정적으로 받아들이는 여유를 갖게 해주기 때문이다. 둘째는 책임감이다. 어떤 일을 끝까지 함께한다는 책임감은 그 일이 자신의 의지에 의해 시작되었을 때만 강력하게 유지된다. 그래야만 결과에 대해 어떤 불만이나 변명도 생기지 않는다. 책임감은 바로 거기에서 싹튼다.

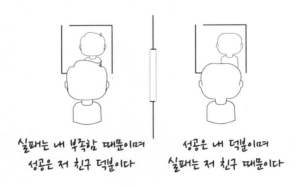

〈나는 어디에 가까운가〉

실패는 내 부족함 때문이며   성공은 내 덕분이며
성공은 저 친구 덕분이다   실패는 저 친구 때문이다

경영학자 짐 콜린스(Jim Collins)가 말한 거울과 유리창 이론을 떠올려 보자. 세계 최고의 기업을 이끄는 위대한 리더들은 나쁜 결과에 대해서는 거울을 바라보며 자신에게 책임을 돌리고 좋은 결과에 대해서는

유리창 너머의 다른 사람들에게 그 영광을 돌린다. 이러한 이타적 자세역시 "모든 결과에 대한 책임은 내가 진다. 왜냐하면 내가 결정했기 때문이다."라는 경영 철학에서 비롯되는 것이다.

자기 자신이 아니라 부모, 친구, 형제, 교사, 코치, 멘토, 유행, 여건, 상황이 만들어 놓은 선택지를 그대로 집어 든다면 그런 결정에는 어떤 책임감도 따르지 않을 것이다. 해도 그만 안 해도 그만이라는 생각만 커지고 결과가 나쁘다면 결국 자신의 외부로 비난의 화살을 돌리게 된다. 지난날을 한번 돌아보자. 자신에게는 책임이 없다며 말 그대로 무책임한 변명한 늘어놓은 적은 없었는지.

우리가 자신의 꿈과 목표에 대해 책임감을 기대하기 위해서는 그것을 스스로 결정해야 한다. 그렇다고 모든 결정을 처음부터 끝까지 혼자해야 한다는 것은 아니다. 오히려 결정에 이를 때까지는 다양한 정보를 분석하고 많은 사람들과 충분히 소통해야 한다. 멘토의 충고나 조언도 귀담아 들어야 한다. 그러나 판단과 결정 그 자체는 오로지 스스로 해야한다. 그것은 다른 그 누구도 대신할 수 없다. 이 단계는 매우 고독하고 힘들다. 판단을 위해서는 생각하는 데 많은 에너지를 쏟아야 하며 무엇인가를 결정하는 데에는 극심한 스트레스가 따른다. 그럼에도 불구하고 결정은 혼자 하는 것이다. 자신의 문제를 부모나 형제, 친구나 선후배가 참석한 회의에서 다수결로 결정하는 사람은 없을 것이다. 진로나직업, 혼인과 같이 중대한 결정을 과반수 찬성표로 결정할 텐가? 그러므로 자신의 인생 문제는 스스로 결정해야 한다. 어떤 상황에서 결정하더라도 스스로 결정했다는 인식을 갖는 것이 중요하다. 이것이 바로 행복이라는 씨앗이 자신의 삶에 뿌리내리기 위한 최소한의 조건이다.

Homo
Unaskus

해도 되고 안 해도 그만이다
실패의 원인을 주변의 탓으로 돌린다
사소한 정보에도 반응한다

Homo
Askus

목표 달성에 책임감을 가진다
결과가 좋든 나쁘든 받아들인다
고민 끝에 시작한다

왜 하려는지 설명할 수 있는가?

과거와 미래를 잇기

하얀 종이에 두 개의 점을 찍어보자. 그리고 두 점을 이으면 직선이 된다. 두 점을 각각 과거와 미래라고 한다면 현재는 이 직선의 가운데 어디쯤 존재할 것이다. 그러나 두 점 사이에 또 하나의 점을 찍은 다음 세 점을 연결하면 직선을 그리기는 어렵다. 미미하게나마 굴곡이 이뤄질 것이다. 도구를 이용하지 않는다면 세 점이 일직선 상에 놓이기는 어렵다.

질문 중에서도 으뜸은 '왜?'라는 질문인데 이 질문은 두 가지의 대답을 요구한다. 바로 이유와 목적이다. 이유는 원인과 배경이고 목적은 의도와 방향이라 할 수 있다. 시간의 관점에서 보면 이유는 과거를 말하며 목적은 미래를 뜻한다. 하얀 종이 위에 찍은 두 개의 점은 바로 이유와 목적이며 동시에 과거와 미래이기도 하다.

　이 두 가지가 분명하지 않을 때 우리는 현재라는 방점을 어디에 찍어야 할지 알지 못한다. 이유와 목적을 모른 채 어떤 일을 시작하고, 열정이나 비전도 없이 노력만 투사한다면 과거와 미래를 모른 채 현재를 살아가는 것과 다르지 않다. 그래서 생각대로 살지 않으면 사는 대로 생각하게 된다는 말이 나온 것일지 모르겠다. 하루하루의 작은 행복에 감사하는 것도 의미 있지만 보다 큰 관점에서 자신의 삶이 어디로 흘러가는지는 알아야 하지 않을까? 우리가 역사를 공부하고, 변화에 대한 통찰을 연마하는 것도 이와 같은 맥락이다. 과거와 미래를 분명히 해야 분명한 선을 그릴 수 있고, 우리의 현재는 그 위에 존재할 수 있다.

　그렇다고 우리의 인생을 직선처럼 그어 나가야 한다는 것은 아니다. 돌아가는 삶이나 유연한 선택이 때로는 훨씬 더 강력하다는 것을 인정한다. 어떤 면에서 보면 우리의 인생은 오히려 직선보다 곡선에 가깝다. 의도한 일이 계획대로 진행되는 경우는 잘 없지 않은가.

　총구를 떠난 탄알은 탄도를 그린다. 그것은 직선에 가깝지만 사실은 곡선이다. 총구와 목표를 잇는 직선과 만나는 지점은 사실 2번뿐이다. 그 순간을 제외하면 탄알은 직선에서 벗어나 있다. 그러나 결국에는 목표를 향해 나아간다. 필자가 말하는 과거와 미래, 그리고 현재를 위한 점 찍기는 이런 것을 말한다.

　필자는 '질문'이란 화두를 평생의 업으로 결정했다. 그 배경에는 스스로가 '질문'이라는 화두를 접한 뒤 대단한 변화를 경험했기 때문이다.

마치 하늘 너머에는 우주라는 광활한 공간이 있다는 사실을 처음 알게 되었을 때의 놀라움처럼, 필자가 살아갈 나날에는 지금의 일상이 아닌 또 다른 세상이 존재함을 '질문'이 알려줬다. 스스로에게 물어보고 고민하기 시작하면서 지난 삶을 다시 돌아보게 되었다. 그리고 그 속에서 필자가 중요하게 생각하는 가치와 의미를 건져 올릴 수 있었다. '그럼, 앞으로 필자가 살아가야 할 또 다른 세상은 어떤 곳일까, 그냥 내가 걷지 못할 길이어서 동경하는 건 아닐까, 그 길은 나에게 어떤 의미가 있을까, 나는 왜 그 세상을 동경하는 걸까, 그 세상에서도 나는 중심을 잡으며 잘 살아갈 수 있을까, 그 속에서 나는 어떤 가치를 만들어낼 수 있을까?' 이런 질문들은 내가 살아갈 앞날의 방향을 잡아주었다. 이렇게 과거와 미래를 비교적 분명하게 확인하고 미리 그려보고 나니 오늘을 어떻게 살아가야 할지 기준이 섰다. 그리고 이러한 기준들은 일상의 잡다한 일에서부터 가치를 만들어내는 일에 이르기까지 거의 모든 행동의 지침이 되고 있다.

현재를 제대로 살아내기 위해서는 과거와 미래, 즉 이유와 목적을 밝혀주는 질문에 집중해야 한다. '왜?'라는 질문은 바로 지금 무엇을 해야 하는지 분명한 기준을 찾아준다. 그럼에도 불구하고 많은 이들은 '왜?'라는 질문에 대한 답을 다 안다고 생각한 나머지 이 중요한 질문을 간과한다. 그러나 '왜?'라는 질문이 없다면 지금 하고 있는 일을 시작하게 된 배경을 알 수도 없고, 이 일을 통해 무엇을 이루려고 하는지 방향도 알 수 없다.

바칼로레아

폭력은 어떤 상황에서도 정당화 될 수 없는가?

모든 사람을 존중해야 하는가?

정치에 관심을 두지 않고도 도덕적으로 행동할 수 있는가?[4]

여러분은 방금 전 세 개의 문제가 쓰인 시험지를 받아 들었다. 이 중 하나를 골라 답을 해야 하는데 문제가 쉬워 보이진 않는다. 그러나 생각할 시간은 충분하니 걱정마라. 시험시간이 무려 4시간이기 때문이다. 아, 그런데 중요한 조건이 하나 더 있다. 19살, 고등학교 3학년 시절로 돌아가야 한다는 것이다. 그 시절의 지적 수준과 사고력으로 문제에 대한 여러분의 생각을 써야 한다. 자신 있는가? 생각을 써 내려갈 수 있겠는가?

이 세 문제는 프랑스의 고등학교 졸업시험, 바칼로레아의 철학 부분 기출문제이다. 이 시험의 결과에 따라 일반대학 입학 여부가 결정되므로 우리나라의 수학능력시험과 비슷하다고 볼 수도 있다. 그러나 고등학교 3학년 말인 6월에 치러지는 바칼로레아[5]는 20점 만점에 10점만 받으면 합격하는 합불 시험이다. 게다가 합격자는 점수에 관계없이 누

---

4 문제의 예는 EBS 프로그램 〈지식 채널 e〉의 『시험의 목적』(2013년 10월 3일 방송)에서 참고함

5 바칼로레아에 대한 데이터는 〈주요국들의 대학입시에서 고교 내신성적 반영 방법 및 시사점〉(한국교육개발원, 2012) 참고함

구나 자신이 원하는 일반대학에 들어갈 수 있다. 합격률은 평균 80%이며 불합격하더라도 7월 초에 구술시험으로 재평가를 받을 수 있는 기회가 있다.

이 시험의 목적은 최대한 많은 학생에게 대학교육의 기회를 제공하는 것이다. 1808년 5월 17일 나폴레옹 1세의 칙령으로 창설되어 첫해 31명의 합격자를 배출한 뒤, 1945년 3%에 불과하던 합격률은 1975년 24%, 1992년 50%, 2002년 78.8%로 확대되었고 2012년에는 84.5%를 기록했다.

물론 이들이 모두 대학에 입학하는 것은 아니다. 우리나라와는 교육제도가 다르기 때문에 정확하게 대조할 수는 없지만, 2008년을 기준으로 합격자의 53.9%는 일반대학에, 21.8%는 단기 기술교육 전문대학에 등록했다. 그리고 14.1%는 그랑제꼴이라는 소위 고급 엘리트 양성학교에 들어가기 위한 준비반(프레빠, CPGE: Classes Preparatoires aux Grandes Ecoles)에 들어간다.

2013년 EBS 지식채널 e의 〈시험의 목적〉이라는 프로그램을 통해 바칼로레아가 널리 알려지면서 이것이 마치 교육제도의 이상향인 것처럼 인기를 끌었다. 합격률이 80%를 웃도는 주관식 시험에서 경쟁이 없는 절대평가를 통해 자신이 원하는 대학에 들어간다는 메시지는 그런 생각을 만들어내기에 충분했으리라 본다. 그러나 고등학교를 졸업한 뒤 그랑제꼴 준비반에 진학하는 학생이 14.1%에 불과한 것을 보면 프랑스에서도 소위 일류대학에 들어가기 위해서는 치열한 경쟁을 치러야 한다.

그럼에도 불구하고 바칼로레아라는 시험 자체는 매우 의미가 있다. 이 시험은 여전히 생각하는 시민, 자신의 생각을 피력할 수 있는 시민을 양성하는 데 크게 기여하고 있기 때문이다. 그리고 수학과 물리를 포함한 전 과목이 주관식으로 출제된다는 점도 시험의 목적을 달성하는 데 적절해 보인다. 적어도 프랑스 국민들에게 "왜 바칼로레아를 치르는가?"라고 물어본다면 "어떤 문제나 현상에 대한 자신의 생각을 말할 수 있도록 하려고"라는 답이 나올 것 같다.

대한민국 수학능력평가. 이 시험의 목적은 무엇일까? 프랑스의 바칼로레아와 일대일 비교는 어렵겠지만 앞에서 언급한 것처럼 적어도 시험의 목적은 분명한지, 시험의 방식과 절차가 목적에 부합하는지는 따져볼 수 있을 것이다.

1994학년도 대학입학자부터 치러 현재까지 이어지고 있는 대학수학능력시험은 문자 그대로, 대학교에서 공부할 수 있는 능력을 갖추었는지 평가하는 것이다. 1993년까지 대입을 결정했던 대학별 학력고사가 암기 중심의 시험이었다면 대학수학능력시험은 제시된 지문이나 도표 등을 이해하고 분석하여 문제를 해결하는 사고력 중심의 시험이다. 그래서 암기력은 다소 떨어져도 이해, 분석, 판단, 비교와 같은 능력이 좋다면 높은 성적을 얻을 수 있었다.

그러나 이 시험의 목적이 대학에서의 수학능력을 측정하는 것이라는 주장에 과연 몇 명이나 동의할까? 그리 많지는 않을 것이다. 왜냐하면 수능을 전후하여 언론에서 가장 많이 언급되는 것은 변별력이다. 실제 시험을 출제하는 교육과정평가원의 주요 보도 자료에서도 변별력은 중요한 요소로 제시된다. 즉, 이 시험은 줄을 세우기 위함이다. 하나라도 더 아는, 조금이라도 더 분석적이고 논리적인 사고를 하는 학생에게 1점이라도 더 줄 수 있도록 문제를 구성하는 것이 관건이다. 그러나 이런 노력에도 불구하고 실수하지 않은 학생을 선별하는 시험으로 변질되었다는 말이 나온 건 이미 오래되었고, 최근 몇 년 동안에는 문제에 오류가 발견되면서 시험의 위상은 바닥에 떨어졌다.

필자는 교육전문가도 아니며 입시제도에 얽힌 복잡한 이야기를 알지도 못한다. 그러나 변별력에 집착한 나머지 대학수학능력시험은 오래 전부터 본래의 목적을 상실하여 그 기능을 못하고 있다는 것만큼은 확신한다.

교육당국은 줄을 세우는데 성공했을지언정 이제 대학에서는 그 줄에 대한 신뢰도 깨졌다. 대학마다 매년 새로운 전형을 발표하며 우수한 학생을 모집하려는 이유도 이 때문이다. 대학교육협의회가 밝힌 2015년 대입전형 수는 892개이다. 전국 215개 대학에 평균 4.15개의 전형방법이 존재하는 것인데 학생들은 이를 어떻게 대비해야 한다는 말인가. 대학수학능력을 입증하는 시험도 모자라 이제는 각 대학에게 자신의 능력을 수십 가지의 방법을 통해 증명해야 하는 것이다.

게다가 학생들의 기초 학력도 부족한 실정이다. 심지어 내로라하는 학생들만 모인다는 서울대학교의 신입생 중에서도 수학 분야의 기초 학력 수준에 미달한 학생은 전체의 18%에 달했다. 이 수치는 2008년 15.22%, 2009년 12.62%, 2010년 9.36%로 줄어들다가 2011년 11.31%, 2012년 18.37%로 증가했다. 영어 부분에서도 12.91%에 달했다.[6]

평가의 기준에 따라 이 수치는 다르게 해석할 수 있지만, 결론만 놓고 보면 대학 입장에서는 기초 학력이 부족한 학생을 5명 중 1명꼴로 입학시키고 있는 것이다. 과연 이들의 수학능력이 제대로 검증되었다고 볼 수 있는가? 한국경제신문의 조사에 따르면 서울대, 연세대, 고려대, 경북대, 부산대 등 전국 10개의 국립 및 사립대 이공계 교수 261명을 대상으로 설문을 한 결과 학생들이 수학, 물리, 화학 등 기초 과목의 수업을 제대로 따라오지 못한다는 의견이 86%를 넘었다. 또한 90%는 신입생의 기초 수준이 10년 전보다 퇴보했다고 평가했다.

필자는 대학수학능력시험을 폐지하자고 주장하는 게 아니다. 현재 그 시험이 목적을 상실한 채 표류하고 있음을 말하는 것이다. 200년의 역사를 가진 프랑스의 바칼로레아는 앞으로도 그 목적을 달성하면서 존재할 것이다. 이 시험은 서열을 세우는 것이 아니라 국민이 자신의 생각을 표현하게 만드는 데 있기 때문이다. 바칼로레아가 출발했던 최초의 의도와 앞으로 나아갈 방향을 분명히 알고 있기에 오늘날 바칼로레아의 모습은 흔들림이 없다. 그러나 대학수학능력시험의 오늘은 어떤가. 매년 수능일은 앞뒤로 심하게 흔들리고, 심지어 담당기관의 수장까

---

6 중앙일보 기사(2012. 10. 4) 『서울대 신입생 18% 수학 실력 수준 미달』

지 사퇴하기도 한다.

우리가 과거와 미래를 정확히 알아야 하는 것은 현재라는 방점을 찍을 자리가 바로 두 점의 연장선 상에 있기 때문이다. 그러므로 "왜" 시험을 봐야 하는지에 대한 명쾌한 답을 얻지 못한다면 이름뿐인 '수학능력시험'에 빠져 공교육과 사교육, 수험자와 평가자, 정부와 민간, 학교와 학부모의 소모적인 논쟁을 지켜봐야 할 것이다.

목적이 없는 사람은
방향타 없는 배와 같다

필자는 전작 《질문하는 힘》을 통해 '왜?'라는 질문에 대해서 과거를 뜻하는 이유보다는 미래를 의미하는 목적에 집중하는 것이 좋다고 말했다. 어떤 일이나 현상의 뿌리와 근원을 이해하는 것도 중요하지만 굳이 둘 중 하나의 우선순위를 정해야 한다면 앞으로 맞이해야 할 미래에 무게를 실어주는 것이 더 의미가 있기 때문이다. 이제 그 이야기를 좀 더 구체적으로 해보려 한다.

우리는 성공을 원한다. 필요악이라고 말하는 돈도 적은 것보다는 많은 게 좋아 보인다. 명성과 권력도 탐할 만하다. 안정된 소속감도 필요하며 가족과 돈독하게 지내는 것도 중요하다. 그리고 많은 사람들로부터 인정받고 싶고 사랑받고 싶다. 고독은 즐길 수 있지만 외로움은 이기기 어려운 것이다.

그러나 이런 것들이 '정말 우리 삶의 목적이 될 수 있을까?' 잠시라도 좋으니 읽기를 멈추고 이 질문에 대한 답을 한번 고민해보자. 누구에게나 돈은 필요하다. 돈에 대한 인식의 차이는 있지만 많은 돈을 가질 수 있다면 그 기회를 거부하기는 어려울 것이다. 그러나 생각해보면 우리가 정말 원하는 것은 '돈' 그 자체라기보다는 '돈으로 할 수 있는 일'이 아닐까? 그리고 그 일을 하면서 느끼는 어떤 만족감, 충족감, 혹은 편리함 같은 심리 상태가 아닐까? 부의 축적을 혐오하는 시민사회의 단체들이 그렇게 혐오하는 돈으로 의미 있는 일을 하는 것처럼 말이다. 돈의 진정한 가치는 돈 그 자체가 아니라 돈으로 교환할 수 있는 또 다른 가치인 것이다. 사랑도 마찬가지다. 우리는 사랑 그 자체보다는 사랑을 하고 사랑을 받는 과정에서 일어나는 감정의 교류와 구체적인 행위들에 더 의미를 둔다. 우리가 사랑을 원하는 것은 바로 그러한 경험들이다.

'왜 돈이 필요하지, 왜 사랑을 해야 하나, 왜 권력과 명성을 갈망하는가?'와 같은 질문에 조금만 더 깊고 진지하게 답하다 보면 우리는 우리의 민낯과 만날 수 있다. 필자는 바로 그것이 우리 삶의 목적이라고 생각한다. 그것은 궁극적으로 우리 각자가 갈망하는 욕구와 같다. 남을 돕고 싶은 것, 타인에게 선의의 영향을 미치고 싶은 것, 자신의 잠재력을 최대한 끌어내고 싶은 것, 죽은 뒤에도 영속할 수 있는 가치를 남기는 것과 같은 것 말이다. 그러나 우리는 그러한 본질에 접근하지 못한 채, 돈이나 명예, 권력과 같은 목표 따위를 삶의 목적으로 착각하는 것이다.

우리의 삶은 목적을 가지고 있어야 한다. 그리고 그것은 분명해야 한다. 반드시 그래야 한다. 목적 없는 삶은 의미 없는 일상을 양산할 뿐이다. 설령 작은 일에 행복감을 느끼며 하루를 살고 있다고 해도 인생의 목적을 세운다면 의미와 보람은 더 커질 것이다.

《마시멜로 이야기》로 유명한 호아킴 데 포사다(Joachim de Posada)는 《난쟁이 피터》를 통해 "성공이란 곧 인생의 목적을 발견하는 것"이라고 말했다. 이 책의 주인공은 가난, 작은 키, 분노조절장애, 알코올 중독 아버지를 가진 뉴욕의 택시운전사 피터 홀이다. 그는 어느 날 행복을 연구하는 하버드대학의 노교수, 윌리엄 프랭크를 우연히 손님으로 태우는데 그와 나눈 대화를 계기로 인생의 목적에 대해 고민하기 시작한다. 그러고는 뉴욕시립대학 법학과 야간 과정에 입학하여 수석으로 졸업하고, 하버드 로스쿨을 거쳐 변호사로 성장한다.

어떻게 보면 단순한 성공스토리인 이 이야기의 핵심은 택시에서 나눈 두 사람의 대화에서 발견할 수 있다. 그것은 피터 홀 자신이 인생의 목적이라고 생각하는 것이 사실은 목적이 아니라는 깨달음에 관한 것이다. 택시 운전을 하는 이유, 택시 운전을 통해 돈을 벌려는 목적, 행복해진 다음에는 무엇을 할 것인지 등 단순하지만 목적의 깊이를 측정하면서 수면 아래로 내려가니 그 끝에는 인생의 진정한 목적이 자리하고 있었던 것이다. 그것은 바로 나(ME)를 뒤집어서 만들어진 우리(WE)를 위해, 특히 약하고 힘없는 자들을 위해 봉사하며 살아가는 것이었다.

《행복한 삶으로 이끄는 목적의 힘》의 저자 피터 템즈(Peter S. Temes)는 브룩클린의 가난한 택시 운전사에서 하버드대 교수가 된 인물로 마치《난쟁이 피터》의 피터 홀을 연상케 한다. 그 역시 인생의 크고 작은 목표를 이루기 위해 가장 먼저 해야 하는 것은 그 중심축이 되는 '목적'을 바로 세우는 것이라고 했다.

스코틀랜드의 역사가이자 철학자인 토머스 칼라일(Thomas Calyle)의 말처럼 "목적이 없는 사람은 방향타 없는 배"와 같다. 살아갈 목적이 없다면 인생은 파도나 바람에 따라 이리저리 휘청거리다 부서지고 흔적도 없이 바다 아래로 가라앉을 것이다.

〈목적이 없다면 방향도 정할 수 없다〉

어디로 가지······

반면 목적이 분명하다면 죽음이 눈앞에 들이닥쳐도 삶의 의지를 이어갈 수 있다. 제2차 세계대전 당시 아우슈비츠 수용소의 이야기를 담은《죽음의 수용소에서》의 주인공인 정신과의사 빅터 프랭클(Viktor E. Frankl) 박사는 목적에 기초를 둔 신념을 가진 수감자들이 단순히 생명 연장만을 추구했던 수감자에 비해 더 많이 살아남았다고 했다. 통계적으로도 죽음의 수용소에서 살아남을 확률은 28명 중 한 명도 되지 않았지만 삶의 의미를 갖고 있는 사람, 자기가 해야 할 일이 있는 사람이 살아남을 확률이 더 높았던 것이다. 빅터 프랭클 스스로도 신문지나 폐기된 서류 뒷면에 《의사와 영혼》의 원고를 썼는데 이것이 그를 깨어 있게 했으며 생명을 유지하는 데 도움이 되었다고 한다.

목적이 분명해야
변화에 대처할 수 있다

"나는 탁상 위의 전략을 믿지 않는다."

제2차 세계대전에서 연합군을 위기로 몰아넣었던 독일 전차군단의 사령관 에르빈 롬멜(Erwin Johannes Eugen Rommel) 장군의 좌우명이다. 계획은 한 발의 총성과 함께 무용지물이 되므로 계획에 집착하지 말고 상황에 맞게 대응해야 한다는 전쟁에 대한 그의 지론을 잘 알 수 있는 말이다.

그렇다. 롬멜의 말처럼 계획은 어디까지나 계획일 뿐이다. 일이 계획대로만 된다면 아마도 모든 대학에는 경영학과가 아니라 계획학과라는 전공이 생겼을 것이다. 계획만 잘 세운다면 그걸로 성공은 보장되는 것이니까. 그러나 현실은 그렇지 않다. 계획이나 생각대로 되는 일은 거의 없다. 오히려 대부분의 일이 계획대로 되지 않는다. 무슨 일을 하더라도 옆에서 지켜보며 계속해서 뭔가를 조치하고 대응해야 한다. 심지어 한 끼 식사를 할 때도 전화가 오거나 택배 기사가 초인종을 누른다. 누군가를 만나러 갈 때는 예상 못한 곳에서 차가 막히고, 휴대전화 배터리가 떨어지고, 누군가의 도움이 절실한 노약자를 만나기도 한다. 만나기로 했던 카페가 휴일일 수도 있고 심지어 폐업한 지 몇 개월 된 경우도 있다. 예상할 수 있고 없고를 떠나 철저한 계획에도 언제나 변수는 존재한다. 세상이 복잡해지고 서로 연결되면서 예상하기 어려운 변수는 점점 많아지고 있다.

그러므로 계획을 잘 세우는 것도 중요하지만 일이 시작된 뒤에는 계획에 집착할 필요가 없다. 언제든지 예상치 못한 일이 발생할 수 있기 때문이다. 심지어 시작과 동시에 전혀 다른 상황이 전개될 수도 있다. 그러니 목표를 분명하게 정하고 그것에 이르는 큰 길을 구상했다면 나머지는 부닥치면서 적시 적절히 대응하는 것이 현명하다. 완벽하게 아귀가 맞는 계획이 그대로 실현되는 일은 절대로 없다.

앞서 롬멜 장군의 이야기가 나왔으니 군사강국인 독일의 이야기를 잠깐 하겠다. 독일군 지휘체계의 가장 큰 특징은 부하에게 권한과 책임을 위임하는 것인데 이를 '임무형 지휘'라고 부른다. 적과 총부리를 겨누는 전장은 불확실성과 우연성이 지배하고 있다. 언제 어디에서 어떤 일이 생길지 누구도 알 수 없기 때문이다. 이런 상황에서는 빠른 시간에 최적의 판단을 내려 명령을 내리는 것이 중요하다. 일이 생길 때마다 상관에게 보고를 하고 결심을 받는다면 행동을 취하는 시점에 상황은 또 바뀌어있기 마련이다. 이를 해소할 수 있는 방법은 해야 할 임무만 명확하게 부여하고 구체적인 실행 방법이나 절차, 그리고 이와 관련된 주요 결심은 현장을 가장 잘 아는 현장 지휘관이 결정하도록 권한을 전적으로 위임하는 것이다. '무엇'을 '왜'하는지만 분명하게 하달하고 '어떻게'의 영역은 철저히 부하에게 맡기는 것이다. 독일군은 이런 지휘철학을 바탕으로 장교부터 병사에 이르기까지 능동적으로 사고하며, 신속한 결심으로 적시에 행동할 수 있는 군대를 육성했다.

그런 임무형 지휘에서 가장 중요한 것은 바로 임무를 분명하고 명확하게 부여하는 것이다. 임무에 관련된 군인들은 '왜' 그 임무를 수행해야 하는지, 최종적인 모습이 무엇인지 분명히 알고 있기 때문에 실제 작전 수행에서는 시간이나 장소가 바뀌어도 융통성을 발휘하여 창의적으로 문제를 해결할 수 있다.

인생도 마찬가지이다. 우리는 언제나 '무엇을', '어떻게' 해야 하는지에 집착한다. 계획이 조금이라도 틀어지면 그 바뀐 계획을 다시 잡아 세우려고 고군분투한다. 어떤 이들은 일이 계획대로 되지 않는 것에 신경질적인 반응을 보이기도 한다. 안타까운 일이다. 아마 평생을 그렇게 신경질적으로 살아야 할 것이다. 계획대로 일이 되지 않는 것이 아니라 변화된 상황에 맞게 계획이 적절히 보완되고 진화하는 것이라 보는 편이 옳다.

목표에 이르는 경로와 방법은 상황에 따라 달라질 수 있다. 관련자의 협조를 구하지 못할 수도 있고 예상치 못한 곳에서 신체적 부상을 입을 수도 있다. 때로는 좀 쉬기도 하고 가파르다면 완만한 길을 돌아갈 수도 있다. 그럼에도 불구하고 "내가 왜 이 일을 해야 하지?"라는 의문이 생기게 되면 전혀 다른 곳으로, 이를테면 조금 더 편하고 안정적으로 보이는 쪽으로 방향이 바뀔 수도 있다.

그러므로 어떤 일이든지 왜 그 일을 하는지 분명하게 알아야 한다. 그것은 변화하는 상황에 제대로 대처하기 위한 지침이 되기도 하며 옳다고 믿는 일을 해내기 위한 동기가 되기도 한다. 예상치 못한 일을 처리하느라 많은 수고가 들어도 괜찮다. 그런 노력은 경험과 경륜이란 이름의 힘으로 돌아오기 때문이다.

Homo
Unaskus

'왜' 이 일을 하는지 정확히 모른다
일이 어떻게 진행되어야 하는지 모른다
상황이 달라지면 혼돈에 빠진다

Homo
Askus

지금 하는 일의 목적을 분명히 안다
일이 흘러가야 하는 방향을 안다
상황이 바뀌면 적절히 대처한다

CHAPTER

청사진은 뚜렷한가?

뚜렷함의 함정

10년 전의 우리는 지금의 우리 모습을 상상이나 했을까? 필자의 메모지에 있는 '어느 날의 지하철 풍경'을 간단히 설명하자면, 11명은 스마트폰을 만지작거리고, 6명은 눈을 감고 있고 4명은 2명씩 대화를 나누고 1명은 전화 통화를 하고 1명은 메모를 하고 있다. 10년 전만 해도 스마트폰이 우리의 생활을 이렇게 바꿔놓으리라고는 누구도 예상하지 못했다. 우리의 평범한 상상은 기술의 발달이나 문화의 변화 속도를 따라가지 못한다.

당연히 기술과 문화의 테두리 안에서 살아가는 우리 자신의 앞날도 쉽사리 예상할 수는 없다. 게다가 우리의 마음은 얼마나 오락가락하는가. 10년 전에 계획했던 삶을 사는 사람이 얼마나 될까. 가끔 과거를 돌아보면 그럴 때가 있었나 싶기도 하지만 뒤집어 생각해보면 10년 뒤에 이렇게 살게 될 줄도 그때는 상상하지 못했을 것이다. 필자 또한 이렇게 빨리 군복을 벗을 줄은, 세 아들을 제때 재우기 위해 밤늦게까지 사투를 벌이고(필자는 누나만 다섯이다), 초등학교에 들어간 큰아들의 등굣길에 만나는 아주머니들과 아무렇지 않게 인사를 나누게 될 줄은 더더욱 상상하지 못했었다. 사실 10년 전에 어떤 미래를 계획했는지는 모르겠으나 적어도 요즘의 이런 모습을 예상했을 만큼 상상력이 뛰어나지는 않았던 것 같다. 10년 동안 필자의 삶은 전혀 달라졌다. 계획은 이제 흔적도 없다.

수많은 자기계발 서적들은 꿈을 생생하게 그려야 그 꿈을 이룰 수 있다고 말한다. 그런데 생생하다는 기준이 모호하다. 꿈이란 것이 단기간에 완성되는 것이 아닐 터인데 5년이나 10년 뒤 자신의 모습을 어떻게 생생하게 상상할 수 있단 말인가. 게다가 우리는 창의성이라면 세계 어디에 내놓아도 뒤처지는 한국인이 아닌가. 그런 창의적인 사고로 변화무쌍한 현대 사회에서 어떻게 앞날을 생생하게 그려본다는 말인가.

5년 이상을 내다보는 중장기 계획에는 워낙 많은 변수들이 존재하기 때문에 계획이 실현될 확률이 매우 낮다. 게다가 목표를 달성하는 데 드는 기간이 길기 때문에 계획을 구체적으로 세우기도 어렵다. 꽤 오랜 기간 뒤의 일을 예상하는 것은 말 그대로 예상이다. 그것이 현실로 나타난다는 것은 불가능에 가깝다. 당장 정부를 비롯한 공공기관만 봐도 그렇다. 이듬해에 써야 할 예산을 편성하고 계획하는 일은 그해 겨울이 되어야 끝난다. 그나마 국회에서 칼질한다면 두어 달 뒤 써야 할 돈이 순식간에 사라지거나 대폭 줄어든다. 우여곡절 끝에 예산을 배정받더라도 실제 집행할 때가 되면 상황이 바뀌는 경우가 허다하다.

앞날을 예상하고 대비하는 것은 필요하다. 거창한 문서가 아니더라도 무슨 일이 일어날지 생각해보고 그에 따라 어떤 행동을 취할지 생각해보는 것도 계획이라면 계획이다. 사실 우리는 늘 계획을 세우고 그에 따라 준비하고 행동한다. 앞날이 코앞에 들이닥치면 계획대로 되는 일보다는 그때그때 상황에 맞게 바꿔야 할 일이 많아지지만 그래도 우리는 끊임없이 계획을 세운다. 그 이유는 단 하나. 계획을 세우는 일이 불확실한 내일을 맘 편히 맞이하기 위해 우리가 할 수 있는 거의 유일한 대책이기 때문이다.

그러나 우리의 삶은 정부의 정책, 기업의 경영 환경, 사회단체의 캠페인이나 나눔 활동 등 그 어떤 것보다 변수가 많다. 왜냐하면 인생의 방향을 정하는 사람이 자기 자신 뿐이기 때문이다. 아이디어 회의도 없고, 다수결로 의사를 결정하는 일도 없다. 조언, 충고, 비판, 설득 등은 있겠지만 결국 고민하고 결정하는 것은 오로지 자신의 몫이다. 곧기도 하지만 잘 흔들리기도 하는 게 인간의 마음이다. 우리의 삶은 어떻게 마음먹느냐에 따라 전혀 달라질 수도 있는 것이다.

필자가 하려는 말은 명확하다. 너무 먼 앞날을 생생하게 그리려 애쓰지 마라. 그것은 부족한 상상력 속에 자신의 무한한 잠재력을 가두는 함정이 될 수도 있다. 역사의 주역들이 태어날 때부터 그런 운명을 가졌다고 믿지 않는다. 그들 또한 우리와 크게 다르지 않다. 다만 깊게 고민하고 본질에 다가섰으며 실패를 겁내지 않고 도전했을 뿐이다. 우리가 그리는 미래의 생생한 내 모습도 결국은 철저히 '지금의 나'에게서 출발할 뿐이다. 자신의 상상력으로 무한한 가능성을 꺾지 마라.

뚜렷함의 조건

앞날을 철저히 계획하고 목표를 성취한 자신의 모습을 상상하는 일은 꽤 흥분된다. 이런 일은 에너지를 소비하기도 하지만 에너지를 내주기도 한다. 하지만 필자가 먼 미래를 계획하지 말라고 하니 실망과 함께 의심이 들거나 또는 허무하다는 생각도 들 것이다. 그러나 이것은 일종의 오해에서 비롯된 것인데 이를 풀기 위해서 목적과 목표의 개념과 관계를 간단히 언급하고 가는 것이 좋을 것 같다.

필자는 전작《질문하는 힘》에서 '왜'라는 말에 '이유'와 '목적'이 들어 있다고 했다. 이유란 일종의 배경으로서 무엇 때문에 이 일이 시작되었는지를 말한다. 반면 목적은 일을 통해 얻게 되는 가치로서 무엇을 위하여 이 일을 하고 있는지를 의미한다. 이유는 바뀌지 않지만 목적은 경우에 따라 바뀔 수도 있다. 친구를 기다리다 시간이 남아서(이유) 스마트폰을 열었지만 무료함을 달래려는 최초의 목적은 시간이 지나면서 특정 기사거리를 읽는 학습으로 이어질 수 있는 것처럼 말이다.

한편 우리는 영어 점수 올리기, 여자 친구 만들기, 결혼하기, 목돈 만들기처럼 끝없이 뭔가를 성취하려고 하는데 이것은 일종의 목표이다. 아이들과 잘 지내기, 대인관계 원만하게 하기, 마음 다스리기처럼 구체적으로 설정하기에는 어려움이 따르는 일도 목표이다. 다이어리에 기록된 오늘의 할 일, 이달의 예상 실적, 새해 소망, 버킷리스트 등이 모두 목표와 같은 말이다. 죽음을 정확히 예언할 수는 없지만 죽음 자체도 일종의 목표가 될 수 있다. 편하게 죽기, 자식에게 폐 끼치지 않고 죽기, 고통 없이 죽기 등등이 그렇다.

목적과 목표를 연결시켜 보면 목적을 달성하기 위해 행하는 여러 가지 일들은 목표가 될 수 있다. 특정 기사거리를 보면서 생긴 호기심을 해소하기 위해 '밤 10시까지 관련 자료를 검색하고 정리해서 이해한다'는 것이 목표라면 이를 통해 궁금증이 해소되고 성취감을 느끼며 지식의 확장을 꾀하거나 다른 관점에서 사고할 수 있는 융통성을 얻는 것 등은 이 모든 일들을 행하는 목적이 되는 것이다.

이처럼 목적이 목표를 낳고 그 목표에는 또 다른 목적이 생겨난다. 우리 인생의 목표는 '삶' 그 자체이다. 살아가는 것 그것이다. 그리고 삶에는 목적이 따른다. 필자는 '많은 사람들이 질문을 통해 자신이 원하는 삶을 살도록 도우려고' 살아간다. 이것이 필자가 사는 목적이다. 그리고 이 목적을 이루기 위해 1년에 두 개의 큰 질문 던지기, 이를 책으로 내기, 책을 내서 많은 사람에게 알리기, 공감 얻기 등의 목표를 이루려고 한다. 각각의 목표는 저마다의 목적이 있지만 결국에는 '많은 사람들이 질문을 통해 자신이 원하는 삶을 살도록 도우려고'라는 목적에 부합한다.

필자는 이러한 목적과 목표를 갖고 있지만 뚜렷하게 그릴 수 있는 것은 많지 않다. 목적을 이루는 삶이 어떨지 상상하기는 어렵기 때문이다. 5년이나 10년, 20년이 걸릴지도 모르는 꿈을 이뤘을 때 주변 사람, 공감과 비판, 경제적 여유로움, 작업 환경 등은 미리 그려보기 어렵다. 그러나 필자는 목적이 분명하기에 그를 위한 몇 개의 분명한 목표를 갖고 있다. 첫째는 책을 내는 것이다. 1년에 중요한 질문을 두 개 골라, 이를 심층 연구하고 재미있는 스토리로 만들어 세상에 내놓는 것이다. 그래서 필자의 책은 독자들이 자신의 삶을 고민하고 생각하게 만드는 데 그 목적이 있다. 그러니 주제는 참신하면서도 어렵지 않아야 하고 읽었을 때 여운이 진해야 한다. 두 번째는 그 책을 바탕으로 사람을 만나는 것이다. 강의도 좋고 소규모의 만남도 좋다. 이러한 만남은 청중을 설득하기 위함이다. 삶을 함께 고민하면서 원하는 일상으로 가득 채우자고 말이다. 현재까지 필자가 분명하게 그릴 수 있는 목표는 이 두 가지뿐이다.

시간이 더 흘러 구색을 갖춘 연구소를 설립할 수도, 자금력이 있는 기업과 손을 잡을 수도, 정부의 지원을 받을 수도, 비슷한 생각을 가진 사람들끼리 연대하여 운동을 전개할 수도 있지만 현재로서는 생생하게 그릴 수 없다. 이런 목표들은 상황에 맞게 계획을 세울 수도 있고 필요하면 그때그때 대처할 수도 있다고 본다.

필자는 이 두 가지 분명한 목표가 인생의 목적을 달성하는 데 반드시 필요한 일이라고 확신한다. 또 지금의 역량으로 가장 잘 할 수 있는 일들이다. 그래서 이 두 가지를 달성하기 위한 계획, 그 계획을 현실로 만들수 있는 일정, 일정을 습관으로 만드는 노력에 시간을 아끼지 않는다.

그러므로 미래를 생생하게 그려본다는 말은 삶의 목적에 맞는 한두개의 목표를 수립하고 그것을 이룬 자신의 모습을 상상해보는 것이다. 생생함의 한계는 길어야 몇 년이기 때문이다. 실현 가능한 목표를 생생하게 꿈꾸고, 나머지 일들은 그냥 염두에 두는 것이다. 뚜렷한 꿈을 꾸기 위한 조건은 바로 분명한 목표를 하나 정하는 것이다. 10년 뒤 분야최고의 전문가가 된다는 꿈은 절대 생생하게 그릴 수 없다. 불가능한 그림을 그리는 데 시간을 쏟지 말고 목적에 맞는 하나의 구체적 목표를 찾고 그것을 이루는 모습을 생생하게 그려보자. 비록 꿈은 아니지만 꿈에이르는 진입로쯤으로 생각하자. 이렇게 하나씩 밟아 나가는 것이 자신의 무한한 잠재력을 충분히 허용하면서도 현실에 발을 댄 채 꿈을 이뤄가는 방법이다.

뚜렷함의 이익

분명한 목표는 우리에게 두 가지 이익을 안겨 준다. 하나는 목표를 성취하는 과정에서 이뤄지는 사소한 일에서도 의미를 찾을 수 있다는 것이며 다른 하나는 우리가 길고 긴 여정의 어디쯤에 와 있는지 알게 해준다는 것이다.

건물을 지을 때 아무리 규모가 작다고 해도 조감도 없이 설계도면만 있다면 어떤 건물을 짓는지 분명히 알기 어렵다. 완공되었을 때의 조감도를 공사현장에 걸어놓는 것은 현장의 모든 사람들에게 분명한 목표를 알려주기 위함이다. 비록 콘크리트를 바르고 벽돌을 쌓는 작은 일일지라도 아름다운 건물을 만드는 일임을 무의식중에 느끼도록 하는 것이다. 그 덕분에 실제 작업은 수치와 설계도면에 의해 이뤄지지만 마음속에서는 하루하루 세상에서 단 하나뿐인 아름다운 건물의 층을 올리는 것이다.

우리가 무슨 일을 해나갈 때는 분명한 청사진이 있어야 목표를 이루는 과정에 행하는 수많은 과업들에서 의미를 찾기가 수월하다. 반면 그렇지 않다면 매일 반복되는 작업에 매몰되어 길을 잃을 확률이 높아진다. 벽돌을 하나 쌓더라도 그것이 어떤 결과로 이어질지 모르는 것보다는 아는 것이 자신의 일이 가진 의미를 발견하는 데 유리하다.

〈지금 나의 위치는 뚜렷한 목표에서 나온다〉

나는 지금 어디쯤인가, 얼마나 남았을까?

특히 자신의 감정을 상하게 하거나 심리적으로 불편함을 초래하는 일일수록 더하다. 별 생각이 들지 않거나 일상적인 일들은 그냥 그렇게 해나가도 별 문제가 없지만 "내가 왜 이 일을 해야 하는지 모르겠다"는 생각이 드는 일은 반드시 그 의미를 따져 봐야 한다. '의미 없는' 일에 시간을 보내면 그 소중한 시간은 말 그대로 '의미 없는' 시간이 된다. 그 일이 시시콜콜해도 생생한 목표와 연결된다면 그 일의 가치는 순식간에 달라진다. 시간 낭비로 느껴지던 일이 어느새 소중한 일상으로, 꿈을 이루어가는 과정으로 변하기 때문이다. 그 작은 일이 진행되지 않는다면 수십 미터 높이의 건물도, 수천억 원의 프로젝트도, 수억 원을 호가하는 그림도 탄생할 수 없다.

목표가 뚜렷하다는 것은 그 목표가 지금의 자신에게서 얼마나 떨어져 있는지 가늠할 수 있다는 것을 말한다. 예를 들어 '돈을 많이 모으겠다'보다는 '1년 뒤 천만 원을 손에 쥐겠다'는 목표가 훨씬 뚜렷하다. 이런 뚜렷함은 지금 자신이 가진 돈과 남은 시간을 알 수 있게 해준다.

계획은 바로 이 둘의 불일치에서 나온다. 목표가 현재로부터 얼마나 멀리 떨어져 있는지, 그렇다면 어떤 방법, 수단, 절차로 그 간격을 좁혀서 일치시킬 것인지 구상하는 것이 바로 계획이다. 목표가 불분명해서 자꾸 움직인다면 계획을 세울 수도 없고, 일이 시작된 뒤에도 도대체 갈 길이 얼마나 남았는지 알 길이 없다.

뚜렷함의 완성

뭔가를 제대로 배웠는지 혹은 이해했는지 여부는 다른 사람에게 그것을 설명해 봄으로써 확인할 수 있다. 또는 관련된 여러 질문에 답해보는 것도 괜찮은 방법이다. 입력된 것을 시간이 꽤 지난 이후에도 오류 없이 출력해낼 수 있다면 '알고 있다'고 자신 있게 말해도 좋을 것이다.

그렇다면 이제는 뚜렷함 자체를 한 번 따져보자. 자신의 목표가 정말 뚜렷한지 어떻게 확신할까? 정확히 알고 있지만 그것이 정말 뚜렷하고 생생하다고 말할 수 있는가? 이 질문에 답하기 위해 위대한 경영사상가인 피터 드러커(Peter F. Druker)가 목표관리(Management By Objective) 개념을 설명하면서 제시한 '목표가 가져야 할 다섯 가지 기준'을 빌려와 보자. 이는 기업이 아닌 개인의 차원에서도 충분히 참고할 만하다.

피터 드러커는 SMART한 목표를 가질 것을 주문했는데 구체적인지(Specific), 측정 가능한지(Measurable), 달성 가능한지(Attainable), 현실적인지(Realistic), 기한을 정했는지(Time phased)를 따져보라고 했다.

이 SMART를 이용해 뚜렷한 목표를 하나 만들어 보겠다. 앞서 하나의 목표는 상위의 목적에서 나오고 또 다른 목표를 만들어낸다고 했다. 이를테면 천만 원을 모으는 목적은 단순히 저축을 하기 위함이거나 무엇을 사기 위함일 것이다. 또는 누군가에게 기부하기 위함일지도 모른다. 어떤 목적이든 시작된 이 일은 그보다 작은 여러 가지의 목표들을 통해 달성된다. 매달 80만 원 적금, 이를 위해 외식을 주 1회로 줄이고 올 겨울 코트는 구매하지 않기로 한 것 등도 일종의 목표가 된다.

'1년 뒤 천만 원을 모은다'가 SMART한 목표라는 가정 하에 이보다 더 SMART하게 만드는 것이 여기에서 논할 일이다. 일단 이 목표를 달성하기 위해 해야 할 세부 과업을 도출해보자. 아마 저축을 해야 할 것이다. 돈을 좀 아끼기도 해야 하고, 고정 수입 외 용돈을 버는 법도 생각해볼 수 있다. 이 모든 것을 쭉 나열한 다음 결정적인 것을 몇 개 골라 그것을 목표로 삼는 것이다. 이것을 달성하면 자연스럽게 1년 뒤 천만 원이 모이는 그런 결정적인 것을 골라야 한다. 필자는 월 80만 원을 적금하기 위해 아래와 같은 것들을 목표로 삼았다. 적금은 당장 들고 소비를 줄이는 것이다. 예상치 못한 지출에 대비하기 위한 용돈벌이도 포함시켰다.

이것들이 1년 뒤 천만 원을 벌어줄 것이라 생각하기는 힘들다. 왜냐하면 여기에는 돈을 모은다는 목표가 없기 때문이다. 80만 원 적금 개설은 가장 먼저 실천할 것으로 가정하고 1년 동안 매일 신경 써야 하는 목표에서 제외시켰다. 천만 원을 손에 쥐고 있는 모습을 상상하는 것보다는 현금을 쓰는 모습, 카드를 가위질해서 버리는 것, 매월 마지막 주 금요일에 집에서 가족과 함께 시간을 보내는 것이 더 생생하게 그릴 수 있는 일이다. 이것들은 지극히 현실적이며 지금의 내 모습과 그리 멀지 않다. 천만 원을 모은다는 목표보다는 아래의 네 가지 목표가 훨씬 더 SMART한 이유이다.

현금 사용, 카드는 가위질해서 없애기　　　　외식 주 1회, 10만 원 이내
매월 마지막 금요일은 돈 쓰지 않기　　　　안 쓰는 물건 찾아 팔기 (월 1건)

　　고정 수입이 있다는 전제 하에 나온 목표이긴 하지만 이런 방식을 이용한다면 어떤 목표도 충분히 SMART하게 수립할 수 있다. 잠재력을 제한하지도 않는다. 목표 달성이 수월하다면 소액의 적금을 추가로 들 수도 있다. 그러면서도 이것들을 달성하는 자신을 생생하게 상상할 수 있다. 왜냐하면 지금의 자신과 크게 다르지 않기 때문이다. 먼 훗날의 이야기가 아니라 금방이라도 할 수 있는 것들이다.

Homo
Unaskus

무한한 잠재력을 계획 속에 가둔다
무엇을 이루려는지 불분명하다
무의미한 일거리를 양산한다

Homo
Askus

계획했던 것 이상을 거둔다
얻으려는 바가 분명하다
작은 일에서도 의미를 찾는다

CHAPTER

진정으로 원하는가?

착한 아이 증후군

　　　　　　　우리가 무의식적으로 내뱉는 말은 자신의 가치관을 반영한다고 볼 수 있다. 그러므로 자신이 자주 하는 말을 되새겨 볼 필요가 있다. 특히 '듣다'라는 말에 주목할 필요가 있다. 요즘에는 '듣다'라는 말이 주목이나 경청의 의미보다는 복종이라는 의미로 자주 쓰이는 것 같기 때문이다. "엄마 말 잘 들어야 한다, 선생님 말씀 잘 들어"라는 말은 곱씹을수록 잔인한 말인데 입 다물고 그저 어른들이 하라는 대로 따르라는 말과 다를 바 없기 때문이다. 단지 이런 속뜻을 상당히 우아하고 고상하게 포장한 것일 뿐이다. 직장에서도 "그 자식 왜 그렇게 말을 안 들어?"라고 말하는 사람을 보곤 하는데 자신과 다른 의견을 받아들이지 못하는 것은 물론, 아랫사람이라면 윗사람의 권위, 조직이나 사회의 규칙에 복종해야 한다는 자신의 사고방식을 무의식적으로 표현하고 있는 것이다.

우리 사회에 말 잘 듣는 착한 아이가 사랑받는 것은 그다지 바람직한 일이 아니다. 오히려 조금 삐딱하더라도 주관을 가진, 질문을 던지는, 세상이 주는 답을 그대로 받아들이지 않는 아이들이 사랑받아 마땅하다. 착한 아이는 자신의 생각보다 자신을 바라보는 어른들의 생각이 어떨지에만 관심이 있다. 이른바 사랑에 대한 갈구가 소신과 주관이 자라지 못하게 방해하는 것이다. 당연히 어른이 되어도 이들은 어른 구실을 못한다. 매사에 자기의 목소리는 없고 눈치 보기에 바쁘다.

이러한 성장 환경을 가진 사람들은 사랑받는 방법에만 골몰한 나머지 자기 스스로를 사랑하는 법은 모른다. 자연히 자신이 어떤지에 대해서는 아는 바가 없다. 어떤 일을 좋아하는지, 어떤 경험을 소중하게 생각하는지, 직업을 선택할 때 중요한 기준은 무엇인지, 삶의 목적이나 목표는 무엇인지, 또 왜 그러한지에 답할 수 없다.

아마 여러분은 필자의 이러한 말에 동의할 것이다. 우리들은 늘 "말 잘 들어야 한다"는 말을 입에 달고 살거나 귀에 딱지가 앉도록 듣고 있기 때문이다. 그러나 정작 자기 자신이 착한 아이 증후군에 걸려 있다는 사실을 아는 사람은 드물다. 일말의 의심조차 하지 않는다. 집단의 구성원으로서 원만한 인간관계를 유지하며 주어진 일을 잘 해내고 있는 착한 자신을 무슨 증후군과 관련짓기는 어려울 것이다. 오히려 존경받아 마땅한 인물이다. 그렇지 않은가! 그러나 바로 여기에서 가치관의 혼돈이 발생한다. 이미 우리 사회 전체가 암묵적으로 공유하고 있는 최고의 가치인 '집단'과 '조화'라는 덕목을 어떻게 거부할 수 있느냐이다.

예부터 개인보다는 집단을, 독립성보다는 조화를 강조했던 우리 문화권에서 타인을 배려하고 자신의 입장을 조금 양보하는 것은 미덕이었다. 그래야 사회라는 유기체는 물 흐르듯 자연스럽게 돌아간다. 물론 이는 지금도 유효하다. 배려와 양보가 없다면 우리는 여러 종류의 갈등으로 몸살을 앓게 될 것이다. 분명 배려하고 양보하는 것은 아름다운 행동이다.

그러나 배려와 양보의 주체가 누구인지에 대해서는 아무도 생각하지 않는다. 타인을 보살피고 도와주는 배려, 자신의 주장을 굽히고 남의 의견을 따르거나 자신을 희생한다는 양보는 과연 어떤 사고과정을 거쳐서 행동으로 나타나는 걸까?

우리는 많은 것들을 양보하도록 강요받으며 자란 맏이들의 경우 오히려 자립심이 부족하고 타인의 눈치를 보는 경향이 많다는 사실을 알고 있다. 이것을 좋게 말하면 배려심이 깊은 것이지만 자신의 주관이 뚜렷하지 못한 것이다. 반면 둘째들은 자기주장이 강하다. 이는 과학적 데이터가 없이도 우리가 직관적으로 아는 사실이다. 모든 경우가 그렇다고 볼 수는 없어도 대체적으로 동의할 수 있다. 왜냐하면 자신이 성장하면서 경험했고, 육아를 하면서도 그렇게 하기 때문이다. 맏이는 부모의 많은 관심 속에 자라면서 부모의 기대를 저버리지 않기 위해 착한 아이로 커갈 확률이 높다. 반면 둘째는 어릴 때부터 첫째의 양보를 받는 반면 자신의 욕구를 억제해야 하는 경우가 상대적으로 적다. 부모가 말이 통하는 첫째 아이에게 양보를 권하기 때문이다.

비단 맏이가 아니더라도 타인의 기대에 부응하려 과도하게 노력했던 사람들은 스스로 뭔가를 결정하는 데 어려움을 느낀다. 자신의 주관을 기준으로 결정을 내려본 적이 없고, 언제나 자신에게 사랑을 주는 사람들의 기대가 모든 판단의 기준이었기 때문이다. 자신은 아무래도 괜찮고 아빠나 엄마, 선생님이나 친구들이 좋으면 된다는 식이었다. 대학에 진학하고 취업하는 과정에서도 이런 의사결정은 일관되게 유지된다. 어른은 되었지만 막상 스스로 결정하기에는 부족하다. 낯설 뿐 아니라 인정받지 못할 것이 두렵다.

늦게나마 자의식이 자라난 사람들은 뭔가 대단히 잘못되었음을 느낄 것이다. 늦었지만 세상과의 다툼을 시작할 때가 된 것이다. 그 다툼이 구체적인 행동으로 나타나 어떤 변화를 가져온다면 삶은 큰 풍랑을 맞을지도 모른다. 그러나 그렇다고 해도 죽을 때까지 자신의 목소를 내며 사는 것이 마음 편할지도 모른다.

착한 아이 증후군 혹은 이와 비슷한 증상은 생각보다 광범위하게 퍼져 있다. 그런데 문제는 이를 발견하기가 쉽지 않다는 데 있다. 착하다는 말이 가진 긍정적인 이미지, 배려와 양보가 주는 선한 효과 때문이다. 자신의 욕구를 절제하며 타인의 인정을 받는 것은 오히려 권장할 만한 일이다. 그러나 그 중심에 정작 자기 자신이 없어지면서 문제가 생기는 것이다. 자기 스스로 심장이 뜨거워지는 일이 아님에도 주변의 기대를 저버리지 않기 위해 힘들게 해낸 일이 얼마나 많았는가. 이것은 애덤 그랜트(Adam Grant)가 말한 기버(Giver)와는 성격이 전혀 다르다. 열매를 독식하지 않고 오히려 더 많은 것을 베푸는 기버와 자신의 주관 없이 타인의 가치관이나 철학에 따라 살아가는 착한 사람을 혼돈해서는 안 된다.

설령 자신이 선택한 것이라 하더라도 그 의도가 순수하지 않다면, 타인의 기대에 부응하기 위해서이거나 마찰을 피하기 위해 내린 결정이라면 성과는 불을 보듯 뻔하다. 딱, 예상한 것 그 이상도 이하도 아니다. 결과가 나빠 주변의 기대가 무너졌다면 좌절하기도 쉽다. 그러나 정말 자신이 하고 싶어서 심장이 뛰어서 시작한 일이라면 누가 부추기거나 동기를 부여할 필요도 없다. 설사 결과가 기대보다 나빠도 관계없다. 다시 시작할 수 있기 때문이다. 여전히 심장이 뛰고 있으니까 스스로 문제를 해결한다. 될 때까지 시도하는 일은 대게 이런 경우다.

그러므로 타인을 대할 때 착한 사람이 되기를 강요해서도 안 되고, 스스로도 착해져야 한다는 의무감에 발목을 걸어둘 필요는 없다. 착함의 기준은 어디까지나 주변의 기대이니까. 그리고 그 기대라는 것도 모순 덩어리이거나 불완전한 생각일 뿐이기 때문이다. 목표를 세우는 과정에서 그 동력을 가늠할 수 있는 기준 중 하나는 바로 열정이다. 목표를 얼마나 사랑하는지, 얼마나 간절히 원하고 열망하는지가 그 목표를 이뤄나가는 동력원이 되기 때문이다.

의욕의 유효기간

열정페이는 어려운 취업 현실을 이용하여 청년들의 노동력을 착취하는 대기업의 횡포를 일컫는 말이다. 이른바 취업에 목마른 지원자들에게 '성과가 좋을 경우에는 정규직으로 전환도 가능하다'는 조건을 내걸고 낮은 임금으로 근로계약을 체결하는 것이다. 낙타가 바늘구멍을 통과했다가 다시 나오는 것보다 더 어려운 것이 취업이기 때문에 구직자들은 일할 수 있는 기회를 준다는 것 자체에 감사를 느껴야 하는 실정이다. 이런 암울한 현실에서 기업은 큰돈 들이지 않고도 높은 성과를 얻을 수 있는 '열정페이'라는 전략을 개발했지만 이는 경영전략이라는 탈을 쓴 노동력 착취와 공감 사기에 불과하다.

인턴이라고도 불리는 이 제도로 인해 기업은 우수한 사원을 가려낼 수 있는 기간을 확보할 수 있게 되었고, 어떻게 해서라도 정규직이 되려는 인턴사원들의 의지는 기업이 써먹기 매우 좋은 자원으로 급부상했다. 특히 실적이 분명한 수치로 드러나는 영업에서는 이러한 인턴제도의 효과가 매우 높다. 그러나 대기업이 내걸었던 정규직 전환과 같은 조건은 일종의 미끼에 지나지 않았다는 사실이 수많은 언론보도를 통해 드러났다. 일자리에 목마른 청년들을 낚아채기에는 그만한 미끼가 없었으리라. 게다가 이들은 일을 할 수 있다는 사실만으로도 감사해야 하는 을(乙)일 뿐이다.

그런데 취업이 이렇게 어려운데도 대졸 신입사원의 1년 내 퇴사율이

2014년을 기준으로 25.2%에 달한다는 통계는 놀라울 따름이다. 불과 4년 전인 2010년의 15.7%보다 무려 10% 증가한 수치다. 힘든 경쟁을 뚫고 입사에 성공한 신입사원 4명 중 1명은 회사를 1년도 다니지 않고 떠난다는 말이다. 도대체 왜 이들은 회사를 떠나는 걸까?

이를 위한 나름의 답을 필자는 '의욕과 열정'이라는 단어에서 찾을 수 있었다. 먼저 의욕은 무엇을 하고자 하는 적극적인 마음이나 욕망을 말한다. 의욕적인 사람은 진취적이고 도전적인 경향이 강하므로 '의욕'이란 말 자체는 긍정적인 느낌을 준다. 그런데 일상에서 우리가 의욕이란 말을 사용하는 경우, 대부분 의지와 관계된다. '일할 의욕이 생기지 않는다'와 같은 표현은 외부의 어떤 요인에 의해 하고자 하는 마음이 사라졌다는 의미이다. 그래서 의욕은 곧 의지와 같다고 할 수 있다. 월요일 출근길은 마음이 무겁다. 다시 평소의 컨디션을 회복하려면 의지를 불태워야 한다. 마인드 컨트롤을 하면서 의욕을 끌어올려야 한다. 이는 다분히 논리적이며 이성적이고 설명이 가능하다.

쉽게 말해 의욕이란 단어는 머리에서 나오는 것이다. 우리가 원치 않는 일을 할 때에도 결과에 따른 보상이나 벌을 생각하면 의욕이 생길 수 있다. 성과가 최고 수준에 도달하지는 못하더라도 계획한 만큼의 결과는 얻을 수 있다는 말이다.

반면 열정은 어떤 일에 열렬한 애정을 가지고 열중하는 마음을 말하는데 의욕과 달리 감정적이며 비논리적이다. 자신의 일에 대한 열정을 설명할 방법은 없다. 그냥 그것이 너무나 좋고 하지 않을 수 없을 뿐인

데 그 이유를 논리적으로 설명할 수는 없다. 우리가 누군가를 사랑할 때 이런저런 이유를 들어 설명할 수 있다면 이미 그건 사랑이 아닌 것처럼, 어떤 일에 열정을 가지고 있다면 그 이유는 말로 표현하기 어렵다. 그래서 매사에 의욕적이라는 말은 가능할지 몰라도 매사에 열정적이라는 말은 쉽게 납득하기 어렵다.

의욕을 버리고 열정을 탐하라

의욕은 이성이지만 열정은 사랑이다
의욕은 논리적이지만 열정은 감성적이다
의욕은 불태워야 하지만 열정은 샘솟는다

어느 것이 더 지속가능한가?

제니퍼 여 넬슨(Jennifer Yuh Nelson)을 아는 이는 많지 않을 것이다. 그렇다면 〈쿵푸팬더2〉는 어떤가. 제작비 1억 5,000만 달러가 투입된 초대형 애니메이션으로 흥행수익은 6억 6,500만 달러에 달한다. 한국계 미국인 제니퍼 여 넬슨은 바로 이 영화의 감독이다. 1967년, 그녀는 네 살의 나이에 가족과 함께 태평양을 건넜다. 어릴 때부터 취향이 남달랐던 그녀는 공부는 뒷전이었고 그림그리기를 좋아했다. 〈태권V〉나 〈독수리 5형제〉같은 액션 만화를 보며 상상의 나래를 펼쳤다. 다행히 그녀의 부모들은 그런 딸의 관심사를 지지해주었다.

대학에 진학할 때에도 그녀는 가장 좋아하는 것, 자신을 행복하게 하는 것은 무엇일까를 고민했다. 부모님 또한 가장 좋아하는 것을 하라며 그녀에게 힘을 실어주었다. 결국 그녀는 명문 UCLA의 전액 장학금 제안을 마다하고 애니메이션을 전공하기 위해 캘스테이트 대학의 롱비치 캠퍼스를 선택했다.

디즈니, 픽사와 더불어 애니메이션계의 꿈의 직장 중 하나인 드림웍스에 들어간 것은 2002년이었다. 취미가 일로 바뀌면서 극심한 스트레스를 경험하기도 했지만 그녀는 스스로에게 너그러워지자, 누가 시키는 일이 아닌 스스로 창조하는 일을 하자고 결심하면서 높은 성과를 냈다. 〈스피릿(2002)〉, 〈신밧드-7대양의 전설(2003)〉, 〈마다가스카(2005)〉, 〈쿵푸팬더(2008)〉를 거치며 드림웍스 스토리 부문 책임자로 성장했다. 그녀는 〈쿵푸팬더2〉의 감독직을 수행하면서도 지시보다는 스스로 즐겁게 일하는 분위기를 만들어냈고, 팀원 모두 자신들의 열정을 쏟아낼 수 있도록 독려해주었다.

그녀는 흥행성적보다는 모두가 즐겁게 만들고 누구나 행복을 맛볼 수 있는 영화를 제작하는 것이 중요하다고 했다. 촬영장에서 팀원들과 영감을 공유하고 그것을 구체적인 성과로 만들어내는 그녀는 누가 시켜서 일하는 것이 아니라 그냥 좋아서 일을 한다. 그래서 그녀를 보면 애니메이션에 푹 빠져 산다는 것을 느낄 수 있다. 만약 그녀가 UCLA에 진학하여 과학자의 길을 걸었다면 지금보다 더 행복할 수 있었을까? 자신의 삶에 의미를 발견하고 세계인에게 영감을 불어넣을 수 있었을까? 물론 그럴 수도 있다. 그러나 지금보다 더 행복할 수 있다고 해도 그녀

는 애니메이션을 선택했을 것이다. 왜냐하면 그것은 그녀가 가장 좋아하는 일이기 때문이다.[7]

　2007년, 필자가 한국인적자원연구센터의 연구원으로 인터뷰하고 분석했던 31명의 과학자 역시 자신이 좋아하고 즐길 수 있는 분야를 선택했다. 자신의 일에 얼마나 열정을 가지고 있는지는 그 사람과 이야기를 해보면 단번에 알 수 있다. 과학자들은 자신들의 연구에 대해 설명할 때 정말 뜨거운 에너지를 내뿜었다. 도대체 너무나 재미있어서 말로 설명할 수 없다는 표정에서는 일에 대한 그들의 열정이 느껴졌다. 한국생명공학연구원의 유향숙 박사는 "과학을 하든 예술을 하든 땅을 파든 빨래를 하든, 무엇을 하든지 행복하고 재미있고 즐거운 일을 하는 게 좋다고 생각해요. 나는 과학을, 생물학을, 유전자를 연구하면서 즐겁다고 느끼고 있지만, 그림을 그릴 때 가장 즐겁고 행복하다면 그림을 그려야 되겠지요"라고 말하며 자신이 좋아하고 즐기는 일을 해야 한다고 강조했다.[8]

　1년 만에 회사를 떠난 신입사원들은 의욕이 필요한 자리에 앉아 있었다. 매일 자신에게 주어진 과업을 완수하기 위해 의욕을 끌어올려야 했다. 그렇게 1년을 생활하며 스스로를 돌아보았고 선택의 기로에서 새로운 길을 찾아간 것이다. 의욕의 유효기간은 고작 1년에 불과하다. 물론 이들을 가리켜 의지가 약하다, 힘든 일은 하려고 하지 않는다며 비판할 수도 있다. 이들이 회사를 떠난 이유가 열정이나 의욕이 아닌 수직적인

---

7 이경민, 〈바닥부터, 지독하게, 열정적으로〉, 위즈덤 하우스
8 오헌석, 최지영, 최윤미, 권귀헌, 〈세계를 이끄는 한국의 최고 과학자들〉, 서울대학교출판부

서열문화나 실망스런 복지제도일 수도 있다. 그러나 이들 중에는 자신이 열정적으로 매진할 수 있는 일, 돈이나 사회적 관습에 얽매이지 않고 마음이 시키는 일을 찾아 나간 사람도 있을 것이다. 우리가 주목해야 하는 것은 바로 이런 이유로 회사를 떠나는 사람들이다.

혹자들은 현실을 직시하라고 말한다. 그러나 정말 현실을 직시한다면 이런 질문이 떠오르지 않을까? "누구도 행복해하지 않는데 단지 모두가 그렇게 하고 있다는 이유만으로 따라야 하는가?" 현실적이어야 한다는 말이 남들과 같아야 한다거나 타협해야 한다는 말과 같다고 오해하지 말자.

소위 현실을 직시하고 있는 사람들에게 물어보고 싶은 말이 있다. 10년 뒤에도 지금의 일을 하고 있는 자신을 상상하는가? 부장이나 임원이 되어 있는 선배의 모습에서 무엇을 보는가? 당신이 다른 자리에 앉아 있다면 지금의 자리에 앉기 위해 어느 정도까지 포기할 수 있는가? 지금의 노력을 다시 하면서 지금 바로 그 자리에 앉을 용의가 있는가? 그만큼 매력적이고 끌리는가? 지금 앉아 있는 자리는 의욕이 필요한 자리인가 아니면 열정을 발산할 수 있는 자리인가?

당근과 채찍의 한계

대학 졸업을 앞둔 당신에게 아래 중 하나를 선택할 수 있는 기회가 주어졌다. 둘 중 어느 일을 선택하겠는가?

1. 적성에 맞지는 않지만 열심히면 연봉 8천만 원까지 받을 수 있다.
2. 매우 매력적이고 재미있다. 장담하건대 평생 이 일을 즐길 수 있을 것이다. 다만 얼마를 벌 수 있을지는 말하기 어렵다.

많은 이들은 2번을 택할 것이다. 돈을 좀 못 벌어도 스트레스 받는 일을 하는 것은 끔찍하기 때문이다. 게다가 이것은 그냥 머릿속으로만 한 번 해보는 것이니까. 그러나 현실에서의 우리는 어떤가. 우리의 선택은 언제나 1번이었다. 현재 당신의 명함에 그렇게 써 있기 때문에 두말할 필요도 없다. 그리고 앞으로도 많은 사람들은 2번을 원하면서도 1번에 배팅할 것이다.

수입이 불분명한 일에 인생을 투자하는 것은 무모해 보인다. 돈이 없는데 제대로 할 수 있는 일이 과연 얼마나 될까? 몸이 아파도 병원 진료를 제대로 받기 어렵고 배우자나 아이들이 원하는 것을 사줄 수도 없다. 친구에게 한턱 낼 여유도 사라지고 경사스런 일이나 슬픔을 나눌 일에도 마음을 표하기 어렵다. 이 모두 돈이 필요한 일이다. 돈에 관심을 갖지 않더라도 사회에 발붙인 이상 돈이 없다는 것은 곧 불편과 직결된다. 돈에 욕심이 없다고 해도 일정 수준의 경제력은 사람답게 살기 위해 필요한 것이 현실이다.

바로 이 때문에 사람들은 1번을 택한다. 연봉 8천만 원은 적은 돈이 아니다. 오히려 상당히 많은 돈이다. 노벨경제학상을 수상한 미국 프린스턴대학교의 경제학자 안구스 디튼(Angus Deaton)과 심리학자 다니엘 카네만(Daniel Kahneman)은 미국인 45만 명을 대상으로 조사한 결과 연소득이 7만 5천 달러에 이르게 될 때 일상에서 느꼈던 우울하고 부정적인 감정들이 사라지고 행복하다는 감정을 느낀다고 했다. 그 이유는 밝혀내지 못했지만 적어도 7만 5천 달러라는 수입이 '돈은 더 이상 이슈거리가 되지 않는다'는 인식을 만들어내는 것 같다고 했다.[9]

실제로 미국의 카드결제 대행회사인 그래비티 페이먼트(Gravity Payments)의 설립자이자, 최고 경영자인 댄 프라이스(Dan Price)는 프린스턴 대학교의 디튼과 카네만의 연구에서 영감을 얻어 2015년 4월 자신의 연봉을 100만 달러에서 93만 달러를 삭감하고 회사 내 직원의 최저임금을 연 7만 달러(약 7,600만 원)로 올리기로 결정했다. 그래비티 페이먼트 직원들의 평균 임금은 약 4만 8,000달러다. 전체 직원은 약 120명인데, 댄 프라이스의 결정에 따라며 연봉이 인상될 직원은 이 중 70명에 달한다. 그중 30명은 기존에 받던 임금에서 두 배 이상의 연봉을 받게 된다. 올해 회사 수익으로 예상되는 220만 달러 가운데 약 75% 이상을 임금인상에 쓰기로 결정한 그는 이렇게 말했다.

"희생이 따르겠지만, 회사의 이익은 220만 달러 수준으로 돌아올 겁니다. 그리고 내가 낸 돈도 돌아올 겁니다. 무엇보다 직원들에게 좋은 동기가 되겠지요. 이건 사회적인 문제에 대한 자본주의적인 해결책입니다. 나는 이러한 시도가 결국 우리의 이익이 될 거라고 생각합니다."

경영사상가 말콤 글래드웰(Malcolm Gladwell) 역시 자신의 저서 《다

---

[9] 타임지 기사(2010. 9. 6) 『Do we need $75,000 a year to be happy?』

윗과 골리앗》에서 돈에 신경 쓰지 않고 살 수 있는 적정한 연봉 수준을 약 7만 5천 달러라고 했다. 그 이상이 되면 수입의 증가가 자녀 양육 등에 부정적이게 되며 오히려 행복을 저해하는 요소로 작용할 수 있다는 것이다. 이른바 부에서도 한계수확체감의 법칙이 작동하는 것이다.

하지만 우리는 여기에서 '1'번 선택지의 함정을 발견할 수 있다. 그것은 연봉 8천만 원이 하나의 목표가 되어 버린다는 점이다. 게다가 연봉이 8천만 원에 도달하는 순간 일을 통해 얻을 수 있는 성취감이나 도전정신 같은 긍정적인 감정이 사라질 가능성이 매우 높다. 또한 당신이 돈 때문에 일하기 시작하는 순간 창의적인 성과는 기대하지 않는 것이 좋다.

"~하면 ~을 주겠다"는 식의 보상 시스템은 이미 수많은 심리학자, 경제학자, 사회학자들에 의해 그 한계가 밝혀졌다. 알고리즘에 의한 일이나 정해진 매뉴얼대로 움직여야 하는 일을 수행할 때에는 보상 시스템이 제대로 작동했지만 창의적인 사고과정이 필요한 일에서는 보상 시스템이 오히려 방해요소로 작용한다.

미래학자 다니엘 핑크(Daniel Pink)는 높은 성과를 내기 위해서는 돈에 신경 쓰지 않을 만큼의 경제력을 갖추는 것이 중요하지만 그 다음에는 자주성, 숙달욕구, 소명의식에 기대는 것이 더 현명하다고 말했다. 즉, 스스로 결정할 수 있는 권한 부여, 목표에 대한 도전정신과 성취하려는 욕망, 사회에 기여한다는 소명이 생각지도 못한 성과를 창출하는 핵심 동인이 된다는 것이다.

우리는 복종할 때보다 몰입할 때 더 뛰어난 성과를 올린다. 핀란드인

리누스 토르발스(Linus Torvalds)가 개발한 리눅스 운영체제는 전 세계 5백만 명의 개발자들이 공동으로 참여해 지속적인 업그레이드가 이뤄지고 있다. 이들은 아무런 대가 없이 자신의 시간을 들여 시스템을 발전시켜왔다. 무료로 배포되는 이 운영체제는 개발자들의 자발적 동기, 즉 더 우수한 시스템을 만들어내려는 성취욕과 도전정신 또 소명의식이 만들어낸 것이다. 정말 대단한 업적은 돈과 같은 외부의 요인이 아닌 자주성, 성취욕, 소명의식과 같은 내면의 요인이라는 것이다. 이를 발휘할 수 있을 때 상상을 뛰어넘는 상상력이 발현된다. 그래비티 페이먼트의 댄 프라이스가 이 세 가지를 알고 있다면 아마 이 회사는 대단한 성과를 창출하게 될 것이다.

돈으로 사람의 잠재력을 이끌어내는 데에 한계가 있다는 것은 당연하면서도 참 다행이란 생각이 든다. 돈이란 것이 필요하면서도 그것에 집착하면 한없이 구차하고 비굴해지기 마련이다. 그런 돈이 인간의 잠재력을 최대로 이끌어낼 수 있는 하나의 요인이라면 우리의 삶은 그야말로 허무할 것이다.

돈 걱정 없이 사는 대가로 자신의 자주성이나 성취욕, 도전정신이나 소명의식을 기꺼이 포기할 수 있는 사람들은 1번의 선택지를 골라도 좋다. 매일매일 힘겹게 의욕을 끌어올리며 주말만 기다리는 당신은 최대 연봉 8천만 원을 받으며(그 이상을 받더라도 8천만 원보다 더한 행복감을 주지는 않는다고 한다) 가끔씩 즐기는 캠핑 같은 취미활동을 통해 행복하다고 느낄 것이다. 돈을 좀 덜 벌더라도 자신의 스케줄대로 목표를 세우고 달성하며 사회에 큰 기여를 하겠다는 사람은 2번의 선택지를 고르는 것이 좋다. 자신이 하고 싶은 일을 하면서 경제적으로는 풍요롭지 못해도 깊은 행복을 느낄 것이다.

끝으로 하버드와 예일대 졸업생을 조사한 결과를 간단히 소개하겠다. 예일대의 스톨리 블로토닉 연구소는 1965년에 예일대와 하버드대를 졸업한 1,500명을 대상으로 직업과 부의 상관관계를 조사했는데 1,500명 가운데 83%에 해당하는 1,245명은 좋아하는 일보다 돈을 많이 벌 수 있는 일을 직업으로 택했고, 나머지 17%(255명)는 보수는 적더라도 좋아하는 일, 꿈과 관련된 일을 선택했다. 그런데 20년 후 이들이 재산을 얼마나 모았는지 파악하니 놀라운 결과가 나왔다. 전체 1,500명 가운데 백만장자 반열에 오른 사람은 101명이었는데 이 중 돈벌이를 기준으로 직업을 골랐던 사람은 단 한 명뿐이었다.[10]

Homo
Unaskus

주변의 기대에 부응하기 위해 고심한다
일을 지속하기 위해서는 의지가 필요하다
일이 주는 경제적 보상에 목맨다

Homo
Askus

소신과 주관에 따라 선택하고 행동한다
힘든 순간에도 일 자체를 즐긴다
돈이와 소비에 대한 관심이 줄어든다

---

10 이상훈, 〈1만 시간의 법칙〉, 위즈덤 하우스

CHAPTER

성취함으로써 남달라지는가?

당장 쓰레기통에
버려야 할 것들

우리 모두는 이 세상에 유일한 존재이다. 그러므로 인권과 인격은 물론이고 각자의 개성과 다양성을 이해하고 존중해야 한다. 그럼에도 불구하고 요즘은 하나같이 똑같은 존재가 되려고 애쓰는 것 같다. 모난 돌이 정 맞는다는 속담이 마치 절대 진리가 되어버린 듯 비판받지 않기 위해 각자의 개성을 지우느라 고군분투하고 있다.

물론 이 말에 쉽게 수긍하기는 어려울 것이다. 차별화에 성공하지 못하면 살아남지 못한다는 말을 귀에 못이 박히도록 듣고 있고 늘 남들과 달라지려고 뭔가 하는 것 같기 때문이다. 하지만 자신이 다른 사람과 어떻게 다른지 분명하게 말할 수 있는지 다시 생각해보자. 남들과 다르다는 사실도 알고, 남들과 달라야 성공할 수 있다는 것도 알지만 정작 우리의 일상은 남들과 같아지려고 안달난 사람 같다는 말이다.

요즘 청년실업이 사회적 문제다. 모자라는 게 없는데도 일자리가 없기 때문이다. 남부러운 직장을 잡는 것은 경쟁이 만만치 않고 꽤 괜찮은 일자리를 잡는 것도 호락호락하지 않다. 그러나 이들의 눈물 나는 노력에도 불구하고 대학 4년을 투자해서 쌓아올린 방대한 스펙은 이력서 몇 칸을 채우는 정보에 불과하다. 그것은 결코 인사 담당자의 이목을 끌지 못할 뿐 아니라 채용을 결정하는 CEO의 마음을 움직이는 결정적 요소가 될 수 없다. 남들과 비슷해지려고 길고 긴 시간을 투자해서는 안 된다는 사실을 우리는 좀 더 일찍 깨달아야 한다.

채용 기관에서 제시하는 자격 기준이라고 해도 지원자들 스스로가 하한선의 상향화를 도모하는 것은 아닌지 생각해봐야 한다. 높을수록 좋다는 막연한 기대 심리가 불필요한 경쟁과 소모를 조장했다는 말이다. 지원하는 채용 분야가 외국어 능력과는 관련이 적음에도 불구하고 영어 점수가 높을수록 채용에 유리할 것이라고 믿거나 이색적이고 도전적인 경험은 풍부할수록 장점이 될 것이라는 믿음은 대부분의 취업 준비생이 갖고 있는 생각일 것이다. 이런 막연한 생각이 불필요한 경쟁을 조장하며, 결국은 비슷비슷한 지원자를 양산하고, 기왕이면 학벌 좋은 지원자를 고르게 되는 현실을 낳는 것이다.

시간을 낭비하기 전에 뭘 해야 하는지, 뭘 하고 싶은지, 뭘 잘할 수 있는지 제대로 알아보자. 인간관계, 돈, 가족과 같은 현실에서 자신을 뚝 떼어놓고, 자신이 무엇을 할 때 가장 행복한지 생각해보는 것이다.

남들과 무조건 달라야 한다는 말이 아니다. 인간은 다른 사람과 조화를 이루며 살아가는 사회적 동물이기 때문에 비슷하거나 같은 면도 필요하다. 문제는 맹목적으로 따라만 한다는 것이다. 최근 캠핑이 유행처럼 번지면서 SUV 차량 판매도 늘어나고 아웃도어룩 소비도 증가하고 있다. 하지만 자연과 공존하며 여유를 즐기는 진정한 의미의 캠핑을 즐기는 사람은 얼마나 될까?

고가의 캠핑도구 구입에만 열을 올리거나, 캠핑장에서도 아이들에게 수학이나 영어 공부를 시키느라 여념이 없는 부모들을 보면 씁쓸한 생각이 든다. 게다가 캠핑장 인근의 주민들은 캠핑객들이 버린 쓰레기와 밤새도록 이어지는 소음, 교통체증과 주차난으로 몸살을 앓고 있다.

캠핑 문화가 확산되고 관련 산업이 성황을 이루는 것이 문제라는 말이 아니다. 유행을 무조건 거부하라는 것도 아니다. 옷 한 벌을 사면서 옷의 가치와 의미를 고민하라는 게 아니다. 적지 않은 에너지와 시간을 투자해야 하는 일에는 유행이 아닌 본질을 따져 봐야 한다는 말이다.

오랜 기간을 준비해서 성취해낸 목표가 고작 이력서 몇 줄 채우는 것밖에 안 되는 것 같다는 생각을 하지 않으려면 친구 따라 강남 가서는 안 된다. 하려고 하는 일이 시간과 에너지를 투자할 가치가 있는지 따져 물어야 한다.

"그 정도는 해야지"라고 말하는 주변 사람들 때문에 고민 없이 뭔가 시작하려 한다면 그런 마음은 당장 쓰레기통에 갖다 버려야 한다. 지금 고민하고 있는 것이 사실은 인터넷 포털의 실시간 검색 순위에서 온 것일지도 모를 일 아닌가. 우리는 이미 무의식중에 우리의 기호와 관심을 다른 사람의 것과 동일하게 만드는 데 동의하고 있는지도 모른다. 거울 앞에 서서 스스로에게 물어보라. '내가 목표로 하는 그 일은 나를 나답게 하는가? 나를 다른 사람들과 다르게 만들어줄까?' 하고 말이다.

남다른 단순함

우리는 최고의 자리에 오른 사람이 어떤 면에서 뛰어난지 분석하는 데 골몰해왔고 쓸 만한 성공의 법칙을 여럿 만들어냈다. 시간관리, 인간관계, 성과창출 등에는 이미 공개된 레시피가 존재한다. 꼭대기에 오르려 하는 사람들은 이 레시피에 따라 자신을 담금질하고 그 과정에 필요한 수많은 목표들을 하나씩 성취하려고 한다. 그러나 대부분 중도에 낙오하며 정점에 오르더라도 얼마 지나지 않아 내려오곤 한다.

매일 산을 오르지만 정상에는 한 번도 오르지 못한다면 기분이 어떨까. 또는 정상에서 맑은 공기나 풍경, 성취감 같은 것을 맛볼 겨를도 없이 뒤따라 오르는 사람들에게 자리를 내줘야 하거나 그러지 않으려고 올라오는 사람과 경쟁해야 한다면.

그래서 최근에는 넘버원이 아닌 온리원이 되라는 주문이 많은 이들의 귀를 솔깃하게 만든다. 불필요하게 남들과 경쟁하지 말고 자신만의 일을 하라는 것이다. 그것만 찾아내면 인생을 훨씬 멋지게 살 수 있다고 말이다. 그러나 사람들은 이 말의 진정한 의미를 모른 채 남들이 뛰어들지 않은 블루오션만 찾아내면 성공을 손쉽게 건져 올릴 것이라 착각한다.

어떤 분야든지 경쟁자는 존재하고 우열은 가려진다. 이것은 엄연한 진실이며 현실이다. 지금은 과포화 상태에 이른 택시업계를 한번 보자. 불과 1990년대 초만 하더라도 꽤 벌이가 괜찮아 부자의 상징인 빨간 벽돌집 앞에 주차되어 있는 개인택시를 어렵지 않게 볼 수 있었다. 그러나 최근에는 하루 12시간을 일하는 고강도 노동에도 불구하고 택시업계 종사자가 중산층으로 분류되기는 하늘의 별 따기보다 어렵다.

요즘은 심심치 않게 볼 수 있는 네일아트 가게도 불과 5~6년 전에는 매우 드물었다. 지금은 네일아트를 전공하는 학과는 물론 해외 유학까지 떠나는 실정이어서 웬만한 기술이나 정교함만으로는 손님을 끌기가 쉽지 않다. 아무리 블루오션이라고 해도 원하든 원하지 않든 소위 동종업계라는 울타리가 둘러지며 그 속에서는 피라미드가 형성되는 것이다. 요즘은 이러한 속도가 점점 빨라지고 있어 자신은 블루오션이라 굳게 믿고 뛰어들었지만 곧 피가 튀는 레드오션으로 변하는 것이다.

그렇다면 온리원이 되라는 말은 감언이설에 불과한가? 그렇지 않다. 우리는 이 말에 들어있는 본질을 이해하지 못한 채 그동안 온리원을 단순히 퍼스트원으로 착각했을 뿐이다. 물론 새로운 분야를 개척하고 선도하는 것은 매우 의미 있는 일이다. 그것은 도전정신과도 맞닿아 있으면서 인류의 문명이 발달해온 역사와도 맥을 같이 한다. 그리고 후발주자에 비해 확실한 우위를 점할 수도 있다. 인간을 포함한 동물의 사회적 행동을 진화론적 관점에서 설명하는 사회생물학을 창시한 세계적인 석학 에드워드 윌슨(Edward O. Wilson)의 말에 따르면 그것은 "총소리와 떨어져서 행진하라(March away from the sound of the guns)"와 같은 것이다. 남들이 가지 않는 길은 험난한 가시밭길이지만 종전까지는 없었던 새로운 발견과 창조가 일어나는 곳은 바로 그런 길이기 때문이다.

그러나 새로운 분야에 뛰어들었다는 것에 만족하고 안주한다면 성공은 요원한 일이 된다. 남이 가지 않는 길을 간다는 것이 늘 성공으로 이어지는 것은 아니다. 비지칼크(VisiCalc)를 아는가? 이것은 최초로 개발된 개인용 스프레드시트였다. 그러나 지금은 쓰는 사람이 없는 것은 물론 있었다는 사실조차 아는 사람이 드물다. 드 아비양(De Havilland)은 민간 제트기 사업의 선구자였지만 오래지 않아 보잉사에 그 자리를 내줘야 했다. 김치냉장고 시장을 선도했던 만도 위니아도 이제는 삼성, LG와 함께 시장을 나누고 있다. MP3 플레이어로 이름을 날린 아이리버는 애플이 선도한 스마트폰 시대와 함께 몰락하고 말았다. 최초라는 기록이 성공의 길을 보장하는 것은 아니다.

온리원이라는 말은 블루오션을 찾아 먼저 뛰어들어 개척하라는 말이 아니다. 이것을 어떤 요행이나 안목을 요구하는 말로 착각하지 않기를 바란다. 이것은 오히려 하나의 철학에 가까운 말이다. 온리원의 본질은 차이점이다. 거대 조직의 말단 사원이라고 하더라도 남들과는 다른 점이 있어야 한다는 것을 말한다. 세스 고딘(Seth Godin)의 표현을 빌리자면 대체 불가능한 존재가 되라는 말이다. 비지칼크나 드 아비양과 같은 선구자들도 후발 주자들이 쉽게 흉내 낼 수 없는 차이점을 지속적으로 개발했다면 업계 최고의 자리를 유지할 수 있었을 것이다.

하버드 경영대학원 문영미 교수는 "맥도날드는 매장 안에 커피 바를

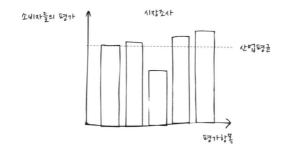

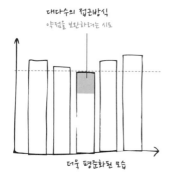

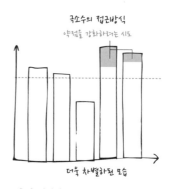

- 출처: 디퍼런트(2011), 59~60쪽 편집 -

만들고, 스타벅스는 아침식사 메뉴를 개발하고 있다"며 기업이나 서비스의 평준화 현상을 비판했다.[11] 어떤 제품의 다른 점, 즉 장점을 찾는 것이 일반 소비자에게는 거의 불가능한 상태가 된 것이다.

경쟁 업체의 경쟁력을 베껴와 단기적인 이윤이나마 챙기려는 이러한 경영 전략은 결국 제품군 전체의 쇠퇴를 이끌어온다. 경쟁 업체들끼리 소모적인 싸움을 하는 동안 소비자는 결국 지치게 되고, 혁신적인 기업이 가지고 오는 새로운 영역의 제품으로 눈을 돌리게 되는 것이다. 마트에서 발견하는 수많은 종류의 비슷비슷한 제품들, 예를 들어 치약, 시리얼, 비누, 세제 같은 것들은 어느 날 전혀 예상치 못한 제품들에게 자리를 빼앗길지도 모른다. MP3를 대체한 스마트폰처럼 말이다.

어떤 분야든 최고가 존재한다. 그것은 조직도의 맨 위를 의미하는 것일 수도 있고, 가장 뛰어난 성과를 내는 사람일 수도 있으며, 수많은 팬을 둔 유명 인사를 말하는 것일 수도 있다. 그러나 그것이 무엇이건 진정한 최고란 같은 분야의 다른 사람들보다 높은 권위를 갖고 있음을 알 수 있다.

우리는 종종 권위를 권위적이라는 말과 혼동하는데 이 둘은 엄연히 다르다. 권위적인 사람은 자신의 권위를 세우려고 노심초사할 뿐이지만 주변에서는 그를 인정하지 않기 때문에 오히려 권위는 서지 않는다. 권위는 자신이 세운다고 해서 서는 것이 아니기 때문이다. 반면 권위가 있는 사람은 권위적이지 않다. 그는 자신의 품성과 능력을 통해 스스로

11 문영미(박세연 역), 〈디퍼런트〉, 살림Biz

권위를 찾는다.

우리가 갈망해야 하는 것은 최고의 자리 자체가 아니라 바로 그것을 가능케 해주는 권위여야 한다. 그리고 그 권위는 뛰어남에서 비롯되지만 그 뛰어남은 남다름에서 비롯된다는 것을 인식해야 한다. 그것은 이전까지 존재하지 않았던 생각, 기술, 지식, 방법, 수단, 절차 등을 통해 구현된다.

현대 물리학의 역사를 새로 쓴 알베르트 아인슈타인(Albert Einstein)은 자신의 뛰어난 통찰이나 지식을 내세우지 않았다. 그는 남들이 중도에 질문을 멈출 때 그러지 않았을 뿐이다. 자신의 입지나 권위를 세우기 위해 우쭐대지 않았음에도 세상은 그를 역사에 길이 남을 물리학자로 기념하고 있다. 권위란 바로 이런 것이다. 그런데 그 권위에는 아인슈타인 이전까지는 그 누구도 생각지 못한 독특하고 남다른 생각이 자리하고 있다. 시간을 차원으로 인식한 상대성이론이 바로 그것이다. 빛보다 빠르게 움직이면 과거로 갈 수 있다는 그의 상상력말이다.

손님이 끊이지 않는 식당에는 다른 곳에서 경험할 수 없는 색다른 맛이나 서비스가 있다. 진열장에 놓이자마자 불티나게 팔리는 제품에는 소비자가 거부하기 어려운 매력이 있다. 그것은 바로 이전에는 없었던 새로운 무엇이다. 관점이든, 기술이든, 생각이든, 지식이든.

목표를 세우면서 염두에 두어야 할 중요한 사실은, 그 목표를 이루는 것이 자신을 남들과 다르게 해주는 데 얼마나 기여하는가이다. 어떤 분야에서든 자신을 대체 불가능한 존재로 만드는 데 힘을 보태느냐가 그 목표를 나의 것으로 가져와야 하는지 판단하는 기준이 되어야 한다. 그렇지 않다면 누구나 다 쌓아올리는 평범한 스펙을 하나 더 추가하는 것에 불과할 수도 있다. 남들에게는 없는, 남들은 가지기 어려운 그런 능력과 인품, 복잡하지 않고 단순하면서도 간결하고 예리한, 즉 남다른 단순함을 쌓는 것이 자신을 온리원으로 만들어주는 본질이다.

짬뽕부터
폐방수포 가방까지

필자가 강원도 홍천에서 근무할 때 떨어져 살던 아내가 찾아오는 주말에는 유명한 짬뽕집을 가곤 했다. 아마 홍천에 연이 있는 사람이라면 한 번쯤은 먹어봤을 곳이다. 사실 이곳의 짜장면이나 탕수육은 추천할 수준이 못 되지만 짬뽕 하나만큼은 둘이 먹다 하나 죽어도 모를 정도로 맛있어서 손님이 끊이지를 않는다. 특히 두툼하게 썰어 넣은 죽순은 다른 곳에서 먹어볼 수 없는 별미이다. 간판에도 짬뽕이라는 두 글자만 쓰여 있어 소문을 듣고 온 사람들은 아이들이 먹을 짜장면이나 탕수육을 안 팔면 어쩌나 걱정하면서도 기어이 짬뽕을 먹겠다고 들어가는 그런 곳이다.

홍천의 자랑거리로는 비공식 명소인 짬뽕집 말고도 공식 명소인 팔봉산을 들 수 있는데 이 산은 그리 높지 않지만 절벽과 기암괴석 등으로 산세가 험한 편이다. 이름처럼 여덟 개의 봉우리로 이루어진 이 산은 세 번째 봉에서 네 번째 봉으로 가는 길에 해산굴 또는 장수굴이라 불리는 작은 바위틈이 있는데 필자는 굴을 통과할 때마다 10년씩 젊어진다는 전설을 믿으며 가끔씩 오르곤 했다. 과연 저 작은 구멍으로 지나갈 수 있을까 하면서도 위를 쳐다보며 몸을 움직이면 매끈하게 통과할 수 있었다.

필자는 군인으로 10여 년을 지내며 전국을 누볐는데 바쁜 일상에서도 여유가 있을 때는 지역의 명소나 맛집을 방문했다. 홍천의 짬뽕집이나 팔봉산처럼 그리운 곳도 많다. 그럴 때마다 다른 지역에서는 결코 경험할 수 없는 지역의 자랑거리들이 가진 매력처럼 나에게도 그러한 힘이 있을까 하는 생각을 하곤 했다. 다른 사람이 아니라 반드시 나여야만 하는 그런 이유를 나는 갖고 있는가 하고 말이다.

목표를 세울 때는 그것이 자신에게 확실한 카드가 될 수 있는지 물어보는 게 좋다. 믿는 구석이 있으면 어떤 상황에서도 자신감이 생기고 당당해질 수 있다. 마치 방어율 제로에 가까운 구원투수를 보유한 야구팀의 팬들이나, 100m 금메달리스트가 마지막 주자로 달리는 400m 계주를 지켜보는 국민의 마음처럼 말이다. 확실한 카드란 다른 사람에게는 없고 자신에게만 있다는 말이기도 하다.

스위스의 가방업체 프라이탁(Freitag)은 똑같은 제품이 단 하나도 없다는 특징을 갖고 있다. 이것이 가능한 이유는 가방의 원단으로 트럭의 폐방수포를 사용하기 때문이다. 전 세계의 다양한 환경과 기후에서 도로를 누비던 폐방수포는 동일한 방수포였더라도 빛이 바라거나 낡은 정도가 모두 다르다. 게다가 폐방수포의 어느 부분에 디자인 틀을 갖다 대느냐에 따라 재단하는 부위가 달라지므로 가방에 들어갈 원단의 디자인도 제각각이다. 이처럼 프라이탁은 친환경 제품이면서 세상에 단 하나뿐인 가방을 만든다는 전략으로 2014년 기준 40만 개의 가방을 생산하는 회사로 성장했다.

인도네시아의 바틱도 마찬가지다. 인도네시아인들은 외국의 지인에게 바틱이라는 염색 기법으로 제작된 셔츠나 남방을 꼭 선물하는데 같은 문양이 하나도 없다. 밀랍으로 그림을 그린 뒤 염색액에 담그면 그 밀랍 부분에만 염색이 되지 않아 문양으로 남게 되는데 모든 과정이 수작업이어서 원단마다 그림이 다르다. 공장에서 생산하는 지금도 전통의 의미를 살려, 제품으로 제작된 것의 문양은 같은 것이 없다고 한다.

경제학에서 희소성은 곧 경쟁력이며 가격의 상승으로 이어진다. 목표의 성취가 자신에게 그런 희소성을 주는지 생각해보라. 다른 이들에게 다 있는 그런 경쟁력을 갖추려 애쓰기 보다는 오직 자신만이 할 수 있는 목표를 찾자.

죽순이 들어간 짬뽕, 팔봉산의 해산굴, 프라이탁의 폐방수포 가방, 인도네시아의 바틱 문양 셔츠처럼 세상 어디에도 없는 자신만의 유일한 경쟁력을 어떻게 갖출 수 있을까? 만약 누군가 옆에서 트럭의 폐방수포로 가방을 만들겠다고 말한다면 미친 사람이라고 얘기할 텐가? 그런 엉뚱한 생각이 만든 결과를 보라. 우리도 한번 해보자. 세상 어디에도 없는, 다른 누구도 할 수 없는 목표를 찾아보자. 거창하지 않아도 좋다. 거

대한 그림이 아니어도 좋다. 아주 미비하더라도 다른 사람이 가지고 있
지 않은 바로 그걸 목표로 삼아보자.

Homo
Unaskus

많은 일을 하지만 독보적인 분야는 없다
능력을 증명하기 위해 스펙을 쌓는다
파이가 큰 시장에 뛰어든다

Homo
Askus

자신만의 '필살기'를 구비한다
구체적 성과로 능력을 입증한다
파이를 직접 만들며 나눠주기도 한다

여행길에
오르며
그리고
목적지를
향   해

PART 3

기회를 찾아야 기회를 만든다

패티 헨슨

CHAPTER

지금 당장 할 일은 무엇인가?

생각만으로는
부족하다

아시아의 슈바이처라 불린 이종욱 의
학박사는 1981년 아내와 함께 남태평양의 작은 섬으로 건너가 1983년까
지 한센병 환자 치료를 위한 봉사활동을 했다. 이후 세계보건기구로 자
리를 옮겨 질병 예방 업무에 종사했다. 1995년 미국의 한 의학 전문잡
지는 그를 백신의 황제라 칭하기도 했다. 2003년, 그는 한국인 최초로
UN기구의 수장에 당선되는데 재임 기간 중 1년에 150일을 출장에 쓰며
30만km를 비행하여 사람들은 그를 'man of action'이라고 불렀다. 그
는 취임하면서 "2005년까지 에이즈 환자 300만 명에게 치료제를 보급
하겠다"고 밝혔다. 그러나 예산 부족으로 목표의 1/3에 불과한 100만

명에게만 치료제를 공급할 수밖에 없었다. 모두들 예견된 일이라며 그가 실패했다고 생각했다. 하지만 그는 "실패는 시작하지 않은 것보다 훨씬 큰 효과를 남긴다. 나는 얻어진 결과에만 집중한다"고 말했다. 그의 주저 없는 행동으로 인해 적어도 100만 명에게는 새 생명의 기회가 주어진 셈이다. 세상에 옳은 일이고, 해야만 하는 일이라면 불가능해도 해야 한다고 믿었던 그의 사상에서 행동과 실천이 얼마나 중요한지 알 수 있다.

상상하는 것만으로도 꿈이 이뤄진다면 얼마나 좋을까. 그러나 기분 좋은 상상은 꿈을 이루는 과정의 시작일 뿐, 그 자체가 꿈의 실현을 담보하는 것은 아니다. 성공에 다다른 자신의 모습을 그려보느라 잔뜩 들떠 있겠지만 기분을 조금 가라앉히고 다음을 생각해보자.

상상 속 이야기가 현실이 되기 위해서는 반드시 실행이 뒤따라야 한다. 아무것도 하지 않으면서 무슨 일이 일어나길 기대하고 있다면 정중하게 꿈 깨라는 말을 하고 싶다. 세상에 그런 일은 없다. 꿈을 이루는 사람들은 끊임없이 계획하고 이를 실천한다. 이들은 어제와 같은 오늘, 오늘과 같은 내일을 용납하지 않는다. 1분 1초를 소중하게 생각하며 바쁜 와중에도 틈을 내 운동을 하는 것도 모두 계획을 실행에 옮기기 위해서다.

그러나 늘 변명만 일삼는 실패자의 눈에는 그들의 땀이 보이지 않는다. 그저 딱 맞아 떨어진 몇 번의 행운만 보일 뿐이다. 게다가 습관이 되어버린 게으름, 변화에 대한 거부감, 실패에 대한 두려움 같은 자신의 허물은 돌아볼 생각도 않는다. 이 모든 요인들이 결국 아무런 행동도 하지 않고 가만히 앉아 탁상공론이나 일삼고 신세나 한탄하는 전형적인 실패자의 모습을 만들어내는데도 말이다.

누구나 성공을 바라지만 아무나 성공하지는 못한다. 어떤 이들은 위기를 극복하지 못해서 실패하기도 하고, 한 번의 실패에서 다시 일어서지 못해 목표를 지워 버리기도 한다. 그러나 의외로 적지 않은 사람들이 행복한 미래를 상상만 하거나 자신의 무한한 잠재력이 곧 발현될 것 같은 기분에 도취되는 것에서 그친다. 실행은 하지 않으면서 머리만 굴리는 것이다.

이런 사람들에게는 실행력을 심도 있게 다루는 책이 큰 도움을 주지 못한다. 그것은 생각보다 복잡하고 무엇보다도 분량이 많기 때문이다. 또 스스로는 다 아는 이야기라고 생각하기도 한다. 게다가 뭔가를 실행하기 위해 뭔가를 읽어야 한다는 과업을 또 계획하고 실행해야 한다면 애초의 목표는 이미 요원한 일이 되어버린다.

목표를 세웠다면 반드시 구체적인 행동으로 이어가자. 대리석 덩어리 속에서 다윗을 본 레오나르도 다빈치(Leonardo da Vinci) 나 자신의 미래가 너무 눈이 부셔 눈을 뜰 수 없었다고 말한 오프라 윈프리(Oprah G. Winfrey) 처럼 자신의 미래를 아름답고 분명하게 그려보았다면 이제는 행동할 때이다. 머릿속 꿈을 현실로 끌어내야 한다. 그러기 위해서는 몸을 움직여야 한다.

실행의 본질은 움직임이다. 손가락을 움직여 마우스를 클릭하든, 체육관 회원 가입을 하든, 전화를 걸어 약속을 잡든, 관계자를 찾아서 설명을 하든 비전을 세우고 자신의 꿈을 분명히 했다면 몸을 움직여 꿈에 한 발짝 다가가야 한다.

쇠뿔도 단김에 빼라

새로운 일을 시작하기는 쉽지 않다. 아무리 사소하고 작은 일이라 해도 신경이 쓰이고 일상의 변화를 유발하는 일이라면 더더욱 그렇다. 이런저런 핑계로 가득 찬 머리에는 움직여보자는 생각이 비집고 들어갈 공간이 없어 보인다. 공들여 세운 계획도 시작 시점을 놓치면 실행 의지가 약해지고 그런 자신을 변호할 변명거리는 너무 많기 때문이다.

새로운 일을 미루는 대표적인 모습은 해마다 반복된다. 매년 12월 31일이 되면 전국 방방곡곡의 해돋이 명소에는 수많은 인파가 몰린다. 묵은 해를 보내고 새해를 맞이하는 성대한 의식을 치르기 위해서다. 아빠, 엄마, 누이, 동생 할 것 없이 모두가 이 날을 기다린다. 1년 동안 많은 일이 있었고 그중에는 어렵고 힘든 일도 많았다. 용케도 잘 버틴 자신을 격려하고 내년에도 힘내자고 다짐한다.

이런 의식은 마치 축구 시합의 전반전과 후반전 사이에 있는 하프타임과 닮았다. 전반의 부족했던 부분을 되짚어보고 후반에 만회할 기회를 엿본다. 선수가 교체되고 전술에 변화가 생기는 것처럼 새해가 되면 목표를 성취하기 위해 다른 접근법을 써보기도 하고 때로는 새로운 목표를 세우기도 한다.

그러나 새해에 세운 목표는 1월이 다 지나도록 진척이 없다. 삼일절 황금연휴를 하릴없이 보내고도 '아직 열 달이나 남았는데 뭐'라며 안도한다. 그리고 얼마 뒤 우리는 다시 12월 31일을 맞이한다. 빈손으로 또 다른 새해를 맞이하지만 인심 좋게 자신을 용서하고 새롭게 시작한다. 왜냐하면 지금은 하프타임이고 아직 후반전이 남아 있기 때문이다.

우리는 여전히 시간은 충분하고 다음에 더 좋은 기회가 있을 거라 생각한다. 그러고는 '내일부터 하자'며 시작 지점을 연기한다. 그렇게 확보한 시간으로는 지금까지 해왔던 방식으로 어제의 일들을 반복한다. 가족과의 저녁을 포기한 채 사무실에 매달려 있고, 헬스클럽 알람을 무시하며 친구와 소주잔을 기울인다. 일찍 잠자리에 들자고 수십 번 다짐했지만 밤 11시가 넘었는데도 텔레비전 채널을 돌리고 오랜만에 만난 친구 앞에서도 스마트폰에서 손을 떼지 못한다. '내일부터 시작하자'고 어젯밤 다짐했지만 글자 하나 틀리지 않은 말을 오늘 또 하게 된다. '내일부터 시작하자.'

그러나 우리에게 다음 기회가 있을까? 당장 몇 분 뒤에 무슨 일이 일어날지도 모르는 게 우리 삶이지 않은가. 정말 뜨거운 가슴으로 하나의 목표를 세웠다면 그것을 미룰 이유는 없다. 만약 그렇다면 그 목표가 정말 자신이 결정한 것이고 분명한 목적이 있는지 다시 물어보자. 그렇지 않다면 할 필요가 없는 일이다.

전 세계를 상대로 티셔츠를 팔고 있는 회사, 쓰레드리스의(Threadless) 창업주인 제이크 니켈(Jake Nickell)이라면 필자의 말에 공감할 것이다. 2000년, 스무 살이던 니켈은 웹 개발을 하면서 그래픽 디자인을 공부하던 평범한 청년이었다. 특이할 것이라고는 군인이었던 아버지 덕에 잦은 이사를 해야 했던 터라 친구가 별로 없다는 점뿐이었다. 하루는 여느 날과 마찬가지로 시카고의 작은 아파트에 틀어 박혀 온라인 디자인 커뮤니티였던 드림리스(Dreamless)를 서핑하다 발견한 티셔츠 디자인 공모전에 응모했다. 별 볼 일 없던 그에게 영광스런 1위 자리가 돌아왔지만 그에게는 어떤 일도 생기지 않았다. 상금은커녕 티셔츠조차 제작되지 않았다. 공들여 디자인을 했지만 그것으로 끝이었다. 성취감보다는 허무함이 들었다.

그러나 실망에 잠긴 지 1시간도 되지 않아, 디자이너들의 이런 열정과 허무함을 한 번에 해결해줄 아이디어가 떠올랐고 그는 곧 바로 실행에 옮겼다. 드림리스 게시판에 "이곳에 디자인을 올려주세요. 최고 작품은 티셔츠로 만들어 드립니다"라는 글을 올린 것이다. 드림리스의 공모전과 달리 응모자들에게 자신의 디자인이 들어간 티셔츠를 직접 입을 수 있다는 일종의 보상을 제시했다. 티셔츠 제작에 필요한 자본금은 친구 한 명과 함께 500달러씩 투자했다. 응모전은 반응이 좋았고 백 건에 가까운 디자인이 접수되었다. 가장 높은 평가를 받은 다섯 점을 선정해 수상자에게는 디자인을 입힌 티셔츠를 두 장씩 선물했다. 그리고 스무 벌 가량씩 더 만들어 드림리스의 다른 회원들에게 싼 값에 팔았다.

이것이 지금은 연간 4,000여 종의 티셔츠를 제작하고 판매하는 쓰레드리스의 시초였다. 지금도 이러한 시스템은 변함없다. 고객이 제품을 디자인하고, 우수작으로 선정되기 위해 주변 지인이나 SNS를 통해 직접 마케팅도 해준다. 고객의 눈높이에서 상위 1%의 디자인만 선별되기 때문에 제작된 티셔츠는 전량 판매된다. 지금까지는 선발된 디자인에 대해 상금 2,000달러와 함께 500달러의 상품권을 지급했는데 2015년 부터는 무려 판매금액의 25~30%를 디자이너의 몫으로 챙겨주고 있다. 니켈은 쓰레드리스의 홈페이지에 이 부분을 상세히 언급하고 있는데 어려운 생활을 하는 디자이너들이 더욱 창의적이고 예술적인 작품 활동을 해주길 기대하는 것이다. 디자이너와 기업, 그리고 고객 모두에게 득이 되는, 이 얼마나 독특하면서도 기발한 아이디어인가. 제이크 니켈이 번뜩이는 아이디어를 바로 실행에 옮기지 않았다면 결코 이 굉장한 사업은 세상에 나오지 못했을 것이다.

'쇠뿔도 단김에 빼라'는 말이 있다. 흔히 어떤 일을 할 때 '한 번에' 또는 '단숨에' 하는 게 좋다는 의미로 사용하는데 본래의 뜻은 '일을 시작한 김에 같이 해버리자'라는 의미이다. 쇠뿔은 자라면서 위험해지는데 이것을 자르거나 뽑아야 소를 부리기가 쉽다. 선조들은 소의 엉덩이 부위에 어떤 표식을 남기는 인두질을 한 다음, 뜨겁게 달귀진 인두를 이용해 쇠뿔도 같이 뽑아버리는 게 편하다는 사실을 알았다. 뜨거운 인두로 뿔 아랫부분을 적절히 지저주면 쉽게 뽑을 수 있었기 때문이다. '쇠가 달귀진 김에 쇠뿔도 같이 뽑아 버리자'란 표현은 여기에서 유래된 것이다. 이것은 추진력이나 속도를 말하는 게 아니라 동시성 또는 적시성을 뜻하는 말이다.

우리가 어떤 목표를 정했다면 그것을 행동에 옮기는 것도 쇠뿔을 뽑듯이 하는 게 좋다. 여행 자체보다 여행을 계획하고 정보를 수집하는 단계가 더 즐겁고 설레는 것처럼 목표를 설정하고 그것을 성취한 자신의 모습을 상상할 때 우리의 몸과 마음에는 뜨거운 에너지가 차오른다. 이때 목표에 이르는 여정을 바로 시작하는 게 좋다. 출발 시점이 늦어질수록 처음의 에너지는 온데간데없고 우리의 일상은 또 다시 쓸데없는 껍데기들로 채워질 뿐이다.

성대하면서도
소박하게

사람들이 어떤 일을 시작하는 방식은 성대하거나 소박하다. 금연을 예로 들면, "오늘부터 금연입니다"라고 만나는 사람마다 말하는 사람이 있는가 하면 어느 날 갑자기 "작년 가을부터 끊었어요"라고 놀라운 소식을 전하는 사람도 있다. SNS에 살 빼는 혹독한 과정을 올리는 사람이 있는 반면 몇 개월 전부터 현미만 먹고 야식도 끊었다는 이야기를 수줍게 꺼내며 건강을 되찾은 비결을 밝히는 사람도 있다.

그러나 이 둘은 상충되는 방식이 아니다. 목표를 향한 여정을 시작하는 단계에서는 오히려 이 둘을 적절히 병행하는 것이 좋다. 성대하거나 소박하게가 아니라 성대하면서 소박해야 한다는 말이다. 이것은 관점의 차이라고도 말할 수 있는데 목표와 목적은 세상이 다 알도록 떠들되 그 시작은 누구도 모르게 소박한 것이 좋다는 말이다.

일단 세상이 다 아는 일이 되어버리면 일종의 강제성이 생긴다. 그렇다고 남 눈치 보며 일을 하자는 말은 아니다. 남의 힘을 조금 빌리자는 것이다. 목표를 성취하려는 목적은 개인의 가치관이나 철학과 밀접한 관계가 있기 때문에 이것을 세상에 공개하면 공감하는 사람들의 힘을 얻을 수 있다. 예를 들어 돈을 모으겠다는 목표 자체는 의미가 덜하지만 불우한 사람을 도우려는 목적으로 돈을 모은다면 이야기는 달라진다. 이런 가치에 지지하고 동조하는 사람들의 응원은 시작 지점을 더 이상 연기하지 못하게 만드는 요인이 된다. 이직하는 목적이 단순히 높은 연봉 때문이 아니라 보다 의미 있는 일을 할 수 있어서라면 응원과 지지의 목소리는 높아질 것이다.

그러므로 성대한 시작을 위해서는 목표와 함께 분명한 목적을 공개하는 게 좋다. 그것이 타인의 삶이나 사회의 정의 실현과 관련이 깊다면 더할 나위가 없겠지만 순전히 개인적인 이유나 목적이어도 괜찮다. 누군가는 관심을 가지기 때문이다. 우리는 남이 뭘 하는지에 큰 관심을 보이는 시대를 살고 있지 않은가. 설사 그들이 실패했으면 좋겠다는 심정으로 우리를 보더라도, 그들의 관심은 신호등의 파란불 정도로 생각하면 그만이다. 자신의 꿈과 그 목적을 세상에 공표함으로써 말과 행동을 일치시키고 또 아는 것을 행동으로 실천할 수 있는 기회를 놓치지 말라.

이번에는 소박한 시작을 말해보자. 《습관의 재발견》으로 잘 알려진 미국의 파워블로거이자 자기계발 작가인 스티븐 기즈(Stephen Guise)는 『팔굽혀펴기 1회의 도전(Take One Push-up Challenge)』이라는 포스트를 통해 자신이 크게 깨달은 바를 공유했다. 그는 원대한 계획보다는 '너무나 사소해서 실패하기조차 힘든' 아주 작은 목표를 시작하는 게 중요하다는 것을 역설한다. 즉 체중감량, 몸짱 만들기 같은 원대한 꿈은 우리의 뇌에서부터 거부감을 느껴 행동의 위축을 비롯한 갖가지 핑계를 찾게 된다는 것이다. 여러분이 수없이 경험했던 것처럼 말이다.

그러나 '팔굽혀펴기 한 번'이라는 아주 작은 목표는 구체적인 행동을 시작하게 만드는 효과가 있다. 그냥 앉아서 근육이 처지는 것을 바라보는 것보다는 팔굽혀펴기 한 번이라도 하는 게 낫다. 매일 50번씩 하겠다는 목표와는 비교할 수 없을 정도로 실현 가능성이 크다. 그런데 중요한 것은 결코 '한 번'만으로 끝나지 않는다는 것이다. 엎드린 김에 다섯 번 정도는 더 할 용의가 생긴다. 엎드렸다가 그냥 일어나는 게 오히려 더 아깝다는 생각도 든다.

이것은 일종의 속임수이다. 우리의 머리와 가슴을 속이는 일이다. 그러나 그 덕에 헬스장에서 매일 30분씩 운동한다는 목표보다는 헬스장에 매일 간다(갔다가 돌아와도 목표는 달성한 것이다)는 목표가 현실적이고 효과적이게 된다. 그냥 돌아오는 날도 있겠지만 보통의 경우 헬스장에 간 김에 운동을 하기 때문이다. 책을 보는 일도 마찬가지다. 하루에

30쪽씩 읽겠다는 만만한 목표도 몇 번의 실패를 거듭하면 버킷리스트에서 지워지기 마련이다. 연말에나 한 마디 후회와 함께 상기될 뿐이다. 그러나 한 페이지, 한 문단만 읽자고 생각하면 마음이 편해진다. 가소로울 정도로 너무나 간단하고 쉬워서 이 세상에 이것을 지키지 못할 이유 따위는 없기 때문이다. 그런데 막상 책장을 펼치면 생각보다 더 읽게 된다.

가슴 뛰는 목표를 수행하는 과정도 마찬가지이다. 변화를 야기하는 일은 시작이 쉽지 않다. 이미 기존의 방식과 절차에 길들여져 있기 때문이다. 이 모든 것들은 습관이라는 이름으로 우리의 일상을 지배하고 있다. 습관이 만들어 놓은 일상의 틀을 깨는 것은 쉽지 않다. 손에서 스마트폰을 놓지 못하는 사람이 출근길마다 책을 꺼내 읽는 게 가능할까? 퇴근하면 피곤하다는 이유로 잠만 자던 사람이 갑자기 아이들과 놀아주고 책을 읽어주는 게 일회성 이벤트가 아닌 일상이 될 수 있을까? 매사에 부정적이고 신경질적인 사람이 마음먹는다고 해서 온화해지거나 여유가 생길까? 부모님께 무뚝뚝한 자식이 어느 날 갑자기 살갑게 다가가는 게 일어날 수 있는 변화일까?

지금 당장은 요원해 보이는 일이지만 일상에 아무런 지장도 주지 않는 작은 목표로 바꾸어 일단 시작한다면 충분히 가능하다고 생각한다. 이를 위해서는 가슴 뛰는 목표를 이루기 위해 해야 하는 수많은 과업을 정말 사소할 정도로 또 나눠야 한다. 너무나 사소해서 도무지 실천하지 않을 이유가 없을 정도로 작게 쪼개야 한다.

필자 역시 큰 꿈이 있다. 앞서 목표를 위한 여정은 성대하게 출발해야 한다는 말을 실천하기 위해 여기에서 필자의 꿈을 밝히려 한다. 그것은 사람과 사회에 도움이 되는 질문을 연구하여 매년 수권의 책으로 발간하고 그 내용을 강의하는 것이다. 생각지 못했던 진실들, 잘못 알고 있었던 사실들, 바쁘다는 이유로 간과하고 있었던 가치들을 잘 버무려 우리의 영혼을 더욱 풍요롭게 해줄 흥미 있는 이야기로 만드는 것이다. 물론 지금은 혼자이지만 마음 맞는 사람들이 모이면 더 큰 효과를 거둘 수 있을 것이다.

그러므로 지금 책을 출판하는 일은 그 꿈을 위한 하나의 하위 목표라고 할 수 있다. 책을 내는 목표를 위해서는 독서와 집필, 원고 투고, 계약, 편집 등 많은 일들이 있다. 이들을 또 작은 일거리로 쪼개고 나면 너무나 사소해서 도무지 어길 수 없는 일을 발견할 수 있는데 바로 책상 앞에 앉는 것이다. 이것이 바로 필자가 꿈을 향해 나아가는 소심한 시작이다.

필자는 여느 집필가가 하듯이 작업 시간이나 분량을 정해놓고 일하지 않는다. 하지만 매일 노트북 앞에 앉는다는 목표는 꼭 지킨다. 앉아서 하릴없이 자판만 만지작거리고, 별 의미 없는 그림을 그리다가 일어나기도 하지만 책상에 앉겠다는 목표는 달성한다. 그러나 보통은 아무 내용이나 한두 줄이라도 끄적거리게 된다. 할 말이 좀 많은 날은 생각보다 술술 쓰지만 영감이 없는 날은 아무리 머리를 굴려도 별 말이 떠오르지 않는다. 그러다 보니 어떤 때에는 이틀이나 사흘 동안 한 페이지를 못 쓰는 경우도 있다. 그럼에도 불구하고 언제나 계획된 일정보다 일찍 원고를 마감한다.

아무리 큰 목표도 이처럼 소심하고 사소한 목표로 둔갑시킬 수 있다. 그리고 이 둘은 교묘하게 서로 연결이 된다. 이런 '뇌 속임' 전술은 매일 매일 목표를 향해 전진해야 한다는 부담과 압박을 제거해주면서도 놀라운 성과를 보여준다. 그러니 잘게 쪼갠 뒤 목표와 연결시켜라. 그러고는 소심한 일을 그냥 시작하는 것이다. 얼마나 간단한 일인가.

목표를 위한 여정은 성대하면서도 소심하게 시작해보자. 혼자서 하는 것보다는 주변의 응원과 지지를 등에 업고 가는 게 수월하다. 목표 자체가 너무 크고 찬란해 눈이 부시지만 한편으로 부담도 된다면 일종의 속임수를 쓰는 게 유효하다. 사소하고 소심한 일거리로 둔갑시키면 그 어떤 마음의 짐도 없이 목표에 다가갈 수 있다. 쇠뿔도 단김에 빼라고 했던가. 지금 당장 성대하면서 소심하게 출발해보자.

Homo
Unaskus

생각에서 그친다
변화와 시도를 주저한다
크게 시작해서 금세 포기한다

Homo
Askus

생각을 구체적 행동으로 이어간다
목표를 세운 뒤에는 망설이지 않는다
작게 시작해서 반드시 성과를 낸다

고인 물이 되고 있지는 않은가?

전차군단의 부활과
티키타카의 몰락

              변화의 필요성을 이야기할 때 스포츠만큼 좋은 주제는 없다. 스포츠는 선의의 경쟁을 통해 우열을 가리는 것이므로 변하지 않으면 경쟁에서 지기 때문이다. 영원한 챔피언이나 깨지지 않는 기록이 없다는 것을 우리는 잘 알고 있지 않은가. 그래서 역사적인 선수와 감독, 단체는 늘 변화를 추구해왔다. 임무형 지휘를 설명하며 예를 들었던 독일이 또 등장하는데 이번에는 축구 이야기이다.

독일은 2002년 한일 월드컵에서 준우승을 차지했다. 결승전을 앞둔 독일은 1990년 이탈리아 월드컵에서 우승컵을 들어 올린 뒤, 두 번의 월드컵에서 8강에 그쳐 자존심을 구겼기 때문에 12년만의 도전을 앞두고 각오가 남달랐다. 하지만 호나우도를 앞세운 브라질에 무릎을 꿇고 말았다. 그러나 사실 이 무렵 독일의 전력은 그리 뛰어나지 못했다. 2000년과 2004년에 열린 유럽축구 국가대항전에서 연거푸 조별리그 탈락을 맛볼 정도로 선수들은 축구강국의 명성에 부응하지 못하고 있었다.

독일 축구에는 변화가 필요했고 그들은 유소년 축구에서 답을 찾았다. 축구 영웅들이 지역을 다니며 어린 선수들에게 꿈을 심어주고 협회에서는 독일의 전술을 일관되게 가르쳤다. 지도자 자격도 강화시켰다. 결국 어린 선수들을 키우는 것은 지도자들이기 때문이다. 협회에서는 지도자들이 어린 선수들을 선수로서뿐 아니라 건전한 인성을 갖춘 바람직한 선수로, 책임감 있는 선수로 자라도록 조언하고 꾸짖을 필요가 있다고 믿었다. 축구를 통해 누릴 수 있는 명예와 부는 축구 이외의 것에 쉽게 흔들리기에 충분한 조건을 만들어주는데 그런 유혹을 뿌리칠 수 있는 인성이 독일식 축구의 바탕이 된다는 것이다.

유소년 시스템이 정비되면서 어린 선수들은 서서히 재목으로 성장했다. 그로부터 10년 뒤인 2014년 브라질 월드컵에서 이들은 우승컵을 들어올린다. 우승 주역들은 대부분 2009년 21세 이하 유럽 청소년대회 우승 멤버들이었다. 우승컵을 다시 찾아오는 데 오랜 시간이 걸렸지만 독일은 변화를 시도했고 결국은 변화의 가치를 확인했다.

그런데 감격스런 우승을 차지한 독일만큼이나 주목을 받았던 것은 스페인이었다. 디펜딩 챔피언으로서 이전 대회인 2010년 남아공 월드컵에서 사상 첫 월드컵 우승 트로피를 들어 올린 스페인은 소위 '티키타카'라는 전술을 앞세우고 있었다. 이미 2008년과 2012년 유럽 국가대항전에서도 우승을 차지할 만큼 전술의 파워는 막강했다. 비센테 델 보스케(Vincente Del Bosque) 스페인 감독은 브라질 월드컵에서도 "티키타카로 다시 우승을 차지하겠다"며 자신감을 숨기지 않았다.

그러나 결과는 참담했다. 완전한 몰락이었다. 조별리그 첫 상대인 칠레에게 2:0, 네덜란드에게 5:1로 패하며 일찌감치 짐을 싼 것이다. 국내외 주요 언론은 예고된 몰락이었음에도 그 충격이 상당하다며 소식을 전했다. 원인은 하나였다. 자만과 세대교체 실패. 결국 변화하지 않고 예전의 방식과 인물을 그대로 사용했던 것이다. 그러나 독일과 같은 경쟁자들은 완전히 새롭게 태어나 있었다.

우리는 누구나 발전하기를 희망한다. 발전을 거부하는 사람은 아무도 없다. 그러나 변화를 권하면 변하는 것은 주저한다. 발전의 본질이 변화라는 사실을 모르는 것 같다. 변화란 다르다는 것을 말한다. 그것은 너와 나의 다름이 아닌 어제의 나와 오늘의 내가 다르다는 말이다. 이 변화가 나쁜 방향이 아닌 좋은 방향, 더 나은 방향으로 이어지면 우리는 이를 발전이라고 부른다.

독일과 스페인 모두 발전을 원했다. 그들에게는 더 많은 우승 트로피와 축구 강국이라는 명예가 필요하다. 이것들은 자국 축구리그의 활성화로 이어지고 많은 자금을 유입하며 다시 축구의 성장으로 이어지기 때문이다. 독일은 발전을 위해 변했지만 스페인은 기존의 방식을 고수했다. 결과는 자명했다. 변하지 않은 채 자신들의 성을 쌓은 스페인은 빠르게 전개되는 현대 축구의 새로운 전술에 힘없이 무너지고 말았다.

변화 없이 발전하길 기대하는가? 안타깝지만 그런 방법은 없다. 어제처럼 생각하면서 오늘, 그리고 내일이 바뀌길 기대하는가? 미안하지만 세상은 정직하다. 인풋이 같다면 아웃풋도 같다. 이것이 바로 동일한 목표를 수행하더라도 이전과 다른 방법, 절차, 수단을 강구해야 하는 이유이다. 생각과 행동이 바뀌었다면 새로운 결과를 기대해도 좋다. 그러나 아니라면 꿈도 꾸지 않는 것이 좋다.

유모차를 끌면서
세상이 달라졌다

2004년 전차부대에서 소대장으로 복무 중일 때 있었던 일이다. 필자는 겨울 중에서도 추운 날을 골라 치르는 혹한기 훈련을 받고 있었는데 추위로 움츠러든 어깨, 부르튼 입술, 검게 얼어버린 얼굴로 몰골이 말이 아니었다. 추위 앞에서는 계급이 없다고 대대장부터 이등병에 이르기까지 너 나 할 것 없이 평소에는 볼 수 없는 모습이었다. 겉으로는 괜찮은 척했지만 필자 역시 추위에 고통 받는 한 명의 군인일 뿐이었다. 4대의 전차와 12명의 소대원을 이끌고 훈련에 참여하고 있었지만 무엇보다도 추위를 이기는 것이 관건이었다. 방심했다가 동상이라도 걸리는 날에는 전투력 손실은 물론이고 평생

고칠 수 없는 질병을 군복무 중에 얻게 되는 셈이다.

한번은 점심식사를 어렵사리 끝내고 부스스한 얼굴로 텐트를 정비하고 있었는데 사령관님께서 격려차 방문을 하셨다. 그런데 생도 시절 필자를 집요하게 괴롭히던 한 선배가 사령관님을 수행하고 있는게 아닌가. 알고 보니 전속부관(수행비서)이었다. 깔끔한 외모의 선배는 필자를 발견하더니 "고생한다" 한 마디 하고 사라졌다. 그날부터 훈련 내내 처량한 신세에 슬펐다. 그 선배는 뭘 잘해서 그 자리에 있을까란 생각뿐이었다. 지금이야 각자의 임무가 달랐을 뿐이고 전속부관이란 자리도 정말 별것 아니라는 것을 알지만 그때는 정말 비참했다.

그로부터 11년이 지난 어느 날, 필자는 셋째를 유모차에 태우고 따뜻한 햇볕을 쬐며 산책을 하고 있었다. 아내와 함께 큰 아들의 운동회에 갔다가 아내는 뒷정리를 돕겠다며 필자를 먼저 보냈기 때문에 집으로 여유롭게 걸어오는 길이었다. 집에 다다랐을 무렵, 또래의 남자가 최신형 벤츠를 타고 필자 옆을 지나갔다. 그 역시 창문을 다 내리고 햇볕을 즐기는 듯했다. 순간 소대장 시절 혹한기 훈련을 받던 기억이 떠올랐다.

하지만 관점이 많이 달라졌음을 느낄 수 있었다. 예전 같으면 멋진 차를 타고 드라이브하는 남자가 너무나 부러웠겠지만 이젠 나와 다른 사람을 비교하는 일에 아까운 에너지와 시간을 빼앗기지 않는다. 따지고 보면 예나 지금이나 필자의 상황에는 변함이 없다. 다만 깔끔한 외모의 선배가 아니라 최신형 벤츠를 모는 남자가 등장했을 뿐이다. 그들이 등장한다고 필자가 하고 있던 일의 가치가 줄어드는 것은 아니다. 그러니 그런 일 때문에 우울해질 필요가 없다.

　어느 날 갑자기 생각이 바뀐 것인지 아니면 필자의 주관이 서서히 자리를 잡은 것인지 알 수 없지만 분명한 것은 일상의 행동들이 어느 순간 조금씩 변해 있었음을 알게 되었다는 것이다. 필자는 이것이 나이 듦의 결과라고 보지는 않는다. 흔히 접하는 좋은 생각이나 옳다고 믿는 가치들을 조금씩 행동으로 옮기다 보니 정말 세상이 그렇고, 스스로도 세상을 그렇게 볼 수 있게 되었다는 것이다.

　예를 들면 필자는 "저마다의 삶이 있고 처한 상황이 다르며 나름의 이유가 있다. 그러니 단면만 보고 섣불리 판단하지 말자"는 생각을 사랑한다. 이는 사람과 현상을 이해하는 출발이 되며 다양성을 존중하는 결과로도 이어진다. 보고 들은 것을 이런 관점에서 해석하게 되면 세상을 힘들게 살 이유가 없어진다. 스스로의 처지나 자신을 보는 타인의 시선에 마음 아플 이유도 없다. 모두 그럴 이유가 있고 그렇게 될 수밖에 없었던 상황이 있으니까. 스쳐 지나가는 사람들에게까지 그런 과정을 굳이 설명하고 이해를 구할 필요는 없지 않은가.

　입장(立場) 차이라는 말처럼 필자의 10년 전과 지금은 서 있는 자리가 완전히 다르다. 입장의 사전적 의미는 '당면하고 있는 상황' 즉 '처지'이지만 현실에서는 의지, 소신, 견해, 결심, 사실과 같이 폭넓게 쓰이고 있는데 필자는 10년 동안 이 모든 것들이 상당히 달라졌다.

　'변함없다', '한결같다'는 말이 좋은 의미로 사용되기도 하지만 오랜만에 만난 사람에게서 이런 말을 듣는다면 자신을 돌아볼 필요가 있다.

특히 외모나 행동이 아닌 사고방식이 그렇다는 생각이 들 때는 반드시 되돌아봐야 한다. 나이를 먹으면 세상을 이해하는 눈과 귀는 더 현명해져야 하고 이를 통해 들어온 정보를 처리하는 사고방식도 달라져야 한다. 예전과 같은 사고방식은 예전과 같은 답을 제시할 뿐이다. 당연히 손에 쥐는 것도, 마음에 남는 것도 달라지지 않는다.

변화를 줏대 없는 모습으로 오해해서는 안 된다. 변화란 시대의 흐름에 맞춰나가는 것도 아니다. 변화는 자신을 발전시켜나가는 것이고 새로운 일을 시도하는 것이다. 10년 전이나 지금이나 바뀐 게 없다는 말은 칭찬도 욕도 아니다. 변함없다는 말은 발전도 성장도 없었다는 매우 중립적인 말이다. 빈말을 할 생각이라면 '정말 멋있어졌다'라는 말이 오히려 낫다.

목표를 향한 여정은 삶 그 자체이다. 그리고 그 여정은 수많은 하위목표들을 설정하고 성취하는 과정의 연속이며 이는 쉴 새 없이 반복된다. 평범한 직장인, 창의적인 예술가, 자원봉사자, 공직자, 자영업자, 일용직 근로자 등 어떤 일을 하더라도 분명함의 차이가 있을지언정 누구나 아직은 이루지 못한 삶의 목표를 갖고 있다.

그것을 이루고 싶다면 바뀌어야 한다. 지금까지 이루지 못한 이유를 생각해보자. 용기가 부족해서 시도조차 하지 않았을 수도 있고, 시기가 적절하지 않아 실패했을 수도 있다. 또는 방법이나 절차를 잘못 택해 일을 그르쳤을 수도 있다.

변화관리의 권위자인 와튼 스쿨의 경영학 교수인 그레고리 셰어

(Gregory P. Shea)는 신념과 가치를 강조한다고 해서 행동이 변하는 것은 아니라고 말했다. 그는 구체적인 행동이 신념과 가치를 바꾸고 문화를 바꾼다고 했다. 머리를 스치는 것에서 멈추지 말고 실제 행동으로 옮겨보자. '긍정적으로 생각하라'처럼 다 안다고 생각했던 좋은 말들, 머리로는 이해했지만 진정으로 믿은 적이 없었던 좋은 생각들을 한번 실천해보자. 그것이 바로 여러분의 입장에 작은 변화를 일으킬 것이다. 그런 시도도 없다면 결국 변화는 요원한 일이 되고 만다.

성을 버리고
끝없이 이동하라

"새로 등장한 중동호흡기증후군(메르스) 슈퍼전파자 후보군에 노출된 사람들의 최장 잠복기가 이달 말에 집중됨에 따라 방역당국이 이 시기를 메르스 확산의 마지노선으로 삼고 방역 활동에 총력을 기울이고 있다."

- 연합뉴스(2015. 6. 17)

"노후를 고려해 사교육비는 어느 정도 지출해야 적절할까? 대체적인 마지노선은 월 소득에 따라 다르긴 하지만 20~30% 이하다."

- 중앙일보(2015. 2. 25)

"500만 원대에서 팔리던 초고화질(UHD) TV 가격이 연초부터 가파

르게 내리더니 신혼부부 혼수품 가격대로 낮아졌다. (중략) 가격이 소
비자의 '심리적 마지노선' 이하로 떨어져 제품 판매도 가속도가 붙을
것으로 보인다."

-경향비즈앤라이프(2014. 5. 1)

위 신문기사에는 마지노선(Maginot線)이라는 말이 공통적으로 등장
하는데 이는 결코 물러설 수 없는 상황이나 처지, 입장을 비유적으로 이
르는 말이다. 일상에서도 우리는 더 이상 양보할 수 없을 때 '그 금액이
마지노선입니다, 이번 달이 마지노선이야'처럼 이 말을 심심치 않게 사
용한다.

그러나 이 말의 유래를 더듬어보면 꼭 지켜야 하는 어떤 가치에 대한
이야기가 아니라 변화에 능동적으로 대응하지 못하고 기존의 방식을
고집한 나머지 뼈아픈 패배를 기록한 프랑스의 역사를 만날 수 있다.

마지노선은 제2차 세계대전의 기운이 감돌기 전, 프랑스가 독일의 공
격에 맞서기 위해 구축한 방어진지였다. 프랑스는 제1차 세계대전의
베르뎅(Verdun) 전투에서 독일군의 공격에 맞서 콘크리트 포대를 사용
한 방어진지를 구축했는데 수십만 발의 독일군 포격을 견뎌냈고 결국
이 전투를 승리로 이끌 수 있었다. 이를 계기로 프랑스군은 "방어야말
로 절대적인 승리의 요인이다"라고 말할 정도로 방어의 매력에 푹 빠졌
고 제1차 세계대전 종전 이후에도 방어를 기본으로 한 군사전략을 채
택했다.

이런 사상에 힘입어 1927년에 독일과의 국경선 일대에 강력한 방어 진지를 구축한다는 '동북국경 축성안'이 의회에 제출되었으나 막대한 예산이 소요된다는 이유로 1929년이 되어서야 통과되었다. 당시 육군상이었던 앙드레 마지노(Andre Maginot)의 이름을 딴 마지노선은 1936년에 완공되었다. 강철과 콘크리트로 지어진 이 요새에는 엘리베이터, 에스컬레이터, 탄약 운반 리프트까지 완비되었으며 2차 세계대전을 앞두고 프랑스는 보유하고 있던 92개 사단 중 50개 사단을 마지노선에 배치했다.

그러나 제2차 세계대전 발발 이듬해인 1940년 5월, 독일군은 마지노선을 우회하여 프랑스와 벨기에의 국경지역인 아르덴느 삼림지대를 통해 프랑스로 진격했다. 철옹성이었던 마지노선 전방에는 불과 17개 사단만을 배치하여 프랑스의 50개 사단을 견제했다. 공들여 쌓아올린 마지노선에는 엄청난 전투력이 집중되어 있었지만 허무하게도 한순간에 무용지물로 전락했다. 프랑스를 지켜줄 것이라고 믿었던 마지노선은 빠른 속도로 기동하는 독일군을 막을 수 없었던 것이다. 독일군은 작전 개시 1개월 만에 마지노 요새에 전개된 500,000명을 포위했고 프랑스는 붕괴될 수밖에 없었다.[12]

이처럼 마지노선은 기존의 방식을 고수한 채 변화를 거부하여 수많은 군인을 죽게 만들고 나치의 군화가 온 국토를 짓밟도록 허락한 프랑스의 과오를 상징한다. 지키는 전략만으로는 국가와 국민을 지킬 수 없

---

12 노병천, 〈도해세계전사〉, 연경문화사

다는 변화가 이미 감지되었지만 그들은 여전히 제1차 세계대전의 성공을 회상하며 성을 쌓아올리기에 급급했다. 마지노선이 구축되는 기간 동안, 독일은 차분히 그리고 치밀하게 전쟁을 준비할 수 있었다.

"성을 쌓는 자는 망하고 끝없이 이동하는 자는 흥할 것이다."

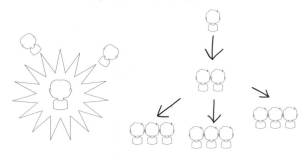

〈아집과 독단으로 외로운 성을 쌓고 있는가〉

800년 전 지금의 우크라이나, 터키, 이란, 러시아, 중국, 베트남 일대에 이르는 대제국이었던 몽골의 오랜 격언이다. 이 말 속, 성을 쌓는 자는 오늘날 변화를 거부하는 자들이다. 이들은 새로운 지식이나 다양한 관점을 받아들이지 않으며 오로지 자신의 편협한 지식과 경험에 의존하여 사물과 현상을 판단한다. 의사소통에 관심이 없으며 설득이나 협력보다는 통제와 지시를 선호하고 권위적인 태도로 자신의 영역을 수호한다.

반면 끝없이 이동하는 자는 변화를 추구하며 늘 새로운 도전과 시도를 추구하는 사람이다. 사람 만나기를 좋아하고 그들이 가진 남다른 관점이나 반대 의견에 귀를 기울인다. 자신만의 주관을 가지면서도 다양한 관점에서 사물과 현상을 볼 줄 안다. 지식이나 기술 습득에 관심이 많고 다양한 연결을 통해 무에서 유를 창조하며 성장을 도모한다.

자신의 마지노선을 선정한 채 고루한 기존의 방식에 집착하고 있지는 않은가? 성을 높이 쌓고 자신만의 영역을 구축한 채 주변의 다른 의견에 귀를 막고 있지는 않은가? 고인 물이 되어 썩지 않으려면 새로운 물을 받아들이고 머물러 있던 물을 흘려보내면 된다. 안주하는 것보다는 실패하더라도 시도하는 것이 좋다. 적어도 그러한 과정은 우리에게 경험을 남기기 때문이다. 변화를 동경하고 도전을 즐기자.

Homo
Unaskus

점점 고리타분해진다
반대 의견에 흥분한다
전과 같은 방식, 절차, 수단을 사랑한다

Homo
Askus

생각하는 방식이 진화한다
피드백에 귀 기울인다
전과는 다른 방식, 절차, 수단을 사랑한다

CHAPTER

양보할 수 없는 것은 무엇인가?

호모 발로루스
(Homo Valorus)

생각하는 인간 호모 사피엔스(Homo Sapience), 직립 보행을 하는 인간 호모 에렉투스(Homo Erectus), 공부하는 인간 호모 아카데미쿠스(Homo Academicus), 놀이하는 인간 호모 루덴스(Homo Ludens), 기록하는 인간 호모 스크립투스(Homo Scriptus)처럼 인간의 근원적 모습이나 본질적인 특성을 일컫는 표현은 라틴어식 표현을 빌리는 일종의 패턴을 갖고 있다. 필자 또한 전작《질문하는 힘》에서 인간의 근원적 욕구에 질문이라는 것이 있음을 강조하며 호모 애스쿠스(Homo Askus)라는 표현을 사용하기도 했다. 이번에 필자는 인간을 가리켜 호모 발로루스(Homo Valorus)라 명하려 한다. 인간은 누구나 가치를 추구하며 그 가치에 따라 생각하고 행동하기 때문이다.

필자가 가치라는 개념을 진지하게 생각하게 된 것은 순전히 우연이었다. 필자는 일탈을 꿈꿨지만 담장 밖을 벗어날 용기가 없었던 탓에 모범생에 가까운 학창시절을 보냈다. 부모님께서는 자율을 보장해주셨는데도 누나만 다섯을 둔 필자 입장에서는 주변의 기대에 부응하기 위해 고심했던 것 같다. 필자는 고등학교 3학년 때 기숙사 생활을 했는데 학교를 벗어날 수 있는 시간은 고작 토요일 저녁부터 일요일 점심 전까지였다. 필자를 포함한 친구들은 학교가 아닌 놀이터, 공부가 아닌 이벤트를 절실히 원했다. 우리는 종종 사막에서 물이 고갈된 여행자에 스스로를 비유하며 오아시스가 필요하다고 중얼거리곤 했다.

그러던 어느 날 친구 몇몇과 의기투합해 소위 '땡땡이'라는 일탈을 저지른 적이 있는데 토요일 오후 자습을 빼먹고 영화를 보러 간 것이다. 일회성 이벤트로 그쳤고 표 값 외에도 엄청난 몽둥이찜질을 대가로 지불했지만 우리는 학교의 지시에 거부권을 행사했다는 것에 대단한 자부심과 긍지를 느꼈다.

그때 본 영화가 〈데블스 애드버킷〉이었는데 우리는 액션 배우였던 키아누 리브스가 주연이라는 이유만으로 그 영화를 골랐다. 하지만 액션은커녕 총 한 자루 나오지 않았고 스토리는 꽤 무겁고 진지하게 전개되었다. 보다가 잤던 것으로 기억한다.

그로부터 시간이 한참 흐른 뒤 이 영화를 다시 보았다. 무패 신화를 기록 중인 변호사가 주인공인 이 영화는 명예와 돈으로 대표되는 인간의 허황된 꿈과 집착, 그리고 그것을 선택하면서 포기하게 되는 가치와 철학, 인간의 삶을 다루고 있었다. 주인공은 자신의 야욕이 삶을 파멸로 이끌게 된다는 꿈을 꾼 뒤 새로운 법조인으로 태어나게 된다. 문득 '고등학생이 이해하기에는 좀 어려운 영화였구나'라는 생각과 함께 인간의 사고와 행동을 지배하는 것이 바로 가치라는 것을 어렴풋이나마 알게 되었다.

세월이 한참 흘러, 우연히 알게 된 변호사와 함께 점심을 먹으며 법에 대해 이야기를 나눴다. 오후 자습을 '땡땡이' 치고 법조인에 관한 영화를 봤던 필자가 이젠 직접 법조인과 마주 앉아 대화를 할 수 있게 되었다. 필자는 법과 가치라는 것이 궁금했고 우리는 이것에 대해 깊이 있는 대화를 나눴다. 그리고 법이란 것이 가치를 실현하는 수단이며 법의 본질은 인간에 대한 이해라는 사실에 공감했다. 사실 법을 구체적으로 표현하고 구현하는 일은 그야말로 기술적인 일에 불과하지 않은가. 국민의 알 권리 충족인가, 국가의 안전 보장을 위한 기밀 유지인가, 대기업의 경영활동에 자율을 보장할 것인가, 중소기업과의 공존을 위해 규제할 것인가처럼 법조문이 가지는 강제성은 결국 법이 담고 있는 가치를 실현하기 위함이다.

얼마 전 캠핑장 화재사고가 발생하고 캠핑장 설치와 운영에 관한 법이 보강되면서 운영 중인 캠핑장의 절반가량이 문을 닫아야 할 상황이라는 뉴스를 접한 적이 있다. 강화된 규정을 준수하면서 캠핑장을 다시 준비하는 데에는 엄청난 자금이 들기 때문이라는 것이다. 필자는 캠핑장 사장들이 고객들의 생명을 가벼이 여겼다고 생각하지 않는다. 그들도 누군가의 이웃이고, 친척이며, 형제일 것이다. 우리와 같은 일반 시민이다. 오히려 관련 규정이나 법이 허술했기 때문에 안전의 사각 지대에 놓였던 것이라고 본다. 그럼에도 불구하고 기존의 관습은 개선되어야 하고 이를 위한 법이 필요하다고 생각한다. 왜냐하면 안전이라는 가치는 우리의 상식이나 도덕적 잣대로 지킬 수 없기 때문이다. 그래서 우리는 이에 필요한 기준과 절차를 법으로 규정하여 강제하는 것이다.

법을 만드는 국회의원은 이미 공공의 적이 되었지만 이들이 하는 일은 위에서 말한 대로 법에 가치를 담는 것이다. 그 과정에서 정치적 권력이 필요하겠지만 본질은 소중한 가치를 강제성이 있는 법으로 만들어 우리 사회에서 작동하도록 만드는 것이다. 그리고 그 가치는 의원 개인의 신념보다는 국민의 목소리, 국민의 생각에서 나와야 하는 것이다.

변호사와 법과 가치에 대해 이야기를 나누며 인간은 가치를 추구하는 동물이라는 생각을 했다. 필자도 그렇고 앞에 앉아 있는 변호사도 그러하다. 우리는 모두 스스로 중요하다고 생각하는 가치에 따라 생각하고 행동한다. 막강한 힘을 가진 법을 만드는 일은 아니지만 필자는 글과 목소리로 사회를 변화시키려 하고 있고, 변호사는 법률 전문가로서 법이 추구하는 가치를 현실에서 구현하기 위해 애쓰고 있다. 그러므로 우리는 모두 호모 발로루스(Homo Valorus)이다.

지금은 아내와
데이트하기로 결심했다

법에 대한 이야기가 좀 어려웠다면 지금부터 할 이야기는 좀 편하고 쉽다. 아무런 거리낌 없이 편하게 읽을 수 있을 것이라 기대해도 좋다. 지극히 개인적인 이야기인데 우리가 어떻게 가치를 추구하며 사는지 엿볼 수 있을 것이다.

셋째가 태어나면서 필자의 일상은 힘들어졌다. 아이를 보는(care) 건 매우 행복한 일이지만 말과는 달리 보는(see) 것에 그치지 않기 때문에 때로는 육체적으로나 정신적으로 힘든 순간이 많다. 게다가 초등학교 1학년인 큰아들과 한참 말썽을 부릴 네 살의 둘째 아들이 있는 상태에서 아들을 하나 더 키우는 일은 보통의 체력과 정신력으로는 어림도 없으리라 생각한다. 휴직 중인 아내와 함께해도 여간 힘에 부치는 게 아니다. 그럴 때마다 육남매를 키운 어머니를 떠올리며 힘을 얻고 고마움을 느낀다.

한번은 일찍 잠자리에 들고 새벽에 일어나 책도 좀 읽고 진행이 더딘 원고도 마무리하려고 마음을 먹었다. 그런데 그날따라 아이들이 뭐에 홀렸는지 밤 11시가 넘도록 잠자기를 거부했다. 그 상황이 지속되면서 아이들에게 눈 감을 것을 강요하며 짜증을 냈고, 심지어 백일이 갓 지나 아무것도 모르는 막내에게도 화를 내고 있는 모습을 발견하고는 정신이 번쩍 든 적이 있다. 사실 다음날 새벽에 뭔가 하려고 계획한 뒤로 잠자리에서 아이들에게 짜증을 냈던 적이 몇 번 있었다. 그야말로 주객이 전도되는 상황이었다. 아이들의 어린 시절을 함께할 수 있는 그 순간이 무엇보다 더 소중하다는 것을 잊었기 때문이다. 얼마 전까지만 해도 함께 책도 읽고 간지럽히며 놀아주던 아빠가 일순간에 악마로 변했으니 아이들이 받았을 그 충격이 얼마나 컸을지 상상이 안 간다.

그래서 다음날부터 집필의 원칙을 정했다. 원칙을 정하지 않는 것이 바로 원칙이었다. 굳이 문장으로 표현하자면 '맘 편히 쓸 수 있을 때 쓴다'는 것이다. 대신 아이디어는 휘발성이 강해 기억에서 쉽게 지워지기 때문에 간단히 메모하는 정도만 허락했다. 휴직 중인 아내와의 시간도 생각을 했다. 이런 기회가 다시는 없을 것 같았다. 대학원을 다니던 2년 동안 여행 한 번 하지 않고 연구실에서만 처박혀 있던 시절을 늘 후회했었는데 다시는 그런 실수를 범하지 않겠다고 생각했다.

그래서 그날 이후, 햇살이 따뜻한 날에는 막내를 데리고 산책도 하고 데이트도 했다. 주말에는 지인들을 집으로 초대하거나 어디라도 나가서 아이들과 함께 추억을 만들었다. 이런 호사를 누려도 되나 하는 생각이 들었지만 내 인생에 이런 시절이 언제 또 올까 하는 생각이 나 스스로를 가족에게 집중하도록 만들었다.

그런데 절대적으로 부족한 시간에도 불구하고 글쓰기는 생각보다 잘 되었고 작업량도 전보다 모자라지 않았다. 오히려 집중이 잘 되었고 아이들과 함께할 때, 아내와 수다를 떨 때 좋은 생각들이 많이 떠올랐다. 결국 글이란 것은 우리의 삶에서, 평범한 일상에서 출발한다고 생각한다.

마시멜로 실험에서 밝혀진 것처럼 만족을 지연시킬 줄 아는 어린이들이 성공할 가능성이 높다고 하는데 이 이야기는 미래를 위해 현재의 작은 욕심을 자제하면 더 큰 것을 얻을 수 있다는 믿음을 만들어냈다고 생각한다. 물론 성장기의 아이들이나 뭔가 대단한 도전을 앞둔 사람에게 이 이야기는 맞을 수도 있다.

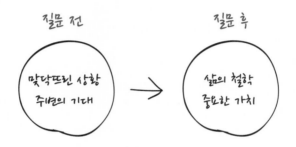

〈판단하고 행동하는 기준은 무엇인가〉

질문 전 → 질문 후

맞닥뜨린 상황 주변의 기대 → 삶의 철학 중요한 가치

그러나 가정을 꾸리고 아이를 키우는 필자 같은 사람에게는 틀린 이야기일 수도 있다. 우리는 번번이 '이번 일만 마무리하면 여행이라도 가자, 돈을 조금만 더 모으면 그때 생각해보자, 은퇴하고 나면 좀 여유가 있지 않겠어, 앞으로 무슨 일이 생길지 모르니까 좀 아끼자'라며 말한다. 물론 미래를 위해 현재를 희생하고 보류하는 것이 올바른지는 사람마다 다를 것이다. 하지만 시간이 지난 후 많은 사람들은 그러한 과거의 선택이나 결정을 후회한다.

필자는 이 책을 읽는 사람들에게 현재에만 집중해서 살아야 한다는 메시지를 주려는 것이 아니다. 때로는 현재에 집중하고, 또 때로는 미래를 위해 현재를 잠시 접어둘 필요도 있다. 우리의 인생에는 두부 자르듯 이럴 때는 이것, 저럴 때는 저것과 같이 정답이 있지 않으니까. 그러나 자신이 의미를 부여하는 가치가 무엇인지 분명하게 알아야 하며 그것에 부합된 선택과 실천이 중요하다는 것은 분명히 말하고 싶다.

사랑하는 아이의 졸업식이나 체육대회에 가는 대신 지루한 회의에 참석했거나 주말에 캠핑 장비를 다 싣고도 회사에 들러 잔업을 한 경험이 있다면 자신이 중요하게 생각하는 가치를 떠올려보라. 자신이 처한 상황이 벗어날 수 없을 것 같은 올가미처럼 보이겠지만 실제 일과 삶의 여유를 찾는 것은 자신의 선택에 달려 있음을 알게 될 것이다. 중요한 것은 자신이 추구하는 가치를 따르느냐 그렇지 않느냐 하는 결심의 문제이다.

통계 솔루션을 제공하는 SAS의 짐 굿나잇(Jim Goodnight) 회장도 창업 당시에는 어린 아이들을 키우고 있었다. 그래서 변변치 않은 조직이었음에도 '주당 35시간 이상은 근무하지 않는다, 일찍 출근하면 일찍 퇴근해도 좋다'와 같은 업무 지침을 정했다. 그런 파격적인 조직 문화에 힘입어 SAS는 35년 연속 성장을 이룩했고 연 매출 30억 달러가 넘는 거대 기업으로 성장했다. 지금도 오후 5시 이후로 오는 전화는 자동응답기로 바로 연결된다고 한다. 5시에 정시 퇴근하더라도 절대 눈치를 보지 말라는 짐 굿나잇 회장의 철학이 반영된 것이다.

이런 그의 경영철학은 이직률 5%(IT업계 평균 이직률은 20%)라는 경이적인 기업문화를 만들어냈다. 그는 전설적인 경영가 GE의 전 회장 잭 웰

치의 "상위 20%에게는 높은 성과를 하위 10%는 퇴사를"이라는 경영철학과 정반대되는 방식으로 회사를 경영했지만 금융위기로 많은 기업이 도산했던 2009년에도 5%의 성장을 기록했다. 그해 그는 구조조정 카드를 심각하게 고민했지만 결국에는 단 한 명도 해고하지 않았다. 리더의 확고한 신념에 따른 결정과 실천, 그것이 바로 SAS의 무서운 성장과 한 번 입사하면 좀처럼 떠날 마음이 생기지 않는 충성심을 만들어낸 것이다.[13]

물론 많은 이들이 사무실에 앉아 있는 시간의 양을 절대시하는 우리나라와는 맞지 않다고 생각할지 모른다. 그래도 좋다. 하지만 주어진 환경을 탓하면서 자신이 소중하게 생각하는 가치를 포기할 텐가 아니면 덜 중요한 것을 포기하고 소중한 가치를 지킬 텐가.

필자 역시 혹독한 상사와 1년을 함께하면서 저녁 5시 30분 퇴근은 칼같이 지켰다. 그 대가는 컸다. 상사는 어떻게 해서든 필자를 자신의 올가미에 넣으려고 했다. 감히 새파랗게 어린 부하가 자기 마음대로 업무 리듬을 조절하는 게 불편했을 터였다. 야근은 기본이고 주말에도 부르면 나와야 했는데 그런 면에서 필자는 완전 무개념이었기 때문이다. 선후배와 관계에서도 아쉬운 부분이 있었다. 야근 후 소주잔을 기울여야 할 때도 있을 것이고, 하물며 밥이라도 한 끼 해야 정이 쌓이는 게 우리의 문화가 아닌가. 그러나 필자에겐 가족이 첫 번째였다. 워킹맘으로 20개월 가까이 아들을 혼자 키우며 고생한 아내와 아빠의 품이 그리웠을 아들이 안쓰러웠고 미안했다. 그리고 이번에는 마음만이 아니라 행동으

13 마틴 베레가드, 밀튼 조던(김인수 역), 〈스마트한 성공들〉 & 이코노미조선 2013년 12월호 인터뷰 자료 참조

로 보여주리라 결심했다. 가족이 잠들어 있는 새벽 시간을 이용해 필요한 업무를 번번이 챙겨야 했고 그 대가로 건강을 조금 위협받긴 했지만 스스로 소중하다고 믿는 가치를 지켜낸 것이다.

그래서 필자는 이 책을 집필하는 기간에도 아내와 자주 데이트를 하기로 결심했다. 필자가 군복을 벗고 새로운 세상으로 들어온 이유 중 하나는 가족과 더 많은 시간을 보내기 위함이다. 가족은 삶의 원동력이며, 우리가 이 세상에 존재했다는 증거이기도 하고, 무엇보다도 조건 없이 사랑을 하고 사랑을 받을 수 있는 대상이다. 더 많은 시간을 집필에 할애하고 도움을 줄 수 있는 사람을 만날 수도 있지만, 적어도 지금은 아내와 데이트를 하고 아이들과 함께 노는 데 기꺼이 그 시간을 쓰려고 한다. 예전에는 맞닥뜨린 상황이 필자의 행동을 결정했지만 지금은 스스로 중요하다고 생각하는 가치에 따라 행동을 결정하고 있다. 생각만으로는 부족하다. 실천하지 않으면 아무리 좋은 철학이나 가치관도 공염불에 지나지 않는다.

일상을 아름답게 채우기

2015년 3월 기준, 세계 1위의 유통기업인 월마트는 전 세계 28개 나라에서 220만 명을 고용하고 있다. 이들은 매주 11,488개 매장에서 2억 명의 손님을 상대한다.[14] 미국 종합경제

---

14 월마트 인터넷 홈페이지 자료 (www.walmart.com)

지인 포춘에 따르면 월마트의 2014년 매출은 4,856억 달러(약 538조 원)로 글로벌 기업 중 1위를 차지했다. 순이익만 163억 달러(약 18조 원)에 이른다.[15]

이 거대한 기업을 일군 창업주 샘 월튼은 1992년 4월 5일, 75세의 나이로 사망했는데 그가 남긴 유언이 공개되면서 세상은 깜짝 놀랄 수밖에 없었다. 지금도 수많은 라이프코치나 자기계발 전문가들은 인생에서 중요한 것을 놓치지 말자는 메시지를 전달하기 위해 그의 유언을 소개하곤 한다.

유언의 첫 마디는 "I blew it!(망쳤어)"였다. 병상에 누워 자신의 모습을 돌아보니 자식들에 대해 아는 것도 없고, 손자들의 이름은 절반밖에 외우지 못했으며 친구라 부를 수 있는 사람은 찾아볼 수 없었기 때문이다. 게다가 아내 역시 의무감에 자신의 옆을 지켰다는 사실을 알고 난 뒤 자신이 생각했던 성공은 오히려 실패와 닮은꼴이었음을 깨달았다.

그의 삶은 대단히 성공적이었다. 막강한 자본과 권력을 맛보았으며 오래도록 이어질 명성과 명예도 남겼다. 수만 명이 그의 손으로 일군 기업에서 생계를 해결하며 꿈을 키워나가고 있다. 그보다 훨씬 많은 사람들이 그의 이름이 쓰인 매장에서 값싼 물건을 구매하며 만족해한다. 이보다 더 보람된 일이 또 있을까.

그러나 마지막 순간 스스로가 평가한 자신의 삶은 실패 그 자체였다. 사업이라는 목표는 달성했지만 길고도 험난했던 과정에서 가족이라는

---

15 포춘 인터넷 홈페이지 자료 (http://fortune.com/fortune500/walmart-1/)

소중한 존재를 간과했다는 사실을 깨달았다. 그에게는 오직 일뿐이었다. 그의 인생에 개인적인 삶은 없었다.

일에 열정을 쏟지 말라는 게 아니다. 샘 월튼처럼 일생을 바쳐 거대한 기업을 일구는 것은 아무나 할 수 없는 위대한 일이다. 그러나 20세기 가장 영향력 있는 인물 중 한 명으로 선정될 만큼 위대한 삶을 살았던 그는 죽음을 앞둔 순간에서야 자신이 소중한 것을 놓치고 있었음을 깨달았다.

가슴 뛰는 목표는 너무나 매력적이기 때문에 스스로가 그것에 매몰되지 않도록 주의해야 한다. 그러면서도 어떤 상황에서도 양보할 수 없고 반드시 지켜야 하는 가치가 무엇인지 분명히 생각하고 있어야 한다. 그렇지 않으면 목표를 달성하기 위한 수단과 방법을 선택하는 과정에서 가족, 건강, 인간관계, 명예, 신뢰 같은 소중한 가치를 간과할 수도 있다. 이런 판단의 실수는 결국 더 큰 실패로 이어져 목표 달성 자체가 무의미해질 수도 있다. 이런 성취는 말 그대로 상처뿐인 영광에 지나지 않는다.

한국을 대표하는 지성인 이어령 박사도 놓쳐버린 소중한 가치들을 아쉬워했다. 그는 철저한 고독 속에서 자신과 대면해야 하는 집필 중에는 그 어떤 방해도 원치 않았다. 말 그대로 '절대 자유' 속에서 가족과의 관계, 국가와의 관계를 떠나 오직 쓰기와 읽기에 몰입했다. 스스로를 세상과 격리시키고 오직 창조활동에만 집중했던 것이다. 그의 문학적 업적에는 바로 그런 자발적 고독이 기반하고 있었다.

그럼에도 불구하고 그는 한 언론과의 인터뷰에서 가장 가슴 아픈 순간이 언제냐는 질문에 딸아이가 밤늦게 글 쓰는 자신에게 '아빠, 굿나잇'하면서 인사를 했을 때 돌아보지도 않은 채 건성으로 대답했던 것이 후회스럽다고 했다. 그리고 하루 종일 아빠만 기다렸다가 상처받았을 딸아이를 생각하면 수십 년이 지난 지금도 마음이 아프다는 것이다. 그는 그나마 이런 심정을 글로 남길 수 있어 위안이 된다고 했다. 2012년 딸을 먼저 보낸 그는 '굿나잇' 인사를 하는 딸을 끝내 안아주지 못한 것이 지금도 너무나 한이 된다고 한다.

"만일 지금 나에게 그 30초의 시간이 주어진다면, 하나님이 그런 기적을 베풀어주신다면, 그래 민아야, 딱 한 번이라도 좋다. 낡은 비디오테이프를 되감듯이 그때의 옛날로 돌아가자. 나는 그때처럼 글을 쓸 것이고 너는 엄마가 사준 레이스 달린 하얀 잠옷을 입거라. 그리고 아주 힘차게 서재 문을 열고 "아빠 굿나잇!" 하고 외치는 거다. 약속한다. 이번에는 머뭇거리며 서 있지 않아도 된다. 나는 글 쓰던 펜을 내려놓고, 읽다 만 책장을 덮고, 두 팔을 활짝 편다. 너는 달려와 내 가슴에 안긴다. 내 키만큼 천장에 다다를 만큼 널 높이 들어 올리고 졸음이 온 너의 눈, 상기된 너의 뺨 위에 굿나잇 키스를 하는 거다. 굿나잇 민아야, 잘 자라 민아야."

- 이어령, 〈딸에게 보내는 굿나잇 키스〉 중

어떤 경우에도 절대 포기할 수 없는 가치는 무엇인가. 그리고 그것이 중대한 결정을 내리는 순간에 머뭇거리게 되는 요인으로 작용한다면 어떤 선택을 하겠는가. 이를테면 지방에서 2년의 경력을 쌓는 것이 장기적인 목표 달성에 큰 이득이 되지만 그것이 가족의 안정된 일상을 깨뜨리고, 아내의 직업 경력에는 마이너스가 되며, 아이들은 친구도 없는 낯선 곳에서 적응해야 한다면 지방 근무를 포기할 텐가, 가족에게 희생을 부탁할 텐가.

평소 이런 생각을 하지 않는다면 자신을 지지해주지 않는, 직업적 성공을 위해 희생해주지 않는 배우자에게 섭섭한 감정이 생길지도 모른다. 그리고 이런 감정은 갈등으로 이어지고 문제의 본질을 흐리게 만든다. 직업적 성공의 목적에는 가족의 행복도 있을 터인데 오히려 직업적 성공을 위해 가족의 행복이 희생되는 상황이 생기는데도 이를 알아보지 못한다는 말이다. 어떤 상황에서도 양보할 수 없는 가치는 무엇인가. 이것은 기회처럼 보이는 미끼를 덥석 물지 않기 위해 반드시 가슴에 지녀야 할 질문이다.

Homo
Unaskus

목표에 수시로 매몰된다
결코 물러설 수 없는 마지막 선이 없다
후회라는 감정에서 벗어나지 못한다

Homo
Askus

목표를 적시적절하게 관망한다
마지노선을 설정하고 이해를 구한다
후회를 최소화하려고 노력한다

CHAPTER

제대로 공부하고 있는가?

'자기계발' 광풍에서
중심 잡기

　　　　　　　　　　　　2015년 봄, 오랜만에 만난 친구와 함께 그동안 살아온 이야기를 하면서 성실히 사는 게 좋은 것만은 아닐 수도 있겠다는 생각을 했다. 12년 지기인 그 친구는 삼십 대 중반에 결혼을 했는데 결혼 전은 물론이거니와 결혼 이후에도 누구보다 열심히 살아왔다. 자신의 일에 철저해 별을 보면서 출퇴근하는 일이 다반사였지만 그러면서도 가정에 소홀하지 않았다. 늘 더 나은 앞날을 고민하고 그에 따라 필요한 것들을 준비했다. 그런데 평생을 함께 해야 할 아내는 정작 그런 자신을 다소 측은하게 바라보고 있어서 혼돈스럽다고 했다. 아내는 그런 삶의 자세를 이해는 하지만 권장할 일은 아니라는 것이다.

자기 관리에 철저하고, 목표를 쟁취하고, 세상을 바꿀 수 있는 권력을 얻고, 경제적 풍요 속에서 사는 것이 좀 덜 얻더라도 순간순간을 즐기며 마음에 여유를 갖고 사는 것보다 반드시 좋지는 않다는 것이다.

생각해보면 맞는 말이다. 뭔가를 추구하고, 노력하고, 분석하고, 시도하고, 보완하고, 도전하는 일이 누구에게는 어울리지 않을 수도 있다. 가치 판단 문제는 옳고 그름보다 우선순위와 선택의 문제일 때가 많기 때문이다. 당연히 이 문제에 대한 정답은 없다. 삶을 대하는 자세는 자신의 철학에 따라 결정할 일이다.

그런데 요즘은 유독 성공이라는 목표를 향해 끝없이 자기를 계발하라는 압박이 사회 곳곳에서 느껴진다. '관점을 바꿔라, 도전하라, 자존감을 가져라, 좌절하지 말라, 늦은 때는 없다, 절망 속에도 희망은 있다, 실패는 있어도 좌절은 없다, 내일 죽을 것처럼 살아라, 두려움은 작게 희망은 크게 가져라, 꿈에 미치면 미래가 보인다, 진정으로 원하는 것을 찾아라, 일과 돈에서 해방되어 인생을 즐겨라' 등등. 끝없이 자신을 가꾸고 살라는 주문으로 도배된 수많은 책들이 베스트셀러 자리를 이어가고 있으니 말이다.

물론 이런 구호나 메시지가 불필요하다는 말은 아니다. 필자 또한 성격이 조금 다르기는 하지만 이런 종류의 말을 신념처럼 생각하며 기회가 있을 때마다 목소리를 내려 한다. 지금 여러분이 읽고 있는 이 책도 아마 자기계발 분야의 한 책으로 분류될 것이다. 그렇다면 압박을 양산하는 데 일조했다는 비판에서 자유로울 수 없을 것이다.

그런데 필자가 제 살을 깎는 이야기를 하는 이유는 배움과 성장이란 것이 외형적이고 가시적인 부분에 너무 집중되어 있는 것 같기 때문이다. 마치 안 하면 안 되는 분위기가 되어 설득하는 능력을 길러야 하고 프레젠테이션 기법도 익혀야 하며 영어는 기본에 중국어, 아랍어까지 할 줄 알아야 한다. 재테크는 적금을 드는 일처럼 경제활동과 함께 시작해야 할 일이다. 대인관계 기술, 창의적 사고력, 경력 관리 등 자신이 조금만 신경 쓰고 노력한다면 경제적 수익은 물론 경력에도 큰 도움이 된다는 자기계발 거리들이 지천으로 널렸다.

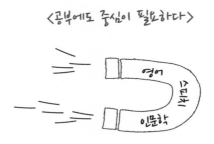

이뿐 아니라 수영, 테니스 같은 스포츠부터 회화, 조각, 만들기 등 실용 미술, 우쿨렐레나 색소폰 같은 악기 연주에 이르기까지 일상을 보다 풍요롭게 살아가라며 '할 수 있다, 해보자'는 메시지는 끝없이 우리를 자극한다.

한 사람을 가리켜 하나의 우주라고 하는 말이 있다. 그 속에 역사, 철학, 심리, 예술, 언어 등 모든 것들이 들어 있기 때문이다. 그만큼 저마다 다르다는 말이다. 친구의 아내처럼, 어떤 이들에게는 여유롭게 일상을 즐기는 삶이 더 의미 있다. 그들에게는 한간에 유행하는 자기계발 거리들이 그저 무의미하고 분주한 소란에 불과할 것이다. 시간을 철저히 관리하며 끝없이 자기를 계발하는 사람들이 봤을 때, 이들은 한량에 불과하며 인생에 불성실하다고 비판할지도 모른다. 그러나 이들이야말로 자신의 중심을 바로 잡은 채 변화무쌍한 세상에서 제대로 살아가고 있는 것이다. 자신이 생각하기에 꼭 필요하고 의미 있는 일에만 시간과 에너지를 쏟기 때문이다.

세상이 정해놓은 가치와 기준에 아무 생각 없이 맞출 필요는 없다. 우리에게 걸작《월든》을 남긴 헨리 데이비드 소로우(Henry David Thoreau)가 말한 것처럼 우리는 저마다 한 나라의 주인이다. 왜 자기 자신을 계발해야 하는지 고민한 적이 있는가? 무작정 스스로를 계발해야만 한다는 강박관념에서 벗어나야 한다. 한 숨 깊이 마시고 두 번을 생각해보면 진정 나에게 필요한 자기계발인지 판단이 설 것이다. 그런 다음 시작해도 늦지 않다. 바로 우리가 주인이다.

속도의 논리에
잠식당한 독서

자기계발과 관련하여 책 이야기를 잠깐 하려고 한다. 독서에 관한 이야기이다. 우리나라 성인들만큼 책을 안 읽는 집단도 없을 것이다. 그럼에도 불구하고 아이들에게 끝없이 공부하라, 책 좀 읽어라, 게임 좀 그만하라고 잔소리를 쏟아낸다. 책은 아이들이 훨씬 많이 보는데도 말이다. 통계청이 발표한 '연간 종합 독서량(2013년 기준)'에서 성인은 연간 19.8권을 읽는 것으로 조사되었는데 응답자 중 책을 하나도 읽지 않는 성인을 포함하면 평균 10.2권에 불과하다. 반면 학생은 평균 52.4권이며 비독서자를 포함해도 39.5권을 읽는다.

어른들은 아마도 시간이 없고 바쁘다는 핑계를 댈 것이다. 그러나 '여가시간 중 독서시간의 비중(2013년 기준)'을 살펴보면 평일에 23.5분(14.1%), 주말에 25.8분(8.6%)을 할애하는 성인과 비교했을 때 학생들은 평일에 44.6분(27.5%), 주말에도 무려 59.4분(16.7%)을 독서에 투자하는 것으로 나타났다. 책에 관심이 부족하다는 것을 인정할 수밖에 없다. 아이들에게 책 읽고 공부하라는 말을 할 자격이 있는지 자문해보자.

그런데 더 안타까운 것은 위 조사의 응답자 중 가장 어린 초등학생 4학년 집단에서는 독서량이 연간 95.1권으로 나타났지만 학년이 높을수록 점점 줄어들어 고등학교 3학년 집단에서는 17.7권까지 떨어졌다. 물론 몇 권을 읽었느냐가 독서를 논하는데 절대적인 데이터는 아니다. 한 권을 읽어도 깊이 생각하고 곱씹어보는 게 더 중요할 수도 있다. 또 학년이 올라갈수록 책이 어려워지기 때문에 독서 권수가 줄어들 수도 있다. 하지만 교묘하게도 독서량 감소 추세가 40대에 이를 때까지 지속된다는 것이다. 적어도 마흔이 되기 전까지 우리는 지속적으로 책을 조금씩 멀리하고 있다는 것이다.

우리가 이렇게 홀대하는 독서를 위대한 리더들은 끔찍이도 사랑했고 여전히 사랑한다. 나폴레옹(Napoleon)은 전쟁터에도 책을 운반하는 별도의 부대를 꾸릴 만큼 독서를 즐겼다. 빌 게이츠(Bill Gates)는 하버드 졸업장보다 독서습관을 더 중요하게 생각한다. 오늘날의 자신을 만든 것은 마을 도서관이라고 했을 정도이다. 워런 버핏(Warren E. Buffett)도 이런 말을 했다.

"인생을 가장 짧은 시간에 가장 위대하게 바꿔줄 방법은 무엇인가? 만약 당신이 독서보다 더 좋은 방법을 알고 있으면 그 방법을 따르기 바란다. 그러나 인류가 현재까지 발견한 방법 가운데서만 찾는다면 당신은 결코 독서보다 더 좋은 방법을 찾을 수 없을 것이다."

비록 이런 유명인의 입을 빌리지 않더라도 우리는 책을 가까이 하는 사람과 대화를 해보면 깊이가 다름을 느낄 수 있다. 지식이 많고 적음을 떠나 조금 다른 차원에서 현상을 바라보는 그런 느낌이다. 왜냐하면 그들은 책에 있는 단편적인 지식을 읽는 것이 아니라, 책과 책을 연결하고 그 연결고리에서 의미를 찾고 새로운 고리를 상상하기 때문이다. 그들은 책을 통해 변하지 않는 가치를 이해하고, 급변하는 세상에서 중심을 잡는다.

독서가 단순히 지식을 습득한다거나 저자의 생각을 들어보는 수준에서 끝나지 않기 위해서는 반드시 저자의 메시지가 자신의 생각과 결합되어야 한다. 흔히 '~라고 하더라'는 식으로 타인의 생각을 그대로 받아들이는 독서보다는 '그래서 나는 ~라고 생각한다'는 자신만의 결론을 얻어내는 독서가 바람직하다. 이런 과정에는 필히 시간이 걸린다. 책을 어떻게 읽어야 한다는 데에는 이견이 있을 수 있지만 생각하는 데 시간이 필요하다는 주장에는 반대 의견을 제시하기 어려울 것이다. 생각에 깊이가 필요하다면 더욱 그러하다.

그런데 최근에는 독서에도 속도 논리가 등장했다. 많이 읽어서 임계점을 넘겨야 한다는 주장이 각광받고 있다. 독서도 물을 끓이는 것과 같아서 99도가 아닌 100도가 되어야 의식이 대폭발을 하고 변한다는 것이다. 그러기 위해서는 빠른 속도로 최대한 많은 책을 읽어내야 하는데 이를 위해 여러 가지 이름의 독서법이 등장했고 1시간에 한 권을 읽어내는 요령을 가르치는 곳도 나타났다. 빠르게 책을 읽는 것이 나쁠 것은 없다. 오히려 많이 읽으면 생각의 자원이 풍부해져서 이롭다. 다만 속도에만 집착하여 독서를 통해 얻을 수 있는 진정한 기쁨과 보람을 놓칠 것이 우려된다.

책 읽는 목적에 따라 달라지겠지만 기분 전환용이나 많은 지식을 습득하기 위한다면 이런 방법도 괜찮다. 뇌에 정보를 주입하는 것(input)은 고도의 집중력이 뒷받침된다면 단시간에도 가능하다. 과학적으로 입증된 기억력 향상법도 있다. 그러나 독서를 통해 '~라고 하더라'의 수준을 뛰어넘어 자신만의 가치와 철학을 가지기 위해서는 반드시 사유의 시간이 필요하다. 그것은 뇌에 정보를 주입하는 것이 아니라 뇌로 들어오는 수많은 정보를 처리(process)하는 것이다. 여기에는 다양한 연결을 시도하고, 끊었다가 새로운 것들과 다시 연결하고, 경우에 따라서는 정보 자체를 부정하고 버리는 일이 포함된다. 때로는 버렸던 정보를 다시 되찾아야 할 때도 있다. 이런 과정은 단순히 집중해서 될 일이 아니다. 좌뇌와 우뇌 모두를 사용해야 하며 과거의 정보도 가져와야 하고, 존재하지 않는 것에 대한 상상력도 발휘해야 한다. 즉 빠르게 많이 읽더라도 반드시 자신의 생각을 곱씹는 과정이 뒤따라야 한다. 필자는 곱씹는 과정에서 분명 더 깊은 사고가 이루어진다고 믿는다.

가장 중요한 창조는 순간의 번뜩임보다는 오랜 고민의 결과일 때가 많다. 책과 책, 지식과 지식, 의견과 의견을 연결하는 작업이 필요하다. 엄청난 속도를 자랑하는 최신식 마이크로프로세서라고 해도 입력된 방법과 절차에 따라 정보를 처리할 뿐이다. 무에서 유를 창조하지는 못한다.

독서란 무에서 유를 만들어내는 일이라고 생각한다. 수많은 저자와 책을 매개로 대화를 나눴는데 이미 존재하는 이야기만 늘어놓는다면 무슨 의미가 있겠는가. 독자는 저자들의 생각을 통해 자신만의 생각을 만들어내야 한다. 동의하고 공감 가는 내용은 그 자체로 의미가 있다. 그러나 참된 독서라면 생각이나 행동의 변화를 이끌어내야 한다. 세상에 존재하지 않는 주장, 이전에는 없던 생각, 전과 다른 입장 같은 것들이 나와야 한다.

필요와 요구

　　　　　　　　　　　2007년 대학원 재학 시절, 필자는 과학자 31명의 삶을 연구하면서 자신의 일에 열정을 갖고 살아가는 사람에 대한 일종의 동경을 갖게 되었다. 그렇게 5년이 흐르고, 군을 떠나기 2년 전 필자의 관심을 끈 것은 어느 유명한 작가의 인생이었다. 너무나도 독특해서 그가 운영하는 책 쓰기 수업을 듣기로 했다. 오랜 군 생활이 주는 피로감은 새로운 공기를 절실히 요구했기 때문이다. 그 작가를 만나고 싶었다. 과학자를 만났던 그때의 감정이 되살아났다. 그를 만나 그의 삶을 직접 확인하고 싶었다. 비용의 많고 적음, 수업의 효과, 능력의 향상은 중요하지 않았다. 필자에게 필요한 것은 변화였다.

　만족스러웠다. 매주 토요일마다 2시간 거리를 달려 서울로 올라갔다. 변화가 시작되었던 것이다. 수업도 좋았고 새로운 사람들도 많이 만나 서로의 의견을 주고받았다. 무엇보다도 작가를 직접 만나 얘기를 나눈 것은 큰 영광이었다. 필자는 이것만으로도 수업료를 지불한 보람을 느꼈다. 덤으로 출판과 관련된 좋은 정보도 꽤 얻을 수 있었다.

　그런데 깊은 고민 없이 수업을 시작했던 일부 사람들은 책 한 권 뚝딱 만들어낼 줄 알았던 기대감이 실망감으로 변하자 수업을 혹평하고 비난하기도 했다. 수업에 대한 평가야 개인의 몫이지만 과연 이들이 책을 내려는 목적은 분명했는지, 그 목표를 달성하기 위한 노력은 다했는지 궁금하다.

　책이란 형식도 결국은 글이 만들어내는 최종 산물에 불과하다. 시작은 글이다. 그런데 그 글이라는 것이 단기간에 개과천선할 수도 없는 것이며 맞춤법이나 문장구조, 간결함이나 명료함 같은 몇 가지 원칙은 글의 껍데기에 불과하다. 글의 몸통은 생각이기 때문이다. 이런 것들을 곱씹어 보지 않으면 부화뇌동하여 남들 따라 강남 가는 일이 생기는 것이다.

요즘에는 책 쓰기 또한 스펙의 하나로 전락하여 자신의 이름으로 된 책을 내라는 유혹이 강해지고 있다. 이를 이용해 출판 컨설팅부터 고액 코칭까지 등장했다. 소비자를 현혹시키는 과장 광고나 내용에 비해 터무니없이 비싼 수업료 등은 문제 삼아야 하지만 이런 현상을 비판할 생각은 없다. 어떤 면에서 보면 이런 것들은 기발한 사업 아이템이기도 하며 필자처럼 도움을 받은 사람들은 만족하기 때문이다.

필자는 책 쓰기에 관심 있는 사람들에게 책을 내야 하는 이유와 목적이 분명한지를 묻고 싶다. 경력에 도움이 되는 스펙으로 삼으려 한다면 이 같은 수업은 도움이 될 수도 있다. 본인의 노력이 전제되어야 하지만 책 한 권 내는 일은 사실 그리 어렵지도 않다. 그러나 밖으로 뱉어내지 않으면 터질 것 같은 말이 있어서, 공감을 이끌어내고, 독자를 변화시키고, 이 세상에 자신의 가치를 남기기 위함이라면 누군가의 수업을 듣는 것만으로는 안 된다. 아마도 깊은 고민과 풍부한 독서가 뒤따라야 할 것이다. 세상을 조금 다르게 보는 눈도 필요하다. 이것저것 서로 연관 지어 보고 당연하다고 생각했던 것에 물음표를 붙이는 일도 해야 할 것이다. 그리고 이 모든 과정을 글로 써보며 자신의 생각을 분명하게 정리하는 작업은 반드시 비교적 장기간 지속적으로 해야 할 것이다. 필자 또한 늘 이런 마음으로 글을 쓴다. 이 책이 쉽게 읽히길 바라지만 쉽게 덮을 수는 없었으면 한다. 옆에 두고 많은 생각을 떠올리게 했으면 한다.

앞서 독서, 책 쓰기를 위시한 자기계발 광풍 전반에 걸쳐 중심을 잡는 것이 중요하다고 말했다. 같은 맥락에서 봤을 때 배움과 성장에도 여러 조건이 있겠지만 필자가 생각하는 으뜸은 스스로 그것의 주인이 되는 것이다. 즉, 자신에게 필요한 것을 학습하고 계발하는 것이 바람직하다는 말이다. 주변이나 시대의 요구에 따라 피동적으로 배우게 되는 것은 그 깊이가 얕고 무엇보다도 배움 자체에서 느끼는 기쁨의 정도는 비교할 수 없다. 그러므로 필요 여부에 대한 판단은 자신이 스스로 내려야 한다. 이 과정이 중요하다.

자기계발에는 동기가 분명하지 않은 경우가 많다. 책 쓰기를 예로 들자면 '나도 책 한번 내볼까?' 하는 생각에서 출발하기 때문이다. 장사하는 사람들이 가장 싫어하는 말이 '장사나 하지 뭐, 장사 한번 해볼까?'라고 한다. 자신들은 '장사'를 진지하게 대하는데 남들에게는 '다른 일 하다가 안 되면 시작하는 일'이 장사이기 때문이다. 진정성이 없다면 그 일에서 남는 것은 허무함뿐이다. 그것이 정말 자신에게 필요하고 절실한지, 열정에 불을 붙이는지 명확하게 답할 수 있어야 한다. 또한 사회가 만들어 놓은 그릇된 요구는 아닌지, 자신의 선택으로 이득을 보게 될 누군가가 만들어 놓은 마케팅의 함정은 아닌지도 생각해봐야 한다.

배우고 성장하는 일보다 기쁘고 즐거운 일도 없다. 어제의 나보다 오늘의 내가 더 나아졌다면 거기에 어떤 목적이 존재하지 않더라도 행복을 느낄 것이다. 성장 그 자체는 누구나 원하는 본능이기 때문이다. 새로운 지식과 관점을 받아들이고, 자신을 가꾸고 키우는 일은 얼마나 행복한가. 학문의 즐거움은 노동의 가치만큼이나 우리의 영혼을 살찌우는 일이다.

그러나 친구 따라 강남 간다는 식은 곤란하다. 뭔가를 배우고 스스로를 계발해야 한다는 강압도 옳지 못하다. 사회가 요구하는 것 중에는 나에게 필요 없는 학습도 많다. 그동안 적지 않은 노력과 시간을 들여 분명히 자신을 한 단계 향상시켜 놓았지만 여전히 삶에 큰 변화가 없다면 '필요와 요구'에 대해 잘 생각해보자. 너무 외적인 성장에만 집중한 것은 아닌지, 스스로 결정한 학습은 없고 주변의 기대나 분위기에 휩쓸린 것은 아닌지 말이다. 정말 자신에게 필요한 것에 집중한다면 훨씬 더 큰 성장을 경험할 것이다.

Homo
Unaskus

새롭거나 남다른 것에 거부감을 느낀다
무엇을 배우더라도 유행을 따른다
"누구는 ~라고 하더라"는 지식을 얻는다

Homo
Askus

새롭고 남다른 것에 포용적이다
배우고 익히는 것도 선택하고 집중한다
"내 생각은 ~이다"라는 결론을 얻는다

지금 일은 목표와 얼마나 밀접한가?

《하버드 새벽 4시 반》과
노력에 대한 그릇된 신화

　　　　　　　　　　'하버드'라는 이름의 가치는 출판 시장에서도 그 힘을 발휘하는 듯하다. 《하버드의 생각수업》,《하버드 말하기 수업》,《하버드 피드백의 기술》,《하버드 25시》,《하버드 글쓰기 강의》처럼 제목에 '하버드'를 사용한 것은 물론이고 부제에 '하버드'가 들어간 것은 셀 수 없이 많다. 저자는 물론이고 내용에 조금이라도 관련성이 있다면 '하버드'라는 수식을 이용하는데 실제 판매량을 따져보진 않았지만 일단 손이 가는 게 사실이다. 그들만의 뭔가 대단한 비밀이 들어 있을 것만 같기 때문이다.

　2014년 출간되어 선풍적인 인기를 끌었던《하버드 새벽 4시 반》이라는 책은 하버드 대학교의 학습 분위기에 대해서 언급하고 있는데 식당, 복도, 운동장 할 것 없이 학생들이 있는 곳이 곧 도서관이라고 불릴 만큼 시간을 아껴가며 성실히 공부한다는 내용을 담고 있다. 이 책이 전하는 역설적인 메시지는 세계 최고의 인재와 괴짜들이 모여 있는 하버드의 진면목이 스펙이나 두뇌 따위가 아니라 알고 보니 '노력'이었다는 것이다. 이 책을 기획한 출판사 라이스메이커의 민영범 대표는 무한경쟁에 내몰렸음에도 정작 일자리가 없어 실의에 빠진 우리 한국의 청년들에게 실제 도움이 되는 이야기를 해주고 싶었다고 했다. 힘들어 하는 청춘들이 자신의 환경을 탓하기 전에 정작 '나의 새벽은 하버드보다 뜨거웠는가?'라고 되물어봄으로써 자기 연민과 현실적 핑계에서 스스로 벗어나길 바랐다는 것이다.

물론 이 책에는 노력 이외에도 열정, 실행력, 배움, 유연성, 자기반성 등의 가치도 함께 언급된다. 어떤 면에서는 노력만큼이나 중요한 가치들이다. 그러나 책의 제목에서 알 수 있듯이 노력의 중요성이 전면에 부각되다 보니 '일단은 노력해야 한다'는 잘못된 결론에 이르기 쉽다. 에디슨이 말했던 "99%의 노력과 1%의 영감"이란 문장이 진의를 잃고 왜곡된 것처럼 말이다. 그는 99%의 노력도 1%의 영감이 없다면 성공에 이를 수 없다는 것을 말하려 했지만 이를 받아들이는 사람들은 노력에 더 무게를 뒀던 것이다. 남다른 아이디어와 창의성, 사명감이나 소명의식이 먼저 발현된 뒤에 그것을 실행하는 데 99%의 에너지를 쏟아야 한다는 게 에디슨의 의도였다. 달리 말하면 열정이 샘솟는 일에 에너지를 쏟아야 가치를 창조한다는 것이다. 그는 대부분의 발명을 수행함에 있어 영감이 먼저였고 노력이 그것의 뒤를 따랐다. 즉 이 둘에는 우선순위가 있다는 말이다.

세계 최고의 인재들인 하버드 대학생들이 새벽 4시 반에도 여전히 불을 밝히고 있다는 사실은 성실과 노력이 답이라는 단순한 진리를 말하고 있지만 그 이면에는 열정, 실행력, 배움, 유연성, 자기반성, 목표수립과 같은 수많은 가치들이 함께 움직이고 있다. 이를 간과한 채 실패의 원인을 노력으로만 돌리는 것은 본질을 벗어난 것이다. 노력은 누구나하는 것이고 그것은 당연한 것이기 때문이다. 노력이라는 가치에만 매몰되어 더 중요한 가치를 잃을 수 있다는 가능성을 염두에 둬야 한다.

은퇴자 천 명과의 인터뷰 내용을 담고 있는《남자, 은퇴할 때 후회하는 스물다섯 가지》에는 일만 알고 살았던 은퇴자들의 이야기가 나온다. 이들은 하나같이 정말 일밖에 몰랐고 자기 자신을 가혹하고 혹독하게 다룬 반면 가꾸지 않았으며 가족에게 무심했던 것을 후회했다. 특히 상당수의 사람들은 일밖에 모르며 산 것도 후회스러운데 인생을 바쳤던 그 일조차도 제대로 해내지 못했음을 토로했다.

한 은퇴자는 아무 데나 최선을 다한 점을 후회했다.

"직장 다닐 때 술자리마다 빠지지 않고 참석했어요. 술 잘 마시고 의리 있고, '스킨십' 좋은 사람으로 통했죠. 잔소리하는 아내한텐 '술자리에서만 오가는 고급 정보를 놓치지 않으려면 그래야 한다'고 큰소리치곤 했어요. 그런데 지금 와서 보니 말짱 헛것이더군요."

게다가 실적에 대한 압박으로 이 일, 저 일 닥치는 대로 떠안았지만 정작 실적은 오르지도 않고 기진맥진해서 지쳐버린 경험도 털어놓았다. 그는 타인의 부탁을 거절하는 용기와 기술뿐 아니라 자신의 일도 다른 사람에게 부탁할 줄 알아야 한다고 했다.

우리나라에서 성실과 근면은 최고의 덕목이었다. 기후는 변덕스럽고 땅은 척박한 탓에 부지런하지 않고서는 농사를 제대로 지을 수 없었기 때문이다. 해가 뜨기도 전에 김을 매러 나가야 했고 비가 내릴 때는 물을 가두고 가물 때는 물을 풀어서 논에는 항상 물이 찰랑거리게 채워야 했다. 모종을 해서 수확할 때까지 한시라도 맘 편히 논을 떠날 수 없는 게 바로 벼농사였다.

우리의 선조들이 살아온 환경은 아무 일을 안 해도 1년에 세 번이나 쌀을 수확할 수 있는 방글라데시, 파인애플이나 바나나가 지천으로 깔려 굶어 죽을 일이 없는 태국 같이 따뜻하거나 비옥하지 못했다. 게으르면 굶어 죽거나 얼어 죽기 딱 좋은 환경이었다. 그러니 사람을 판단할 때 근면하고 성실한 것이 최고였다. 농자천하지대본, 사농공상이란 말만 봐도 쉽게 알 수 있다. 그 근본은 성실함이었다.

반면 요령이나 꾀 같은 것은 올바르지 못하고 남을 속이는 것으로 비춰졌다. 매사에 성실하다는 말은 초등학교 통지표에서부터 단골로 등장하는 칭찬이며 자식에 대한 최고의 평가였다. 그러나 과연 이 말을 순수하게 받아들여도 될까? 주어진 모든 일에 최선을 다하고 언제나 노력을 기울이는 삶이 우리를 원하는 곳으로 데려다 줄까?

한 은퇴자의 말처럼 '아무 데'나 최선을 다하는 것은 잘못이다. 시간
이라는 절대적으로 유한한 자원을 값진 일에 사용해야 한다. 그래야 기
쁨도 보람도 찾을 수 있을 것이다. 새벽 4시 반까지 도서관을 지킨다고
인생이 달라질 것이라 기대하지 말라. 지금 하는 일이 목표에 얼마나 기
여하는지 물어보라. 변화의 기운이 감지될 것이다.

'삶은 감자'를
찾아내라

필자가 홍콩에 여행을 가서 경험한
일이었다. 한창 영어공부를 하고 있을 때라서 의사소통에 자신이 있었
지만 생각처럼 잘 되지가 않았다. 말하기에 앞서 머릿속으로 이런저런
문장을 만들어도 보고 표현을 내뱉어도 봤지만 잘 안 됐다. 결정적인 깨
달음은 아내에게서 얻을 수 있었는데, 아내는 현금이 아닌 카드로 결제
할 수 있느냐는 질문을 하느라 진땀을 빼고 있는 필자를 옆으로 밀쳐 내
면서 "카드, 오케이?"라고 질문했고 상황은 순식간에 정리됐다. "카드,
오케이!"라는 답변을 들음과 함께 물건을 어려움 없이 구입할 수 있었
기 때문이다.

목표는 물건을 사는 것이었고, 대화의 본질은 소통이었다. 완벽한 문
장이나 적절한 단어도 중요하지만 결국 필자는 쓸데없는 것들에 집중
하면서 본질을 잃어버린 것이다. 목표가 요원해진 것은 두말할 필요도

없다. 아내의 영어가 필자보다 훨씬 값졌다. 소통이 되는 영어였기 때문이다. 이때의 웃지 못할 에피소드는 목표에 집중하고, 본질을 놓치지 말아야 한다는 깨달음을 남겼다.

레스토랑에서 스테이크를 주문하면 "고기는 어떻게 해드릴까요?"라는 질문이 돌아온다. 필자는 그럴 때마다 "삶은 감자가 있다면 빼고 주세요"라고 말한다. 필자가 문제 삼는 것은 고기의 굽기가 아니라 입맛을 빼앗는 요소들이 접시 위에 너무 많다는 것이다. 삶은 감자가 스테이크와 영양학적으로는 궁합이 잘 맞을지 모르나 쓸데없이 배를 불리는 불필요한 곁다리라는 생각은 지울 수 없다. 게다가 웬만한 레스토랑에서는 식전에 빵을 주기 때문에 굳이 감자를 먹을 필요도 없어 보인다. 반면 가벼운 와인 한 모금이나 싱싱한 샐러드는 만족감을 높여주는 데 도움을 준다. 배를 불리지 않으면서 식감을 자극하기 때문이다.

맛에 자신이 있는 집은 약간 모자랄 정도의 양을 제공한다. 신기하게도 '뭐 이리 양이 적어'라는 생각이 들어 조금 더 주문하고 나면 주인장의 마음을 알 수 있다. 처음의 양에서 한두 숟가락을 더 먹으면서 밀려온 포만감이 좋은 기분을 망치기 때문이다. 양이나 질에 대한 만족도는 사람마다 다르겠지만 너무 많은 양은 질을 상하게 한다. 아무리 듣기 좋은 꽃노래도 한두 번이면 족하지 않을까. 먹는 즐거움을 포기하라는 말이 아니라 너무 많은 섭취가 오히려 그 즐거움을 반감시킨다는 말이다.

스테이크 접시에 함께 나오는 삶은 감자처럼, 우리가 목표를 향해 나아갈 때 발걸음만 무겁게 하고 전진에는 그다지 도움이 안 되는 일이 있다. 출근해서 점심을 먹을 때까지 자신이 목표한 일은 시작도 못한 채 이메일 확인, 인터넷 서핑, 결론 없는 회의 등으로 시간을 보낸다면 이는 삶은 감자만 먹으며 먹음직스런 스테이크를 구경하는 것과 다를 바 없다.

가치 있는 일에 집중하지 못하는 이유가 무엇이든 중요한 것은 삶은 감자로 이미 배가 불렀다는 것이다. 그런 다음에 먹는 스테이크에서 어떤 맛과 기쁨을 기대할 수 있겠는가. 이처럼 자신의 중요한 과업은 시작도 하기 전에 에너지가 고갈되고 시간을 다 써버렸다면 정작 창의적이고 높은 성과를 내야 할 일에서는 아무런 효과가 나타나지 않는 법이다.

하루를 이렇게 보내는 사람이 자신에 대한 어떤 성찰도 하지 않는다면 무의미한 일상은 하루로 그치는 것이 아니라 일 년을 넘어 평생 이어지게 될 것이다. 중요한 일은 미룬 채 사소한 일에만 시간과 에너지를 소비하면서도 스스로는 성실하다고 말한다. 그러나 나아지기는커녕 달라지는 것도 없고 허탈함만 남는다.

오늘날 우리는 너무나 많은 일들을 통제하고 감독하려 든다. 모든 일을 다 해결할 수 있다는 그릇된 믿음 때문에 어느 것 하나에도 제대로 집중하지 못하고 평범한 결과만을 반복적으로 양산하게 되는 것이다. 조금 아깝고 혹은 맛있어 보이더라도 더 큰 만족과 기쁨을 얻으려면 삶은 감자를 남기는 용기가 필요하다. 중요한 것은 스테이크에 얼마나 집중하느냐이다. 최고의 만족과 성과를 남기는 일에 소중한 시간과 노력을 집중해야 하는 것이다.

하루를 돌아보며 스스로에게 물어보자. 내가 오늘 한 일 중에서 삶은 감자 같은 일은 무엇일까? 그러고는 자신에게 별 도움도 안 되면서 시간과 에너지만 잡아먹은 일들을 골라내는 것이다. 이를테면 좋았던 시절을 회상하며 지금의 처지를 한탄하는 일, 물건의 필요성을 따지기보다는 싼 값에 구매하는 방법을 골몰하는 일, 뒤에서 남을 비난하고 흉보는 일, 뚜렷한 목적도 없이 인터넷 세상을 배회하는 일, 소모적인 모임을 계획하는 일(자신의 공허함을 채우기 위해 타인의 소중한 시간을 빼앗는다.) 쉬는 것도 아니면서 멍하니 시간을 죽이는 일들 말이다. 소통은 뒷전에 두고 영어 문장 만들기에 집중했던 필자가 깨달은 것처럼 수많은 '삶은 감자'들이 일상의 상당 부분을 차지하고 있다는 사실에 놀랄 것이다.

구별할 용기

아무리 계획성 있고 철두철미하다고 해도 모든 일을 계획대로 처리하거나 목표에 부합되는 일만 할 수는 없다. 우리가 살아가는 무대는 수많은 사람들과 조직이 얽히고설켜 저마다의 생각으로 살아가는 복잡한 세상이기 때문이다. 예측 가능하면서도 불확실성이 늘 머리를 드는 공간이다. 그러나 이런 사실을 인정한다고 해도 쓸데없어 보이는 일이 끝없이 생기는 것은 참을 수가 없다. 어떻게 이 상황을 해결해야 할까?

법정 스님이 남긴 것으로 알려진 〈함부로 인연을 맺지 마라〉는 짧은 글은 우리가 중요하지 않은 일을 어떻게 대해야 하는지 분명한 방향을 알려준다.

진정한 인연과 스쳐가는 인연은 구분해서 인연을 맺어야 한다
진정한 인연이라면
최선을 다해서
좋은 인연을 맺도록 노력하고

스쳐가는 인연이라면
무심코 지나쳐 버려야 한다

그것을 구분하지 못하고
만나는 모든 사람들과 헤프게 인연을 맺어 놓으면
쓸만한 인연을 만나지 못하는 대신에
어설픈 인연만 만나게 되어
그들에 의해 삶이 침해되는 고통을 받아야 한다

인연을 맺음에 너무 헤퍼서는 안 된다

진실은 진실된 사람에게만 투자를 해야 한다

그래야 그것이 좋은 일로 결실을 맺는다
아무에게나 진실을 투자하는 건 위험한 일이다
그것은 상대방에게 내가 쥔 화투 패를
일방적으로 보여주는 것과 다름없는 어리석음이다
우리는 인연을 맺음으로 도움을 받기도 하지만
그에 못지않게 피해도 많이 당하는데
대부분 피해는
진실 없는 사람에게
진실을 쏟아 부은 대가로 받는 벌이다

이 글에는 사람과의 관계 맺음에 국한하여 소중한 사람들과만 '인연'을 맺으라고 하지만 인연뿐 아니라 사실 세상 모든 일은 경중에 따라 다른 대접을 해야 마땅하다. 목표 달성에 기여하는 일에는 시간과 에너지를 집중해야 하지만 그렇지 않은 일이라면 간과하거나 무시해도 좋다. 의미 없는 일에서 의미를 찾으려 노력하기보다는 의미 있는 일에 그 노력을 투사하는 게 더 낫기 때문이다. 진심을 다해도 이루어질지 모르는 상황에서 부수적인 일에 정성을 빼앗겨서는 안 된다.

소중한 것에 집중하기 위해서는 대상을 구별할 용기가 필요하다. 아침에 눈을 떠서 잠자리에 들기까지 일상을 소중한 일들로만 채운다면 얼마나 뿌듯할까. 그리고 그것들 사이에는 휴식과 성찰을 위한 빈 공간을 남겨두자. 우리가 처리해주기를 바라는 수많은 일들을 자신이 공들여 처리해야 할 것, 적당히 하고 넘어갈 것, 그냥 알고만 있어도 되는 것, 무시할 것, 다른 사람에게 부탁할 것 등으로 구별해보자. 저마다 중요하다고 떠들 테지만 자신에게 정말 중요해서 공을 들여야 하는 일은 별로 없다는 사실을 알 수 있다.

일거리를 구별하는 것은 흔히 말해왔던 우선순위 부여하기와는 조금 다르다. 우선순위라는 말 자체가 순위는 조금 밀리지만 언젠가는 해야 하는 일이라는 인식을 안겨주기 때문이다. 그러나 구별 짓기는 소중한 일에만 정성을 쏟고 그렇지 않은 일에는 무심할 정도로 시간과 노력을 아끼는 것이다. 쉽게 말해 단순화 시키는 것이다. 처음에는 지지부진하더라도 시간이 지나면서 소중한 일들만 남게 될 것이다.

일거리는 물론이고 관계에 대해서도 구별은 필요하다. 사람은 존중하되 관계 맺음에는 분명 깊이의 차이가 있음을 인정해야 한다. 그리고 그에 따라 대접을 달리 해야 한다. 역으로 자신이 다른 사람과 다른 대접을 받는 것에 대해서도 속상해 할 필요가 전혀 없다. '이 사람은 나와의 관계를 이 정도로만 생각하는구나' 하면 그만이다. 물론 이것은 어디까지나 관계의 성질이나 종류에 따라 구별을 하는 것이지 등급을 매겨 차별하는 것과는 다르다.

유념할 것은 관계 맺음이 개인의 목표 달성이나 이익에 얼마나 기여하는가 하는 이해타산의 측면에서만 이뤄진다면 세상이 참 각박하고 매정해질 수 있다는 것이다. 그러니 자신과 유사한 가치를 추구하고 공감할 이야깃거리가 있으며 함께함으로써 에너지가 샘솟게 되는 사람이라면 매우 소중하게 대해야 한다. 법정 스님의 말처럼 진실된 사람에게는 진실을 쏟아 부어도 된다.

〈모두에게, 모든 일에 집중할 수는 없다〉

우리는 주어진 일이라면 뭐든지 완수해야 한다는 책임감에 빠져 있다. 그러나 그것은 그릇된 망상에 지나지 않는다. 정말 중요한 일에 집중하지 않는다면 예상 밖의 결과에 무책임한 쓴웃음만 보이게 될 것이다. 정신을 혼미하게 하고 집중력을 흐트러뜨리는 일에 대해서는 단호하게 '아니오'라고 말해야 한다. 다른 사람의 부탁을 들어주는 것이 결국에는 도움이 될 것이라는 착각도 위험하다.

직장에서 자신의 일을 제쳐두고 남을 우선 돕는 사람이 있는데 이들에게 필요한 것도 때로는 '아니오'라고 말할 수 있는 용기이다. 타인을 배려하고 도와주는 건 아름다운 일이며 때로는 희생을 선택하는 게 모든 면에서 좋을 때도 있다. 문제는 정도와 빈도이다. 인간관계 때문에 어쩔 수가 없다며, 직급이 낮아서 거절할 도리가 없다며 이 일 저 일 모두 다 떠안게 된다면 결국 지쳐 먼저 나가떨어지는 것은 바로 자신이다.

Homo
Unaskus

많이 일하지만 좋은 결과를 얻지 못한다
시간낭비라는 생각이 자주 든다
매사에 노력한다

Homo
Askus

적게 일하고도 만족스런 결과를 얻는다
시간낭비라는 생각은 좀처럼 들지 않는다
본질과 핵심에만 집중하고 노력한다

삶의 균형을 잡고 있는가?

균형은 '같음'이 아니라
'넘어지지 않는 것'이다

　　　　　　일과 삶의 균형이 사회의 이슈로 떠
오른 것은 2000년대 후반인 것으로 기억한다. 국가 경쟁력도 결국은
평안한 가정에서 출발한다는 사실을 인지한 정부도 '일과 가정의 행복
한 균형'을 위한 『일家양득 대국민 캠페인』을 2013년 2월부터 추진하
고 있다.

　사실 일에 치우진 우리의 생활 방식이 위험 수위에 이르렀음을 보여
주는 징후는 곳곳에서 나타나고 있었다. 2013년 통계청 자료를 보면 근
로자 10명 중 4명은 하루 평균 1시간 이상 야근을 하는 것으로 나타났
다. 평균이 이 정도이니 늦은 밤까지 일하는 날도 적지 않다는 것을 짐

작할 수 있다. 또한 조사에서 제외된 소규모 작업장이나 비정규직 근로자 등의 근로실태를 포함시킨다면 야근 실태는 더욱 나쁠 것으로 보인다. 또한 10명 중 7명은 자기계발이나 휴식 등이 부족해 업무 효율과 집중력이 떨어지는 것으로 응답했다. 더 심각한 것은 10명 중 3명이 부여된 휴가의 절반도 사용하지 않는다는 것인데 그 이유는 직무 특성, 처리할 업무 존재, 상사 눈치, 인사고과 우려 등이 대부분이었다.[16]

정부의 발표에 따르면 고용노동부 등 6개 정부부처와 30개 공공기관, 삼성전자, 현대자동차 등 77개 기업, 전국경제인연합회, 대한상공회의소 등 9개 경제 및 사회단체가 이 캠페인에 참여한 것으로 나타났다. 이렇게 많은 조직들이 일과 삶의 균형을 찾기 위해 다 같이 노력하겠다는 의지를 공표한 것이다.

그렇다면 우리의 삶은 앞으로 크게 바뀔까. 정말 일과 삶에서 균형을 찾을 수 있을까? 칼퇴근을 하면서 저녁이 있는 삶을 꿈꿨는데 과연 그렇게 될 수 있을까? 필자는 여전히 요원한 일이라고 생각한다. 왜냐하면 균형에 대한 정의도 불분명할 뿐 아니라 우리의 의식이 여전히 1900년대를 벗어나지 못하고 있기 때문이다.

먼저 균형의 정의부터 살펴보자. 균형을 균등이나 평등과 착각하는 사람들이 있는데 균형은 리듬과 관계가 있다. 좌우 수평을 맞춰 미동도 않는 것이 균형일까? 그렇지 않다. 우리 삶은 결코 그럴 수 없다. 오히려 균형이란 넘어지지 않는 것이다. 배는 격렬히 좌우로 흔들려도 배의 중

---

16 관계부처 보도자료(2013. 2. 18) 『'일과 가정의 행복한 균형'을 위한 일家양득 국민 캠페인을 시작했다』

심이 흔들리지는 않는다. 줄타기 명인들은 좌우로 흔들리면서도 내려올 때까지 일관되게 중심을 유지한다. 바로 그것이 균형이다. 끝없이 흔들리고 좌우를 오간다. 하지만 결코 넘어지거나 떨어지지 않는다.

삶을 대하는 우리의 태도는 크게 두 가지로 나눌 수 있다. 첫 번째는 성난 황소를 대하듯 열정과 투지, 끈기, 집념을 발휘해야 한다는 입장이다. 이런 사람들에게는 목표를 세워 성취해 나가는 과정이 삶 그 자체다. 주어진 삶을 최대한 성실히 정성을 다해 사용하는 것이다. 두 번째는 잔잔한 바닷가 선착장이나 호숫가 벤치에 앉아 해 지는 노을을 바라보듯 일상의 여유와 낭만을 즐기는 것이다. 이런 사람들에게는 하루하루의 소소한 경험들이 곧 인생이 된다. 주어진 삶을 천천히 맛보며 한 페이지씩 책장을 넘기는 것이다.

다소 극단적인 이 두 입장은 사실 우리 내면에 모두 잠재되어 있는 욕망이다. 우리는 열정적으로 뭔가를 추구하여 쟁취하고도 싶고 안락한 의자에 몸을 기대고 앉아 일상의 여유와 낭만을 느끼고 싶어도 한다. 일 중독자나 한량이 아닌 다음에야, 누구나 이 둘의 적절한 조화를 바란다. '조화롭다'의 기준은 각자의 가치와 철학에 따라 다를 테지만 치열할 만큼 열정을 쏟다가도 잔잔한 강물의 일렁임에 마음이 짠해지는 게 바로 우리의 삶이라고 생각한다. 그러나 극단의 지점에서 옴짝달싹 못하는 현대인들은 성공이라는 목표를 쟁취하기 위해 너무 치열하거나, 목표조차 없어 너무 한가로워 보인다.

대립되는 가치에 언제나 동일한 무게를 실어줄 수는 없다. 치열함 속에서도 여유를 발견하고, 평안함 속에서도 열정적인 일을 만들어내는 것이 바로 균형 잡힌 삶이라 믿는다.

리듬 타듯이
좌우를 넘나들어라

미친 듯이 일에 몰두하다가도 다시금 여유를 찾고 가정에 충실하면서도 자신의 일에 있어서 철저한 사람을 보면 어떻게 그 모든 일들을 다 해내는지 경이롭다. 그리고 이런 사람들의 상당수는 때때로 세상 모든 일에 무관심한 듯 어느 하나에만 몰입해 새로운 가치를 만들어내기도 한다. 이처럼 일과 삶이라는 다소 상반되는 일에 자유자재로 무게를 옮길 수 있는 사람은 균형 감각이 뛰어난 사람이다. 이들은 어느 한쪽으로 무게가 쏠려 넘어지지 않는다. 팔다리는 흔들리더라도 무게 중심은 결코 중앙을 벗어나지 않기 때문이다.

덴마크의 성공한 기업가인 마틴 베레가드(Martin Bjergegaard)는 1년에 8주의 휴가를 가고 주 35시간 이상 일하지 않는다. 그러면서도 그가 직접 경영하는 '회사를 만드는 회사' 레인메이킹의 연매출은 5,000만 달러를 넘는다. 그가 대충대충 일한다고 말할 수 없다. 그는 치열하게 일하지만 쉴 땐 확실히 쉰다. 균형 감각이 대단한 사람이라고 할 수 있다.

반면 필자의 주변에는 일을 좋아하는 사람이 많다. 그런데 신기한 것은 야근을 해도 큰 불만이 없고 주말을 사무실에서 보내면서도 투덜거리지 않는다는 것이다. 가족들 또한 열심히 일하는 아빠나 남편을 응원할 뿐, 왜 일에만 파묻혀 사느냐고 섭섭해하지 않는다. 가끔 하는 나들이나 외식, 저녁 늦게 즐기는 한 잔의 맥주만으로도 이들은 충분히 삶을 즐기고 있다 생각하기 때문이다. 일반적으로 봤을 때 이 가족들은 여가활동이 부족하고, 아빠가 아이들과 함께하는 활동이 거의 없으며, 오직 일에만 매달려 사는 것처럼 보일 것이다. 그러나 이들은 불평이 없으며 현실에 만족해한다. 오히려 건강하고, 일이 있다는 사실에 감사해한다. 이들에게 마틴 베레가드를 소개하며 더 많은 휴가를 가라고 권할 생각은 없다. 일과 삶 사이에서 균형을 잘 잡고 있는 이들에게 굳이 파장을 일으킬 필요는 없기 때문이다.

일과 삶의 균형을 유지하는 일종의 리듬은 사람마다 다르다고 생각한다. 그것은 '일과 삶의 균형'이라는 개념을 몰라서가 아니라 만족의 정도 차이 때문이라고 본다. 가족이나 일에서 얻는 성과에 대한 만족, 즉 어떤 이들은 이틀에 걸쳐 캠핑을 가야만 가족과 함께 주말을 보낸 것이지만 누군가에게는 그저 30분간의 산책과 깊이 있는 대화만으로도 가족을 충분히 보살피는 것이기 때문이다. 두 가족 모두 비슷한 만족을 얻는다면 전혀 다른 활동으로도 일과 삶의 균형은 유지되는 것이다. 이런 개념은 활동의 중류, 횟수, 시간 등에도 동일하게 적용된다.

그러므로 다른 사람들의 균형 리듬을 무작정 부러워할 필요는 없다. 매주 가족과 나들이를 가고, 여름마다 보름씩 해외여행을 하고, 금요일마다 모여서 저녁을 먹는 것이 당신에게는 적합하지 않을 수도 있다. 필자는 여기에도 일종의 유행이 존재한다고 생각한다. '일과 삶의 균형'이 화두가 되면서 이를 성취하는 방법도 마치 동일하게 적용해야 할 것처럼 인식되고 있다는 말이다.

1주일에 두 번은 가족과 함께 저녁식사를 해야 한다고 생각하는가? 구성원이 모두 동의하지 않았다면 아침식사를 챙기는 것이 바람직할 수도 있다. 장성한 아들이나 딸은 사회생활에 더 무게를 두고 있을지도 모른다, 적어도 지금은. 일 걱정 없이 아내와 함께 해외여행이라도 한 번 다녀오고 싶은데 10년째 엄두를 못 내고 있는가? 아내가 진정 바라는 것은 늦은 저녁 함께 장을 보면서 무거운 장바구니를 들어주는 것처럼 소박한 것일지도 모른다.

많은 이들이 일과 삶의 균형을 생각하면서 정시 출퇴근, 주말 보장, 연 20일 가량의 휴가를 떠올린다. 아이들의 학예회나 체육대회에 가기 위해 휴가를 쓰거나 조퇴하겠다고 편하게 말할 수 있는 직장 문화를 상상하기도 한다. 그러나 정말 '일과 삶의 균형'을 위해 할 수 있는 일은 각자의 가치관과 상황에 따라 다를 수밖에 없다. 그리고 더 중요한 것은 그것을 성취하기 위해 해야 할 일들을 시도하고 도전할 용기가 있느냐하는 것이다.

일에 대한 열정만으로는 부족하고 일상의 여유나 낭만만으로도 우리의 인생은 아쉽다. 둘 모두가 적절히 채워져야 한다. 건강에 이상이 생기거나, 가족과의 관계가 소원하거나, 공허함이 밀려오거나, 불안감이 엄습한다면 이런 질문을 한번 던져보자. 지금 나에게 필요한 것은 무엇인가? 나의 삶에는 어떤 리듬이 있을까. 지금 균형 잡힌 생활을 하고 있는가?

필자는 매주 목요일 반나절을 이것저것 배우는 아내와 함께 집 주변의 문화센터에 동행하는데 필자가 할 일은 셋째 아이를 보는 일이다. 배움의 기쁨을 아는 아내는 늘 새로운 것을 배우는 데 열심이다. 일확천금을 벌어주는 것보다 아내에게는 뭔가를 배울 수 있는 기회를 주는 것이 더 가치 있다. 그걸 알기 때문에 필자는 공개된 장소에서 아이 돌보는 일을 마다하지 않는다. 아이가 잠을 자는 횡재라도 얻으면 유모차가 들어갈 수 있는 조용한 공간을 찾아가 노트북을 펼친다. 상황이 여의치 않으면 눈을 돌려 글감을 찾거나, 떠오르는 생각을 메모한다.

물론 자유롭다는 직업적 특성도 있지만 결코 쉬운 선택은 아니라고 생각한다. 글을 쓰는 사람 중에는 아침부터 밤까지, 주말을 포함하여 책상을 떠나지 않는 사람도 있다. 남자들에게는 손님의 95% 이상이 아주머니인 문화센터 인근의 유명한 한식당에서 점심 먹는 일이 썩 즐겁지는 않다. 하지만 필자는 이런 것들을 받아들이는 식으로 나름대로의 해법을 찾아 삶의 균형을 이뤄가고 있다. 여러분도 스스로에게 맞는 균형 리듬을 찾아보고 그것에 따라 다양한 방법을 고민해보자. 일에 지장을 주지 않으면서도 가정에 충실할 수 있고, 가정적이면서도 똑 부러지게 일할 수 있는 방법을 반드시 찾을 것이다.

균형의 조화

필자는 지금까지 균형이란 '같음'이 아니라 '넘어지지 않는 것'임을 설명했다. 또, 자신의 가치와 철학, 주어진 상황에 맞는 방법을 찾아 그것을 실천하는 것이 중요하다고도 했다. 이번에는 이를 조금 더 확장해서 살펴보려 하는데 균형의 조화에 관해 말해보려고 한다.

균형이란 것은 개인만의 문제가 아니다. 특히 조직에 몸담고 있다면 자신의 '일과 삶의 균형'도 중요하지만 타인의 그것도 중요하다는 사실을 알아야 한다. 이것은 결국 배려와 소통에 관한 것이며 관료 조직과 같이 연공서열을 중시하는 조직의 문화, 또는 업무 분장에 관한 것이기도 하다.

조직 생활을 하면서 일하는 사람만 일한다는 생각이 들 때처럼 힘 빠지는 순간도 없다. 조직에서는 같은 직급이라도 어떤 직책에서는 쉬엄쉬엄 일해도 별 표시가 안 나지만 어떤 직책에서는 늘 머리를 짜내야 하며 조금만 방심해도 금방 표시가 난다. 그런데 봉급은 차이가 없고 인사고과에서도 별 혜택이 없다. 다만 그 일을 잘 안다는 이유로, 혹은 조직의 여러 문제들 때문에 쉽사리 자리를 바꾸지도 못한다. 때로는 쉬엄쉬엄 일하는 자리만 골라 앉으면서도 뛰어난 사내정치력을 발휘하여 승승장구하는 사람을 보곤 하는데 이럴 때는 진짜 조직을 떠나야겠다는 생각이 든다.

일과 삶의 균형을 지켜주겠다면서 부부의 날이나 가족의 날을 지정하여 정시에 퇴근하라고 말하지만 결국 일하는 사람만 남아서 일하는 경우를 얼마나 많이 보았는가. 균형에서 소외되는 유능한 인재들이 자기 일에 애착을 가지고 조직을 챙길 가능성이 얼마나 될까.

또 개인의 입장에서도 마찬가지이다. 자신의 균형 잡힌 삶을 위해 부하에게 일을 떠넘기거나 퇴근 전에 아침까지 완성할 업무를 부여하는 일은 타인의 균형을 흔드는 일이다. 자신에게도 중요하다면 타인에게도 중요할 수 있다. 부하들도 마찬가지다. 퇴근 시간이 임박했다고 대충 보고서를 만들어 상사에게 던지고 사무실을 빠져나가면 안 된다. 결국 책임을 가진 상사는 밤새 보고서를 수정하고 데이터를 만지게 된다. 이 또한 타인의 균형을 무너뜨리는 행동이다. 결국 구성원 각자의 균형이 동등한 수준으로 유지될 때 조직의 균형도 지켜낼 수 있고 그것이 소통에 어려움이 없는 조직이 되는 길이라고 본다.

가정에서도 그렇다. 대부분의 기혼 남성은 고된 직장일이 끝난 뒤에는 집에서 편히 쉬기를 원한다. 때로는 친구를 만나 소주 한잔 기울이며 직장 상사 험담도 하고 자신처럼 불확실한 미래를 두려워하는 동무가 있다는 사실에서 위안을 얻고 싶어 한다. 일과 삶의 균형을 유지하기 위한 방법이다.

그러나 자신의 배우자 또한 균형을 필요로 한다는 사실을 알아야 할 것이다. 워킹맘이 상대적으로 주목받는 반면 소위 아줌마라 불리는 전업 주부들은 사회의 관심에서 소외되어 있다. 하루 세 끼의 식사를 준비하는 게 얼마나 고된지 아는가. 돌아서면 설거지 거리가 쌓이고 점심을 준비하면서 저녁 반찬을 걱정한다. 자식들의 사소한 투정에 마음이 상하지만 가사에서 해방될 확률은 제로에 가깝다. 해도 티가 안 나는 일뿐이라 보람을 느끼기 어렵지만 잠시만 손을 놓으면 남편과 자식들의 불만이 얼굴에 묻어난다. 주목받지 못하는 이들의 일과 삶의 균형은 어떻게 찾아줘야 할까?

사람마다 정도의 차이는 있겠지만 아내의 가사를 분담하는 일은 남편의 직종과 무관하게 반드시 이뤄져야 한다. 한국보건사회연구원의 『저출산 시대의 가사 노동 및 자녀 돌봄 시간 변화와 시사점(2015년 3월)』이라는 이슈페이퍼를 보면 미취학 자녀 혹은 초·중·고등학생 자녀를 둔 20~59세 성인 기혼 남녀가 가정을 관리하는 데 얼마나 많은 시간을 사용하는지 알 수 있다. 1999년에는 남성이 하루 평균 19분, 여성은 231분을 음식준비, 의류관리, 청소 등을 하는 데 사용했다. 2004년 조사에서는 각각 22분과 211분으로 전체적인 시간도 줄어들었지만 남자의 가사 분담률이 조금 증가한 것을 확인할 수 있다. 최초 조사에서 10년이 지난 2009년에는 남성이 26분, 여성은 204분을 사용하는 것으로 나타났다. 남성의 가사 분담률은 7.6%, 9.4%, 11.3%로 서서히 증가하고 있지만 미비한 실정이다. 게다가 이것은 어디까지나 평균적인 수치이다. 우리 주변에는 여전히 "나는 집에서 손가락 하나 까딱하지 않는다, 집안일은 아내가 다 알아서 한다"와 같은 말을 자랑처럼 하는 남자들이 흔하다.

남성이 보통 직장을 다니기 때문에 이런 조사 결과를 당연하게 생각하는 사람도 있을 것이다. 그러나 맞벌이 가정을 대상으로 한 조사 결과를 보면 이런 말을 내뱉은 자신이 부끄러워질 것이다. 2010년 통계청 자료에 따르면 배우자와의 가사노동분담에 대한 공평성 인지 조사에서 3,030명(남성 1,565명, 여성 1,465명)이 응답을 했는데 남성의 63.6%, 맞벌이 남성의 경우 69.4%가 여성에게 불공평하다고 느끼고 있었다. 10명의 남성 중 6~7명은 가사 분담이 부당하다는 것을 알고 있다는 얘기다.

물론 죽어도 집안일은 여자가 해야 한다고 생각한다면 아내를 도우라고 강요하고 싶지 않다. 인간은 누구나 자신의 신념에 따라 살아가는 것이니까. 그러나 위의 통계처럼 부당하다고 생각하면서 그것을 바로 잡지 않는다는 것은 문제라고 생각한다.

당신의 균형도 중요하지만 함께 살아가는 주변 사람들의 균형도 함께 생각할 때가 되었다. 삶의 진정한 균형은 혼자 이룰 수 없다. 자신과 관계 맺고 있는 가족, 동료, 친구들과 함께 균형 잡힌 삶을 만들어갈 때 일과 삶 모두에서 진정한 행복을 느낄 수 있을 것이다.

Homo
Unaskus

'일과 삶의 균형'도 유행을 따른다
직업적 성공을 인생의 성공으로 규정한다
불편한 건 같지만 집보다는 사무실이 낫다

Homo
Askus

'일과 삶의 균형'에 확고한 주관이 있다
직업적 성공을 인생의 일부로 규정한다
일터에서 인정받고 가정에서 존경받는다

어려움을
마주할 때
그 리 고
목적지에
들어서며

PART 4

계획 없는 목표는 한낱 꿈에 불과하다

생텍쥐페리

CHAPTER

여전히 목표를 갈망하는가?
그리고 달성을 확신하는가?

꿈을 위해
장애를 택한 남자[17]

                     불운한 암벽등반가가 있었다. 2000년, 그는 키르기스스탄에서 맞이한 자신의 22번째 생일 바로 다음 날, 암벽 등반을 하던 도중 동료 3명과 함께 국제테러조직 알카에다와 연계된 우즈베키스탄 계 극단 이슬람조직에 붙잡혔다. 죽을 수도 있다는 극심한 공포 속에서 6일을 버티다가 감시병이 방심한 틈을 타 절벽으로 그를 밀어 넣고 탈출에 성공했다. 그러나 그는 인질 생활의 충격, 사

---

17 조선일보 기사(2015. 1. 23.) 『오직 손과 발, 육체의 힘으로 '불가능의 벽'을 타고 오르다』, 월간 산 2015년 2월호 『토미 콜드웰의 요세미티 돈월 자유등반』, 한국일보 기사(2015. 1. 14) 『9개의 손가락으로 세계 최고난도 2,300m 수직벽 맨손 무한도전』, 미국 간행물 Camp4 기사(2001. 12. 31) 『Tommy Caldwell Looses Finger』, National Geographic News('2003. 5. 23)『Climbers Recount Kidnapping In Kyrgyzstan』을 참고하여 각색함

람을 죽였다는 죄책감 등으로 실어증에 빠지고 말았다. 다행히도 1년쯤 지난 뒤부터 말을 다시 하게 되었는데 죽은 줄만 알았던 감시병이 살아 있다는 소식을 접한 뒤였다.

그러나 얼마 뒤인 2001년 겨울, 집 내부 공사를 위해 톱질을 하던 중 왼손 검지가 절단되었는데 친구의 도움으로 절단된 손가락을 찾아 접합수술을 할 수 있었다. 불행 중 다행으로 수술은 성공적이었다. 하지만 왼쪽 검지가 예전 같은 악력을 발휘하지 못한다는 것은 자명했다. 손끝의 힘과 감각에 의존해 목숨을 걸고 암벽을 오르는 등반가에게는 치명적인 부상임에 틀림없었다. 키르기스스탄에서 이어진 불운은 그의 영혼에게 이제 등반을 그만두라고 말하는 듯했다.

만약 여러분이 그였다면 앞으로의 삶을 어떻게 설계할 것인가? 만약 여러분이 그의 친구라면 어떤 말로 그를 위로할 생각인가? 등반가로서의 삶인가 아니면 암벽이 아닌 새로운 터전인가? 절망에 빠진 그의 이야기는 최근 이렇게 이어졌다.

2015년 1월 14일, 불운한 암벽 등반가는 동료 케빈 조르게슨(Kevin Jorgeson)과 함께 미국 캘리포니아주 요세미티 국립공원의 거대한 암벽인 엘 캐피탄(El Capitan) 정상에 오르는 데 성공했다. 이들은 무려 19일을 암벽에 매달린 채 사투를 벌였다. 엘 캐피탄의 정상에 이르는 등반 루트는 이미 100개 이상이 있었지만 이들이 개척한 루트는 악명 높은 '여명의 벽(Dawn Wall)'을 통과하는 길이었다. 지금까지 그 누구도 장비나 도구의 도움 없이 맨손만으로는 이곳을 등반하지 못했다. 열 손가락을 모두 가진 이들도 정복하지 못한 '여명의 벽'을 손가락 9개로 오른 것이다. 세상 모든 언론이 그의 끝없는 도전과 의지에 찬사를 보냈다.

불운한 암벽 등반가의 이름은 토미 콜드웰(Tommy Caldwell). 식을 줄 모르는 도전정신과 불굴의 의지로 암벽등반가들 사이에서 전설로 통하고 있다. 그는 검지 절단 사고 후 예전 같은 기량을 발휘하지 못할 것이 분명해지자 손가락 접합을 위해 받고 있던 치료를 중단하기로 결심했다. 그는 힘없는 검지가 암벽을 등반하는 데 오히려 장애가 될 것이라고 판단했다. 영원히 검지를 쓸 수 없을 것이라는 의사의 위협에도 굴하지 않고 그는 왼손 검지를 떼어내기로 결정한 것이다. 암벽 등반가로서 자신의 정체성을 지킬 수 있다면 손가락 따위는 문제가 되지 않았다. 암벽을 너무 사랑했고 그곳에 매달려 두려움과 고통을 이겨내는 매 순간 살아있음을 느꼈기 때문이다.

그는 손가락을 포기한 후 재기를 위해 피나는 노력을 했다. 케빈 조르게슨과는 2009년에 한 팀을 결성했고 2010년부터 '여명의 벽' 도전에 뛰어들었다. 그러나 첫 도전은 예상치 못한 악천후로 내려와야 했고 2011년의 두 번째 도전에서는 절반가량 올라간 조르게슨이 다이노 동작(멀리 있는 홀드를 잡기 위해 일종의 점프를 하는 것)을 하다가 추락하면서 심각한 발목 골절상을 당해 포기해야 했다. 2년 뒤 세 번째 도전에서는 콜드웰이 홀백(운반용 자루)을 떨어뜨리며 갈비뼈 골절상을 입어 두 달간의 등반을 멈춰야 했다.

해발 2,307m의 엘 캐피탄에 위치한 높이 914m의 '여명의 벽'은 그야말로 난공불락이다. 통상 암벽의 난도(難度)는 등반에 성공한 사람이 결정하는데 가보지 않고는 알 수가 없기 때문이다. 콜드웰 역시 '여명의 벽'의 난도를 말해주었는데 5.14급 피치(루트 전체는 몇 개의 피치로 나뉨. '여명의 벽'은 총 30개 피치로 구성)가 6개, 5.13급 피치가 12개나 되었고 5.14급 중에서도 가장 어려운 5.14d 피치도 2군데나 되었다고 한다. 암벽 전문가들에 따르면 5.14급 난도를 극복하려면 한 손가락의 한 마디만으로 턱걸이를 할 수 있어야 한다고 한다. 상상이 되는가. 게다가 높이가 수백 미터에 이르는 암벽에서 죽을 수도 있다는 공포를 이겨내면서 이런 힘을 발휘하는 것은 결코 쉬운 일이 아니다. 이 정도의 난도는 다른 어떤 루트와도 비교할 수 없다는 것을 반증하는 것이다.

콜드웰이 이번에 '여명의 벽'을 등반한 것은 네 번째 도전이었다. 그는 등반을 위해 집을 나서며 이런 글을 남겼다.

"늘 아버지로서의 모습을 생각한다. 가르치는 최고의 방법은 모범을 보이는 것이란 사실을 잘 안다. 그런 의미에서 '여명의 벽'은 아들에게 낙관적 사고, 인내, 헌신, 야망과 같은 가치를 보여줄 수 있는 최고의 장소이다."

두려움은 늘 우리를 불안하게 한다. 하지만 결국 우리는 이길 것이다. 두려움을 이길 수 있는 용기는 바로 두려움 너머에서 우리를 기다리고 있다. 어떤 삶을 살 것인가? 어떤 사람으로 살아갈 것인가? 거기에 대한 확신이 선다면 어떤 어려움도 우리를 주저앉게 할 수 없다. 돌아가느라 시간이 걸리고, 심지어 비정상이라는 소리를 들을지언정 우리의 꿈을 빼앗을 수는 없기 때문이다.

콜드웰은 "암벽을 오를 때 발 아래로 불길이 타오르고 있는 것 같은 두려움도 느꼈지만 이런 것이야말로 인생을 신나게 살아가는 방법 중 하나일 것이다"라고 말했다. 그도 두려움을 느낀다. 그러나 그것을 회피하지 않고 삶의 한 부분으로 인정하고 받아들인다. 오히려 그것을 극복한 뒤 맞게 되는 쾌감을 본다. 실패하더라도 또 시도하고 도전하면 된다. 끈기는 이런 마음가짐에서 나오는 것이리라.

실제 콜드웰은 근육이 뭉치고 손가락 끝의 피부가 다 벗겨지는 고통과 추락할 수도 있다는 공포를 늘 곁에 두면서도 동행하는 사진기사의 모델이 되고 또 직접 사진을 찍기도 했다. 그리고 쉬는 시간을 이용해 페이스북으로 자신의 상황을 전 세계에 공유했다. 다음 돌을 잡기 위해 점프하다 떨어지는 모습, 세 손가락의 세 마디만으로 작은 돌부리를 붙잡고 허공에 매달린 그의 모습은 전 세계인이 그를 응원하게 만들었다.

우리는 저마다 '여명의 벽'을 갖고 있다. 쉽사리 자리를 허락하지 않고 모진 시련을 줄지언정 그 목표는 마치 암벽처럼 오랜 시간 변함없이 그곳에 서 있다. 우리가 성취해내길 기다리고 있는 것이다. 한 번에 뭘 얻으려 기대하지 말라. 적어도 우리에게 손가락을 요구하는 일은 아니지 않는가.

끈기도 결국은
선택의 문제이다

영웅들이 보여주는 불굴의 의지는 충분히 본받을 만하다. 그러나 감히 흉내 내기 어려워 보이며 그들이 하는 일은 평범한 우리와 좀 달라 보인다. 게다가 고통을 감내하는 모습은 경이롭지만 그 고통을 내가 경험하고 싶지는 않다. 우리는 끈기나 인내와 같은 주문에 식상함을 느낀다. 뭔가를 참고 견뎌야 한다는 사실에 신물이 났다. 아픈 게 청춘이라고, 실패는 성공의 어머니라고, 고난을 이겨내야 성장한다고 말하지만 당장 사는 게 너무 힘들어 공감이 가지 않는다. 도대체 얼마나 더 힘들어야 좀 나아진다는 말인가.

'끈기'라는 단어는 두 가지의 의미를 갖고 있는데 하나는 '물건의 끈끈한 기운'이며 다른 하나는 '쉽게 단념하지 않고 끈질기게 견디어 나가는 기운'이다. 이 말의 어원을 뿌리 '근(根)'에서 찾는 사람들이 있긴 하지만 국립국어원에서도 명확한 어원은 찾을 수 없다고 한다. 다만 '끈끈하다'의 어근인 '끈끈'에서 유래했다고 보는 것이 더 타당하다는 설명이다. 개인적으로는 물건을 묶거나 연결할 때 쓰는 '끈', 혹은 인연이나 관계를 비유적으로 이르는 '끈'이란 말과도 연결이 되지 않을까 생각한다. 끈기란 어떤 대상에게서 떨어지지 않고 끈질기게 나가는 것이므로 행동의 주체와 그 대상이 하나로 묶여 있거나, 질긴 인연을 맺고 있는 것이라 생각하는 것도 터무니없어 보이지 않기 때문이다.

끈기는 결국 떨어지지 않는 것이다. 대상이 정해지면 그것을 성취할 때까지 끝없이 고민하고, 행동하고, 시간을 쏟아붓는 것이다. 그러므로 끈기 있는 사람은 계획이 조금 틀어지거나 예상 밖의 결과가 나오더라도 그 목표를 절대 놓지 않는다. 목표와 함께하기로 마음을 먹었기 때문이다.

이런 끈기가 발휘되기 위해서는 두 가지의 믿음이 필요하다. 먼저 그 목표가 정말 성취해야 할 대상이라는 확신이다. 자신에게 정말 필요한 일이라면, 양보할 수 없는 가치를 손상시키지 않는 한, 그 일을 포기하는 것은 옳지 않다. 이를 위해서는 목적의식을 가져야 한다. 명분이 분명하다면 끈질기게 쟁취해야 한다. 하지만 적지 않은 경우 고난에 봉착하면 생각이 바뀐다. '굳이 이 목표를 성취해야 할까, 다른 방법이 있지 않을까, 지금은 그때와 상황이 달라'라고 말하며 목표를 의심하게 된다.

어려움을 마주하면 마음속에서 이런 생각이 자라는 게 당연하다. 우리의 뇌는 유익한 것보다는 익숙하고 편한 것을 찾도록 진화되어 왔기 때문이다. 이를 이겨내지 못한다면 가장 큰 동력이 사라진 셈이므로 목표를 놓아주는 것이 바람직하다. 목표에 대한 열정이 사라질 수 있음을 의아해할 필요는 없다. 오히려 동일한 효과를 얻을 수 있는 다른 목표를 찾는 것이 낫다. 애정이 떠난 대상에 에너지와 시간을 기울일 필요는 없다. 그간 들인 공이 아깝더라도 포기하는 것이 옳다.

두 번째는 그 목표를 성취할 수 있다는 신념이다. 여기에는 직관과 합리적 사고가 필요하다. 포기하지 못하는 상황을 변명하기 위한 '근거 없는 자신감'이나 '미련'이 아니라 누구에게도 설명할 수 없는 주관적인 근거가 바로 직관이다. 직관이 성공을 점친다면 끈기를 발휘해도 좋다.

또 객관적인 데이터들이 현재 하고 있는 일을 지속하는 게 합리적임을 뒷받침한다면 어려움을 참아내더라도 그렇게 하는 게 맞다.

그런데 만약 직관과 합리적 사고가 서로 다른 답을 내놓는다면 개인의 가치관이나 철학에 따라 어느 것을 기준으로 삼을지 선택하면 된다. 다만 자신이 놓인 환경을 고려할 필요가 있다. 애플, 구글, 페이스북 같은 혁신기업의 창업과 성공은 합리적 사고가 아닌 직관이 만들어낸 결과이다. 반면 정부나 대기업 같이 수직적이고 연공서열을 중시하며 논리가 지배하는 조직에서는 직관보다 합리적 사고가 원하는 바를 얻게 해줄 확률이 높다.

손가락을 잃으면서까지 자신의 목표를 찾아 떠난 암벽등반가 토미 콜드웰의 행동을 이해하지 못하는 사람도 있을 것이다. 인생을 대하는

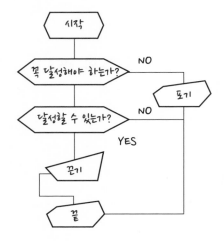

〈끈기는 언제 발휘해야 하는가?〉

자세가 다르듯 목표를 대하는 자세도 다르기 때문이다. 그러나 사랑을 해 본 사람만이 사랑에 빠진 사람의 서툰 행동을 이해하듯 열정을 바칠 만한 목표를 갖고 있는 이들은 콜드웰의 행동에 공감할 것이다. 그는 죽는 순간까지도 등반가이길 원했고, 그 분야에서 최고가 될 수 있다고 믿었을 뿐이다. 이것은 그가 수많은 고난과 실패를 이겨내고 여전히 등반가의 길을 걷고 있는 이유이다.

믿음이 없는데도 불구하고 끈기를 발휘한다면 그것은 고집에 지나지 않는다. 목표가 달성될 리도 없고 아까운 시간과 에너지만 낭비하는 셈이다. 우리 주변에는 부모님의 눈치나 주변사람들의 시선 때문에, 마땅히 할 일이 없어서, 이미 들인 노력과 시간이 아까워서, 다른 대안이 없어서 포기하지 못하고 지속하는 사람들이 있다. 이건 끈기가 아니라 어설픈 고집이다. 결코 이런 꿈은 손에 잡을 수 없다. 끈기도 결국은 선택의 문제이다.

끈기의 적, 호기심

〈터미네이터〉, 〈타이타닉〉, 〈아바타〉 등 초대형 공상과학 영화를 제작한 제임스 카메론(James F. Cameron) 감독은 '상상을 현실로 만드는 시작은 호기심'이라고 했다. 어린 시절 공상과학 소설에 빠져 살았던 그는 학교 수업이 없는 날마다 숲에서 체험을 하며 개구리나 뱀 등을 잡아 현미경으로 살펴볼 정도로 호기심이 강한 아이였다. 우연히 심해 탐사에 관한 다큐멘터리를 시청하면서 바다 속에 공상 과학적 요소가 모두 들어있음을 발견했다. 그는 바다와는 600마일이나 떨어진 캐나다 내륙의 작은 마을에 살았지만 아버지를 졸라 국경 너머 미국의 뉴욕 주 버팔로에서 스킨스쿠버 자격증을 땄다. 지금까지 바다 속에서만 3,000시간을 보낸 그는 섭씨 500도가 넘는 심해 열수구 주변에 서식하는 생물처럼 상상조차 할 수 없었던 것들을 직접 목격하며 자연의 상상력에 놀랄 수밖에 없었다. 그리고 이런 경험은 영화에 대한 영감으로 이어졌다.

탐험가로서의 기질이 다분한 그는 〈타이타닉〉 영화가 흥행에 성공한 뒤, 로봇 잠수정을 갖고 대서양 깊이 침몰해 있는 타이타닉호로 내려가 내부를 살폈다. 그는 거기에서 가장 초현실적인 데자뷰를 경험했다. 로봇 잠수정이 타이타닉호의 내부 영상을 전송하기도 전에 그는 무엇이 나올지 알 수 있었는데 실물과 내부 구조가 거의 비슷한 영화 〈타이타닉〉의 세트장을 수없이 거닐었기 때문이었다. 순간 그는 자신의 의식을 다른 형태의 매개체에 투입해 원격현장감을 체험할 수도 있겠다는 생각을 했다. 탐사 혹은 다른 목적을 위한 수단으로 사이보그 몸체를 이용하게 될 미래를 미리 엿본 것이다. 그리고 그것은 영화 〈아바타〉로 제작되어 전 세계인을 감동시켰다.

세계적인 이론물리학자이자 영화 〈인터스텔라〉의 자문을 맡기도 한 킵 손(Kip S. Thorne) 박사도 서울디지털포럼의 기조연설에서 "호기심은 우리가 생각했던 모든 것을 가능하게 해준다"고 강조했다. 그는 또

"호기심이 발동하는 과학자만이 누구도 질문하지 않았던 것을 질문해 새로운 답을 찾을 수 있다"고도 했다.[18] 주변에 존재하는 모든 것이 바로 그 호기심에서 출발한 것임을 알게 되는 순간 인간의 위대한 호기심에 놀라지 않을 수 없다. 과학의 발달, 인류의 문명 모두 시작은 작은 호기심인 것이다.

그런데 이 위대한 호기심도 때로는 억제의 대상이 되기도 한다. 호기심이 고양이를 죽인다는 말처럼, 어린아이가 뜨거운 물건을 궁금해 하면 화상을 입게 되고 마약이나 대마초 같은 중독성 물질에 호기심을 품으면 몸과 마음을 버리게 된다. 호기심을 억누를 필요는 없지만 대상에 따라서는 적절히 관리할 필요가 있다. 이럴 때는 호기심을 해소할 다른 방법을 알아봐야 한다.

목표를 향한 여정에서도 호기심은 관리의 대상이다. 새로운 시도나 엉뚱한 것들 간의 연결이 놀라운 결과를 가져오기도 하지만 무턱대고 호기심을 보이거나 그것을 해결하기 위해 에너지와 시간을 쏟는 것은 목표에 대한 동력을 잃게 만드는 주된 요인이 되기 때문이다.

적지 않은 나이에도 불구하고 뭐 하나 끈덕지게 해내지 못하는 사람을 일컬어 꿈나무라고 비꼬기도 한다. 이런 사람들은 세상에 관심이 많을 뿐 아니라 다재다능하기까지 해서 못 해낼 일이 없다고 생각한다. 그래서 이것저것 시도하고 그만두기를 반복한다. 어떤 목표에 대한 열정이 식는 원인이 바로 다른 일들에 대한 호기심과 자신감이란 말이다.

---

18 연합뉴스 기사(2015. 5. 20) 『킵 손 "호기심은 모든 것을 가능하게 하는 원동력"』

이런 사람들은 작은 어려움을 마주하거나 적당한 성과를 얻으면 목표에 대한 호기심을 잃어버린다. 최초에 생각했던 목표는 요원한 일이 되어버리고 또 다른 흥밋거리를 찾아 목표로 삼는다. 다른 사람들은 끈기가 없다고 말하지만, 자신은 호기심이 풍부하다고 말한다. 그러나 그것을 공상 과학에 대한 제임스 카메론의 끝없는 호기심과 비교할 수 있을까? 그런 호기심이 어떤 변화나 성과, 만족을 안겨줄까.

우리가 명심할 것은 끈기를 발휘할 대상을 찾지 못한다면 죽을 때까지 성취감을 맛보기 어렵다는 것이다. 끈질기지 않고도 얻을 수 있는 것은 결코 목표가 아니다. 그건 성취라기 보단 무의미한 소유에 불과하다. 그러한 소유의 과정에는 어떤 감동도 어떤 스토리도 나오지 않는다. 우리의 지난 삶 속에는 적어도 하나쯤은 끈기를 발휘한 경험이 있다. 아슬아슬 이어져온 그 기억을 되살려보자. 끈질기지 않았다면 그것을 얻을 수 있었을까. 얼마나 그것을 원하고 또 원했는지, 그리고 지금의 목표는 얼마나 갈망하는지 생각해보자.

Homo
Unaskus

승산 없는 싸움에 매달린다
어려운 결정은 누가 대신 내려주길 바란다
힘들면 쉬워 보이는 일로 관심을 돌린다

Homo
Askus

멈출 때와 나아갈 때를 분별한다
어려운 상황에서도 결정은 스스로 내린다
다른 일에 대한 호기심을 적절히 관리한다

무엇을 버려야 하는가?

원숭이가 쉽게
잡히는 이유

인도네시아, 미얀마 등지의 원주민들은 아주 손쉽게 원숭이를 잡는다. 일종의 덫을 만드는 것인데 방법은 아주 간단하다. 코코넛이나 단단한 흙더미 등에 원숭이의 손이 겨우 들어갈 정도의 구멍을 내고 그 안에 곡물 같은 음식을 조금 넣어두고 기다리기만 하면 된다. 음식 냄새를 맡은 원숭이는 구멍으로 손을 넣어 음식을 꺼내려 하지만 음식을 움켜쥔 손은 절대 빠지지 않는다. 원숭이는 눈으로 보면서도 믿기지 않는 사실에 당황하면서도 절대 손을 펴지 않는다. 음식을 포기할 수 없기 때문이다. 심지어 덫을 만든 원주민이 웃으며 다가오는데도 말이다.

손에 쥔 음식을 놔야 하는데도 미련을 버리지 못한 원숭이는 결국 원주민에게 잡혀 최후를 맞이한다. 주먹 쥔 손을 펴지 않은 원숭이의 행동은 어떻게 이해해야 할까?

사람들은 보통 집념을 선한 것으로 생각한다. 집념이 강하다는 말은 칭찬이며 대부분의 일터에서는 이런 사람을 원한다. 일이 조금이라도 어려워지면 금세 포기를 고민하는 그런 사람에게는 어떤 일도 믿고 맡길 수가 없기 때문이다.

그런데 때때로 집념이 잘못 발휘되면 집착으로 변질되기도 하는데 이 둘의 가장 큰 차이는 집중하고 있는 대상에 대한 자신의 관점이다. 자신이 대상을 정확히 인식하고 능동적으로 집중한다면 이는 집념이 되지만 대상의 어떤 특정 부분에 빠져들어서 다른 부분은 인지하지 못한 채 매달리게 된다면 이는 집착이라고 할 수 있다.

음식을 먹겠다는 원숭이의 집념은 대단했다. 그러나 덫에 걸린 원숭이를 잡으러 원주민이 나타나는 순간부터 원숭이의 집념은 집착으로 변하게 된다. 그 집착은 잡히면 목숨을 잃을 수도 있다는 생각조차 떠오르지 않게 할 만큼 강력하다. 제3자의 관점에서 볼 때는 집념과 집착의 경계가 분명한데 스스로는 왜 그 경계를 구분하지 못하는 걸까. 이런 모습은 원숭이에게서만 발견되는 것일까?

단순함의 아름다움을 설파한 《단》의 저자 이지훈 위클리비즈 편집장은 소리 없이 삶과 조직을 죽이는 것이 복잡성이라 말하며 복잡한 세상에서 개인과 조직이 살아남기 위해서는 "버리고 세우고 지켜야 한다"고

했다. 그는 중요한 것을 위해 덜 중요한 것을 버려야 하며 성공과 행복을 위해서는 '더 많이' 소유하거나 다루는 것이 아니라 핵심에 집중해야 한다고 했다.

필자 역시 절제된 삶을 지향한다. 버림으로써 오히려 채워지는 모순된 행복을 추구한다. 우리는 너무 많이 소유함으로써, 때론 너무 많은 일을 담당하느라 정말 소중한 것들을 놓치고 있기 때문이다. 비우는 삶의 자세는 위기의 순간에서도 힘을 발휘한다. 위기는 이전과 다른 방식으로 접근하라는 경고이며 대부분의 경우 어떤 포기나 버림을 요구하기 때문이다. 그러나 성찰과 통찰을 통해 적절히 비우게 되면 정말 소중한 것, 미래를 환하게 밝혀주는 것들만 남게 된다. 음식을 포기하지 않은 원숭이가 어떤 결과를 맞이하게 될지는 분명하다. 위기에 빠진 상황에서도 기존의 방식을 고집하며 변화를 거부한다면, 버리지 않고 모든 것을 가지려 한다면 원숭이와 다를 바 없다.

추락하는 1등은
날개가 없다

2011년까지 세계 휴대폰 업계 1위는 핀란드의 노키아였다. 1998년부터 무려 14년 동안 전 세계에서 판매량 1위를 기록했다. 그러나 휴대폰 판매량 4억 6840만 대로 정점을 찍은 2008년을 기점으로 내리막을 걷다가 2013년 9월 마이크로소프트사에 인수되었다. 이 정도면 내리막을 거의 내달린 수준인데 왜 노키아는 몰락했을까?

1865년에 제지회사로 설립된 노키아는 1967년 핀란드 케이블 웍스(Finnish Cable Works)와 합병하면서 전자통신 분야로 진출했다. 그러나 문어발식 사업 확장으로 경영 상황은 나빠졌고 1988년에는 CEO였던 카리 카이라모(Kari Kairamo)가 경영부진을 이기지 못하고 자살하는 사건이 발생하기도 했다.

다행히도 1992년 CEO에 취임한 요르마 야코 올릴라(Jorma Yaakko Ollila)가 당시 매출의 10%에 불과했던 휴대전화 사업에서 신성장 동력을 발견했다. 그는 여기에 기업의 모든 역량을 집중하기로 결심하고 불필요한 사업을 하나둘 정리했다. 수요는 적었지만 시장의 엄청난 잠재력을 본 것이다. 이어 유럽의 GSM, 미국의 TDMA, 일본의 PDS 표준까지 모든 통신표준의 단말기를 생산해내며 세계 시장을 공략해 나갔다. 1995년에 10억 달러의 영업이익을 달성한 뒤 1998년에는 모토로라마저 제치며 전 세계 휴대전화 시장 점유율 1위를 달성했다.

그러나 영광은 오래가지 못했다. 스티브 잡스가 아이폰을 들고 나온 2007년부터 스마트 물결은 노키아의 단단한 갑옷에 균열을 내기 시작했다. "오직 노키아가 표준이다"라는 말은 당시 노키아의 CEO였던 올리 페카 칼라스부오(Olli Pekka Kallasvuo)가 아이폰의 등장을 보고 했던 말이다. 스마트폰이 확산되기에는 아직 이르다는 판단이었다. 그러나 그의 바람과는 달리 스마트 물결은 정말 스피드하게 전 세계로 퍼졌다.

칼라스부오에게도 기회는 있었다. 그러나 과거의 성취에 대한 집착이 그의 눈을 가렸다. 노키아가 세계 1위의 자리를 지킬 수 있었던 것은 낮은 사양이지만 저렴했던 노키아의 제품에 대한 전 세계 저소득층의 충성도 덕분이었다. 이 전략에 대한 그의 집착은 아이폰의 성장을 간과하게 만들었고 오히려 2007년에는 피처폰[19]의 생산을 더욱 늘리는 악수를 두게 한다. 그러나 그의 기대와 달리, 고객들은 두 번째 전화기로 스마트폰을 선택했다. 피처폰 판매는 급감했고 노키아는 엄청난 재고를 떠안게 되었다. 또한 그는 초창기부터 사용해왔던 스마트폰 OS인 심비안을 끝까지 고집했다. 결국 애플이 주도했던 I-OS나 구글이 개발한 안드로이드에 밀리며 점점 고립되었다.

성취에 도취된 CEO는 새로운 변화를 감지하지 못했고 과거의 성공 방법을 고수했다. 그것은 곧 집착이 되어 발목을 잡았고 노키아라는 브랜드가 사라지게 된 결정적 원인이 되었다.

가입자가 3,500만 명을 넘고 '싸이질'이라는 말까지 나올 만큼 성황이었던 싸이월드, 워크맨을 개발한 전자업계의 절대강자였던 소니, 세계 최초로 휴대전화를 개발한 모토로라, 게임 시장의 신흥 강자였던 닌텐도 역시 노키아와 같은 처지에 놓여 있다. 변화무쌍한 IT 업계임을 고려해도 흥망의 주기가 너무 빠르다는 생각이 든다. 그러나 이들 모두 노키아와 같이 위기의 순간에도 과거의 영광에 집착해 변화를 게을리 했다는 점은 가슴에 새길 만하다.

집념과 집착은 결과론적인 이야기라고 말할지도 모른다. 성공하면

---

19 스마트폰이 나오기 전 대부분의 휴대전화기. 폴더나 슬라이드 형태로 상대적으로 가격이 저렴하나 저사양임.

끈기가 되는 것이고 실패하면 똥고집이 되는 것과 마찬가지다. 노키아가 경쟁에서 살아남았다면 칼라스부오의 선택은 노키아의 기술과 전략에 대한 신념의 승리라고 평가받았을지도 모른다.

그러나 이것이 바로 이 둘을 반드시 구별해야 하는 목적이기도 하다. 집념과 집착의 경계는 아주 미묘하기 때문에 보다 큰 시각에서 문제를 바라봐야 한다. 놓치는 것은 없는지, 소중한 가치를 잃게 될 위험은 없는지, 시기는 적절한지와 같은 여러 가지 질문에 스스로 답해야 한다. 이를 위해서는 끝없이 교류하고 소통하고 자신을 돌아봐야 한다. 그래야 무엇을 버릴지 판단할 수 있다.

그렇다면 집념과 집착의 경계를 명확히 구별하고 버려야 할 것을 제대로 버린 사람은 없을까? 어떻게 그것을 알아볼 수 있을까?

심장을 도려낸 필립스

1891년 네덜란드 아인트호벤에서 탄소 필라멘트 전구를 생산하던 필립스는 애플의 아이폰에 견줄 만한 혁신적인 상품들을 내놓으며 1970년대 가전업계의 절대강자 자리에 올랐다. 전 세계 수많은 학생들에게 회화 중심의 어학 학습을 가능하게 해준 카세트테이프, 저장 능력의 획기적인 향상을 안겨준 CD 등을 발명하고 업계 표준으로 정착시킨 것이 바로 필립스다.

그러나 1980년대부터 한국, 일본, 대만, 중국 업체의 추격으로 입지가 좁아지면서 2001년에 이르러서는 매출액이 1996년의 70%까지 떨어졌다. 이 해에만 창업 이래 최대의 영업 손실을 기록한 필립스는 24억 7,500만 유로(약 3조 9,000억 원)의 적자를 냈다. 그 결과 60달러였던 주가는 이듬해 13달러로 폭락했다.

위기에 빠진 필립스는 헤라르트 클레이스테를레이(Gerard Kleisterlee)를 구원투수로 올려보낸다. 1974년에 입사한 그는 오디오 사업을 총괄했었고 1990년대에는 중국과 대만 등 아시아 지역을 관리했었다. 그의 아버지도 필립스 반도체 분야에서 일했다. 필립스가 없는 삶은 상상도 할 수 없는 그였다.

그는 필립스의 제품군이 너무 많을 뿐 아니라 시장 상황에 따라 소비자가전, 반도체, 전자제품 등 모든 사업 부문의 이익과 손실이 들쭉날쭉한 것이 문제라고 생각했다. 또한 과거부터 뾰족한 전략 없이 기술자들이 좋은 제품을 만들면 시장에 내다 팔았던 기업의 전략 부재가 위기의 원인이라고 진단했다. 즉, 지금의 상황을 극복하기 위해서는 예측 가능한 방식의 수익 모델을 만들어야 한다는 것이다. 또한 대량생산 전자제품 시장에 대한 의존도가 높았는데 앞으로는 이 시장에서 그동안의 프리미엄을 유지하기 어렵다는 것을 깨달았다. 기술의 발전 속도는 너무 빨랐고 신상품들은 파도처럼 시장을 덮쳤다. 그는 대대적인 구조조정을 단행했다.

가장 먼저 음향, 영상, 모니터 등 경기에 민감한 전자제품 사업을 정리했다. 이것들은 필립스의 간판과도 같았지만 자체 생산을 포기하며 전 세계 9개 공장을 매각했다. 2006년에는 필립스의 심장과도 같은 반도체 사업마저 매각했다. 반도체는 의료장비, 소비자가전, 심지어 조명기구에까지 들어간다. 연구개발을 이끄는 동력이기도 했다. 반도체 사업을 정리하려는 그는 회사를 살리려 심장까지 도려냈다는 비판을 들어야 했지만 오히려 "회사의 심장이란 게 뭔가? 특정 사업이 기업의 심장이 될 수 있는가? 회사의 심장이란 그런 게 아니다. 기업의 목표를 향한 조직원들의 열정이 진짜 심장이다. 필립스의 목표는 혁신을 통해 삶의 질을 높이는 것이다"라고 말했다. 그 과정이 결코 쉽지 않았지만 그는 포기해야 할 것이 무엇인지 정확히 알았고 실행에 옮겼다.

그는 서서히 가라앉는 배의 함교에서 대규모 생산시설, 자본, 기술 등이 아닌 소비자로 눈을 돌렸다. 인구 증가, 고령화, 건강, 환경, 웰빙을 고민하게 되었고 그 결과 오늘날의 필립스는 의료기기, 조명, 라이프스타일 가전 등 3개 사업부분에 집중하는 라이프스타일 기업으로 거듭나게 되었다. 사람들은 조명사업이 어떻게 대기업의 핵심 사업이 될 수 있는지 의아해 할 수도 있지만 세계 전력의 20%가 불을 밝히는 데 들어간다. 조명 기술 혁신을 통해 전력 소모량을 줄인다면 에너지 위기 해결뿐 아니라 환경 보전에도 기여할 수 있다는 말이다.

최근까지도 필립스의 몰락과 재건은 크게 이슈가 되지 않았다. 그러나 클레이스테를레이의 전략이 괄목할 성과로 드러나면서 10년 전의 몰락과 혁신이 다시 주목받고 있다. 필립스는 10년간의 구조조정과 사업 구조 개편을 통해 2012년에는 2억 유로(약 2,900억 원)의 흑자 전환에 성공했다. 2013년 매출액은 232억 유로에 달했으며 특히 친환경 제품의 비중은 51%에 달했다. 기업의 핵심 가치가 제품에도 그대로 구현되고 있음을 알 수 있는 대목이다.

필립스의 이런 혁신은 소니, 파나소닉과 같은 일본 기업들이 과거의 영광에서 벗어나지 못하고 가전 사업에 끝까지 목을 매다가 치명타를 입은 것과는 대조적이다. 역사에는 가정이 없다고 하지만 클레이스테를레이가 음향 사업이나 반도체 사업을 고집했다면 필립스 로고가 찍힌 삼파장 램프를 구경할 수는 없었을 것이다. 필립스가 난파선이 되지 않고 세계를 변화시키고 인간의 삶을 개선시키는 위대한 기업으로 여전히 존재할 수 있는 것은 위기 속에서도 버려야 할 것을 분별해낸 필립스의 구원투수, 클레이스테를레이의 통찰력과 그것을 행동으로 옮긴 용기 덕분이다.

결단의 적,
매몰 비용의 오류

얼마 전 지하철에서 "연회비를 냈으니 한 달에 한 번은 의무적으로 코스트코를 가야 한다"고 말하는 한 승객의 말에서 연회비가 사람을 옭아매는 수단이 될 수도 있겠다고 생각했다. 그러고 보니 세계 1, 2위의 유통 공룡인 월마트와 까르푸도 포기한 글로벌 유통 업체의 무덤 한국에서 유일한 외국 유통 기업인 미국의 코스트코가 선전하는 것도 연회비 정책 덕분이지 않을까 하는 궁금증이 들었다.

알아보니 코스트코는 회원제로 운영되는데 연간 35,000원의 회비를 낸 회원들만 이용할 수 있으며 현금 또는 삼성카드로만 결제할 수 있다. 한 곳과 독점 계약함으로써 카드 수수료를 낮출 수 있고 이는 결국 제품의 가격을 낮추는 데 기여한다. 또 다른 대형마트가 6만 여 가지의 제품을 준비하는 데 반해 코스트코는 고작 4천 가지의 물품만 취급한다. 소품종 대량 유통으로 최저가를 달성하는 것이다.[20]

그런데 신기한 것은 영업이익의 75%를 연회비에서 챙기는 이 회사의 수익 구조였다.[21] 이 회사는 최대한 낮은 가격에 상품을 공급하는 대신 최대한 많은 회원을 모집하는 것이 전략이다. 실제로도 국내 유통업계의 마진율이 30%를 웃도는데 반해 코스트코의 마진율은 15% 내외이다. 회원 가입의 번거로움과 불편한 결제 수단에도 불구하고 이들의 전략은 효과를 내 회원은 꾸준히 늘었고 국내 회원만 100만 명을 넘어섰다. 게다가 이들은 대부분 충성스런 고객이 되어 재등록률은 85~90%에 달한다.

하지만 이러한 전략의 출발은 매우 긍정적이고 바람직하지만 소비를 조절하지 못하는 고객에게는 큰 피해를 줄 수도 있다. 회사 입장에서는 고객의 수가 증가하는 것이 물건이 잘 팔리는 것보다 더 중요하다. 최저

---

20 비즈니스포스트 (2014. 9. 11) 『코스트코는 왜 한국에서 승승장구할까』
21 Costco Annual Report (2014. 8. 31)

가와 무조건 환불 정책은 회원을 확보하기 위한 수단에 불과하다. 코스트코에는 필요성을 따질 틈도 없이 이번 기회에 구매해야 한다고 고객을 설득하는 매력적이고 싼 물건이 지천으로 깔렸다. 이를 거부하기는 쉽지 않다. 그리고 고객들은 필자가 만난 지하철의 한 승객처럼 굳이 필요하지 않더라도 연회비를 생각해 마트를 한 번 더 방문하게 되고, 이번이 아니면 살 수 없다며 자신을 홍보하는 값싼 물건을 카트에 담게 되는 것이다. 계획성 있게 소비한다고 하지만 머릿속에는 얼마 되지 않는 연회비가 본전을 챙기라 강요한다. 소비에 대한 반성이나 고민이 이뤄지지 않는다면 값싼 물건을 샀다는 만족감에 코스트코에 대한 호감도는 상승하고 이는 또 다른 회원의 가입을 이끌어내는 최적의 유인책으로 작동한다.

따지고 보면 고작 35,000원에 불과한 연회비 때문에 훨씬 더 많은 비용을 들이고 있는지도 모른다. 코스트코에서 쇼핑하는 것을 위기라고 볼 수는 없겠지만 우리는 이러한 현상을 아무런 의심 없이 받아넘겨도 괜찮을까?

위기 상황에서 버려야 할 것이 무엇인지 분별하기는 쉽지 않다. 게다가 그것을 실행에 옮기는 것은 더 어려운 문제이다. 특히 포기해야 할 일이 분명함에도 그 일에 이미 적잖은 비용과 시간을 들였다면 미련이 남을 수밖에 없다. 그리고 그 미련이 "상황은 곧 나아질 것이고 반드시 성공할 것이다"라는 믿음을 만들어내기 때문이다. 경제학에서는 이미 써버려 회수가 불가능한 비용을 매몰 비용(Sunk Cost)라고 하는데 소위 본전 생각 때문에 이러지도 저러지도 못하는 상황에서 헤어나질 못하는 것이다. 이른바 '매몰 비용의 오류'라 불리는 그릇된 사고 과정이 위기의 순간에 결단을 방해하는 것이다. 앞서 언급한 코스트코의 연회비처럼 이미 매몰에 집착하는 순간, 미래의 예상되는 손실을 투자로 착각하는 경우가 생기는 것이다. 그리고 이는 건전한 사고를 막는다.

영국과 프랑스가 공동으로 추진하다 중도에 포기했던 콩코드 여객기 사업은 매몰 비용의 오류를 설명할 때 단골로 등장하는 사례이다. 그래서 이 오류는 '콩코드의 오류'라고도 불린다. 상업용 비행기로는 처음으로 음속을 돌파한 콩코드 여객기는 시험 모델이 나올 때만 해도 대중의 관심이 높았다. 그러나 막대한 개발 비용에도 불구하고 값비싼 연료, 적은 좌석 수, 소음 등으로 인해 수익성이 나오지 않을 것이라는 전망이 지속적으로 제기되었다. 게다가 1970년대 오일 파동의 영향으로 속도보다는 경제성을 선택한 나라들이 콩코드를 외면하기 시작했다.

하지만 막대한 개발 비용을 날리게 된다는 생각과 함께 국가의 자존심이 걸린 문제라는 인식 때문에 영국과 프랑스는 사업을 포기하지 못했다. 미국과 소련이 우주개발을 선도하는 상황에서 민간항공 분야는 자신들이 주도권을 잡아야 한다는 신념도 작용했다. 그러나 울며 겨자 먹기 식으로 콩코드 노선을 유지했던 에어 프랑스와 브리티시 에어웨이는 2003년 만성 적자를 이기지 못하고 출항 27년만에 콩코드 노선을 폐지했다. 결단을 내리지 못한 대가로 영국과 프랑스는 20년 가까이 추가적인 출혈을 감당해야만 했다.

우리는 여전히 미래가 아닌 과거에 눈을 돌리기 때문에 포기의 가치를 알지 못한다. 일상에서도 이런 경우는 빈번하게 발생한다. 대부분의 사람들은 이미 지불한 표 값 때문에 영화가 재미없어도 중간에 나오지 못한다. 거래처에 들인 공을 떠올리면 납품가 인하를 원하는 그들의 요구가 무리라는 것을 알면서도 거래처를 쉽사리 바꾸지 못한다. 아이가 영어에 흥미를 느끼지 못해도 이미 수년간 들인 시간과 돈을 생각하면 언젠가 실력이 오를 것이라 믿으며 학원을 끊지 못한다. 건강을 염려하면서도 뷔페식 레스토랑에 가면 돈이 아깝다며 과식하게 된다. 이러한 행위의 근간에는 이미 비용을 지불했으니 그만큼의 성과를 내야 한다는 강박관념이 작용하는 것이다. 어떤 결과를 가져오는지는 전혀 생각하지 않는다.

그래서 위기에 처했다면 현상을 정확히 진단하면서도 미래를 생각해야 한다. 과거의 매몰 비용에 집착하여 이를 도려내지 못한다면 투자라고 믿었던 추가적인 노력 또한 모두 매몰되는 결과를 얻게 된다. 결단을 내려야 하는 순간, 진정으로 버려야 할 것이 무엇인지 판단해야 한다면 과거가 아닌 미래를 내다보자.

살을 주고 뼈를 친다

역경에 맞닥뜨렸을 때에는 새로운 관점에서 현상을 볼 필요가 있다. 자신의 선택이 객관적인 자료를 바탕으로 하고 있는지, 긍정적으로 채색된 모호한 데이터에 근거하고 있지는 않은지, 그리고 무엇보다도 자기 스스로가 확신을 갖고 있는지 고민해야 한다. 하던 일을 중단하는 것은 쉽지 않다. 그러나 존재 자체를 위협받는 위기 상황에서는 버려야 할 것을 분별하고 실행에 옮겨야만 지속적으로 생존할 수 있다.

"소선은 대악과 닮았고 대선은 비정과 닮았다"는 말은 일본 쿄세라그룹의 창업자이자 명예회장이며 경영의 신이라 불리는 이나모리 가즈오가 파산에 직면한 JAL(일본항공)을 회생시키며 남긴 말이다. 적당히 선을 베푸는 것은 모두에게 악을 끼치는 일이며, 전체를 살리기 위해서는 때때로 비정한 결심을 해야 한다는 의미를 담고 있다. 위기의 순간에서 버리는 결단이 필요함을 이보다 더 적절히 표현한 말은 없어 보인다.

2010년 1월, JAL의 파산보호(우리의 법정관리) 신청은 그야말로 충격적이었다. 당시 JAL의 부채총액은 20조 5,000억 원으로 일반 기업으로서는 최대의 파산이었다. 다음 달 경영의 신이라 불리는 이나모리 가즈오는 측근 세 명만 대동한 채 JAL의 경영권을 넘겨받았다. 국가경제를 위해 봉사한다는 마음으로 급여도 받지 않았다. 그로부터 13개월 후 JAL은 흑자로 전환했고, 2012년 3월 결산에서는 역대 최고 흑자를 달성했다. 2012년 9월에는 도쿄증권거래소에 재상장하는 기록을 세웠다. 그는 어떻게 파산에 직면한 JAL을 불과 3년 남짓한 1,155일 만에 정상에 올려놓았을까?[22]

---

22 오니시 야스유키(송소영 역), 〈이나모리 가즈오, 1155일간의 투쟁〉, 한빛비즈

그 배경에는 철저한 포기가 있었다. 강성노조를 설득해 연장자 위주로 2만 명 가까운 직원이 자발적으로 회사를 떠났다. 이들은 JAL과 후배들을 위해 길을 터줘야 한다는 생각에 기꺼이 동의해줬다. 정치권 눈치를 보면서도 유지할 수밖에 없었던 적자 노선은 과감하게 정리했다. 247개에 달하던 노선을 173개로 줄였다. 항공기의 기종도 가짓수를 줄여 부품 구입 및 정비 비용을 절감할 수 있었다. 이처럼 JAL의 재건 뒤에는 피를 깎는 고통이 있었다.[23]

JAL의 사례처럼 포기에도 용기가 필요하다. 포기는 상황에 내몰려 어쩔 수 없이 그만두는 것이 아니다. 버려야 할 것과 중단해야 할 것을 적극적으로 선택하는 것이다. 그러므로 포기는 곧 변화이자 새로운 출발이다. 살을 주고 뼈를 친다는 말이나, 2보 전진을 위해 1보 후퇴한다는 말 모두 버려야 할 것을 버리는 용기, 즉 결단에 대한 말이다.

인생의 중요한 목표를 이루는 과정에는 포기해야 할 일이 많다. 그러나 그 과정 자체를 포기하지는 않는다. 포기한 뒤에도 끝없이 뭔가를 다시 시작한다. 그렇지 않다면 포기하는 순간 삶은 끝날 테니까. 그러므로 진정한 끈기는 포기와 재기(再起)가 반복되는 과정이라고 할 수 있다. 마치 필립스가 인간의 삶을 개선시킨다는 뜨거운 열정을 끈기 있게 지켜내기 위해 반도체와 음향 사업을 포기하고 의료기기 산업을 새롭게 시작했던 것처럼 말이다.

만약 위기에 봉착했다면 무엇을 버려야 할지 잘 판단해보자. 자신의

---

23 이지훈, 〈단〉, 문학동네

발목을 잡고 과거로부터 벗어나지 못하게 하는 것은 무엇인가, 앞으로 가기 위해 반드시 털어내야 할 것은 무엇인지 말이다. 그것은 오래된 습관이나 인간관계일 수도, 짜릿한 성공에 대한 성취감일수도, 큰 경제적 이득을 안겨준 전략일 수도 있다. 상황이 바뀌었다는 사실을 인지하자. 원숭이를 잡으러 오는 원주민이 도처에 깔려있다. 집념이 집착으로 변하는 순간, 잡고 있던 줄을 용기 있게 놓자.

Homo
Unaskus

문제를 복잡하게 만든다
집념이 집착으로 변질된다
당장의 이익과 손실에 집중한다

Homo
Askus

문제를 단순화시킨다
포기할 것은 손실을 감수하고 포기한다
장기적 관점에서 전략적으로 생각한다

CHAPTER

그래도 다행인 것은 무엇인가?

고난을 이겨낸
대가라 생각한다[24]

당신은 지금 육지에서 5,000km 이
상 떨어진 남태평양 한가운데에 있다. 목적지까지 얼마나 걸릴지 모르
는데 물과 식량이 충분할지 확신이 서지 않는다. 파도는 점점 드세진다.
열대 기후의 적도를 지나 한파가 몰아치고 유빙이 산재해 있는 남극 일
대를 지나야 한다. 날씨는 변화무쌍하고 파도가 높아 잠을 제대로 못 자
는 날도 많다. 높은 파도에 배가 부서질 수도 있으며 해적이 나타나면
어떻게 하나 하는 걱정도 든다. 위치 정보를 받아들이는 장비가 고장 난

---

24 MBC 다큐스페셜 〈지구를 사랑한 남자〉(2015. 6. 29), 주간동아 〈죽을 고비 수차례 넘겨, 인생 후반전 문 열렸
다〉(2015. 6. 1) 참고로 각색함

다면 바다에서 길을 잃을 수도 있다. 드라이버나 라이터 같은 작은 물건 하나라도 바다에 떨어뜨린다면 치명적이다. 어디 가서 사올 수도, 누구에게 빌릴 수도 없다.

게다가 배에는 혼자뿐이라 의지할 곳도 없다. 아파도 걱정해주며 이마를 짚어주거나 약을 사줄 사람도 없다. 맹장염 같은 우스운 질환 때문에 고통 속에서 절규하다 쓸쓸히 죽음을 맞이할지도 모른다. 최근에 경험했던 모든 사소한 일들이 이곳에서는 죽음의 조건이 될 수도 있다. 마음만 먹으면 당장 이 말도 안 되는 일을 멈출 수 있다. 뱃머리만 돌리면 가장 가까운 섬에 정박할 수도 있고 큰 배와 접선도 가능하다. 그렇게 한다고 당신을 비난할 사람은 없다. 자, 여러분은 이 항해를 마칠 수 있을까?

쉰세 살의 나이로 요트를 타고 세계 일주에 성공한 김승진 씨는 2014년 10월 19일 충남 당진의 왜목항을 출발했다. 태풍이 수시로 발생하는 적도를 거쳐 항해사들의 무덤이라 불리는 남아메리카 최남단인 케이프 혼을 지났다. 수에즈 운하 개통 전까지 아시아와 유럽을 이어주었던 역사의 현장인 아프리카 최남단 케이프타운을 통과했다. 특히 좁은 폭과 낮은 수심으로 인해 정확한 해도가 없으며 갑자기 등장하는 모래톱, 예측하기 힘든 험한 파도와 강한 바람, 목숨까지도 위협하는 해적 등으로 요트 항해사들에게 난코스로 악명 높은 인도네시아 순다해협도 지났다.

그는 평균시속 9km의 요트로 30m 높이의 파도와 100km의 강풍을 이겨냈다. 특히 케이프 혼을 통과할 때는 조난을 대비하여 생존도구와 물품을 챙길 정도로 상황이 나빴다. 그러나 이 모든 어려움에도 불구하고 그는 왜목항을 떠난 지 209일 째인 2015년 5월 16일, 4만 1,900km의 항해를 어느 항구에도 들르지 않고 끝낼 수 있었다. 국내 최초의 단독, 무기항, 무원조 요트 세계 일주에 성공한 것이다.

뉴질랜드 인근을 지날 때는 뉴질랜드에서 유학 중인 딸에게 안부전화를 걸어 "메리 크리스마스"를 전했고 새해 인사를 전하는 지인들의 목소리에 눈물을 보이기도 했다. 철저한 고독을 즐기지 않으면 안 되는 그 역시 사람을 그리워하는 평범한 남자였다. 어떻게 그는 이 힘들고 고독한 항해를 마칠 수 있었을까?

그는 209일간의 여정을 카메라에 직접 담았다. 탈지면에서 키운 새싹으로 비빔밥을 해먹고 직접 잡아 올린 생선으로 회를 떠먹는 모습을 익살스럽게 기록으로 남겼다. '이리와'라는 이름을 붙여준 갈매기와의 추억, 밤을 새며 성난 파도와 싸우는 과정, 아름다우면서도 치명적인 위험을 안고 있는 유빙의 모습도 모두 영상에 담았다.

필자는 항해에서 돌아온 그가 가져온 값진 기록과 인터뷰에 남긴 그의 말을 보고 나서, 무모할 정도로 위험한 탐험이었지만 성공할 수밖에 없었다는 생각을 했다. 사람마다 관점은 다르겠지만 필자는 그의 내면에서 절대 마르지 않는 '긍정의 샘'을 보았다. 다른 어떤 탐험가보다도 더 진한 긍정의 향기가 그에게서 흘러나왔다.

"직장을 다니거나 차를 운전하는 것이 그들의 삶인 것처럼, 이렇게 항해하는 게 바로 나의 삶이고 살아가는 다른 방식인거죠"라는 그의 말에서 고난과 역경 자체를 삶으로 받아들이는 겸손함을 읽을 수 있었다. 보통 이 정도의 경험을 가진 사람이라면 "왜 도전하지 않느냐"고 비겁하게 살아가는 보통 사람들의 태도를 다그칠 수도 있지만 그는 위험한 항해 자체가 자신이 살아가는 삶의 방식이라며 단정해버리고 만다. 그러니 그에게는 고독도, 성난 파도도, 식량부족도 그저 경험해야 할 하나의 여정인 것이다. 남에게 그것을 강요하지도 않지만 자신에게 오는 것을 막을 이유도 없다. 자신이 선택한 삶이기 때문이다.

그는 선원들의 무덤이라 불리는 케이프 혼을 통과할 때 비상탈출을 준비했었다. 비상식량을 챙기고 체온을 유지해주는 잠수복을 착용했다. 그러면서도 "이 정도면 최소 열흘 정도는 버틸 수 있을 겁니다"라고 말했다. 상상이 가는가. 배 안도 아닌 시커먼 바다 위에서, 배를 뒤집어 놓을 만큼 거대한 파도 속에서, 유빙이 떠다니고 심장이 멎을 만큼 추운 바닷물에서 한 시간도 아닌 열흘씩이나 버틸 생각을 하면서도 이런저런 농담을 하며 그 모습을 카메라에 담고 있었던 것이다. 게다가 그는 제일 중요한 것이라며 이제까지 촬영한 기록물을 가방에 챙겨 넣었다. 그 모습에서 혀를 내두를 수밖에 없었다. 절체절명의 위기에서도 죽음 따위는 안중에도 없어 보였다. 아니 오히려 그것을 초월한 듯했다.

거센 파도를 이겨낸 다음에는 잔잔한 파도가 나타난다. 그는 이것을 "힘든 과정을 극복했기 때문에 바다가 주는 선물이라고 생각한다"고 했다. 결국 긍정의 힘은 관점의 차이에서 온다. 잔잔한 바다를 보며 언제

찾아올지 모르는 성난 파도를 생각하는가, 아니면 성난 파도와 싸움하면서도 평온해진 바다를 떠올리는가.

정말 위기라는 생각이 들 때도 긍정적으로 생각할 부분은 없는지 관점을 달리 해보자. 동일한 환경을 어떻게 받아들이는가가 다른 결과를 낸다. 그러므로 인풋(환경)을 바꿀 수 없는데 아웃풋(결과)을 바꾸고 싶다면 프로세스(관점, 사고방식)를 바꿔야 할 것이다.

인생은 생각대로
되지 않아 아름답다

"앨리자가 말했어요. 세상은 생각대로 되지 않는다고. 하지만 생각대로 되지 않는다는 건 정말 멋진 것 같아요. 생각지도 못했던 일이 일어나는 거니까요!"

-《그린 게이블스의 앤》중에서-

이 말은 우리에게《빨강머리 앤》으로 잘 알려진, 캐나다의 소설가 루시 모드 몽고메리(Lucy Maud Montgomery)의 작품《그린 게이블스의 앤(Anne of Green Gables)》에 나온다. 몽고메리의 말처럼 모든 세상 일이 뜻대로 되지는 않는다. 그러나 오히려 그렇기 때문에 예상 밖의 놀라운 일들이 일어나는 것이다. 그렇다고 아무 생각도 없이 살라는 의미는 아니다. 생각대로 살지 않으면 사는 대로 생각하게 된다. 그럼에도 불구하고 예상 밖의 일은 일어날 수밖에 없으므로 너무 당황하거나 놀라지 말라는 것이다. 기죽을 필요도 없다.

몽고메리의 말처럼 일이 생각대로 되지 않는 것은 상당히 흥분되는 일이다. 모든 일이 예상대로만 이뤄지면 우리의 인생은 지루할지도 모른다. 돌이켜 보면 우리의 삶은 언제나 예상치 못한 일들의 연속이었다. 다이어리에는 계획했던 일을 수차례 수정하고 삭제했던 흔적이 남아있다. 대비할 시간을 주는 것도 있었지만 갑작스런 변화에 당황했던 적도 적지 않았다. 우리는 목표를 향해 끝없이 핸들을 좌우로 돌리며 오늘에 이르렀다. 마치 항공기가 비행할 때 항로를 전혀 벗어나지 않는 것처럼 보이지만 실제로는 오차 범위 내에서 끝없이 방향을 수정하는 것처럼 말이다.

물론 우리의 인생은 변화의 범위가 훨씬 크다. 의사로 살다가 의료소송 전문 변호사가 된 사람이나 과학자로 살다가 벤처기업 사장이 된 사람처럼 때로는 계획했던 목표 자체가 바뀌기도 한다. 삶이란 불확실하고 얼마든지 더 나은 방향으로 전개될 수 있기에 흥미진진하다. 그래서 예상 밖의 일이 발생하면 우리의 신경은 바짝 서고 어떻게 전개될지 궁금해하고 흥분하는 것이다.

예상하지 못했거나 예상을 뛰어넘는 어려움은 우리에게 성장을 안겨 주기도 하지만 좌절, 낙담, 실망, 슬픔처럼 반갑지 않은 것들을 선물하기도 한다. 생각지도 못했던 일은 언제든 비극으로 이어질 수 있다. 준비하고 대비하는 것이 기본이라면 예상 밖의 상황이 생겼을 때 어떻게 대처하느냐는 결과를 좌우하는 플러스알파이다. 선견지명이나 계획성보다는 융통성이나 위기대처능력을 더 중요하게 보는 이유다. 현실에서는 수많은 변수들이 계획을 틀어놓으려고 기다리기 때문이다.

절망 속에서 희망을 보려면, 생각지도 못한 상황에서 기회를 발견하기 위해서는 '실패는 없다'는 생각이 필요하다. 어떤 결과도 일종의 피드백에 불과하다는 믿음과 의연함이 중요하다. 예상했던 결과를 얻지 못해도 '너'는 절대 안 된다는 메시지가 아니라 '지금은', '그 방식은', '그 사람과는' 안 된다는 정보를 주려는 이 세상의 피드백이라고 생각하자. 오히려 고맙게 생각할 일이다. 무엇을 개선해야 하는지 정확히 모르더라도 지금 이대로는 안 된다는 것을 알게 되었으니 말이다.

이와 함께 의연한 마음가짐도 필요하다. 어린 시절 〈톰과 제리〉, 〈짱구는 못말려〉 같은 인기 만화 영화를 보면서 자신을 향해 굴러오는 돌이나 쇠구슬을 피하기 위해 앞으로만 달려가는 캐릭터들을 보며 웃곤 했다. 그때는 옆으로 피하면 간단히 해결될 것을 멍청하게도 앞으로만 도망가는 것을 이해하지 못했다. 그러나 멍청한 톰은 만화 속 인물일 뿐 아니라 실제로도 수없이 존재하고 그게 나 자신일수도 있다는 것을 깨달았다.

총알이 빗발치는 전쟁터에서 주변에 몸을 숨길 곳이 없다면 바닥에 납작 엎드린 채로 어디에서 총알이 날아오는지, 어디로 날아가는지 살펴야 목숨을 지킬 수 있다. 일일이 피하며 대응할 수도 없고 그럴 필요도 없다. 의지를 꺾어 놓는 일련의 부정적 신호들이 어디에서 오는 것이며 그것들이 과연 자신을 무릎 꿇게 할 만한 것들인지 냉정하게 판단하라는 말이다. 바쁠수록 돌아가라는 말처럼 상황을 의연한 입장에서 바라본다면 의외의 해법이, 예상치 못한 기회가 눈에 띌 수도 있다. 상황 속에 매몰되어 있으면 절대 해법이 보이지 않는다.

뜨거운 태양이 떠오르는 일출 장면은 희망을 주고 의지를 북돋아 준다. 그런데 사실 태양은 언제나 그 자리에 있다. 어둠이 깔리거나 구름이 드리워 비를 뿌려도 태양이 우리를 돌아선 것은 아니다. 태양을 등졌다가 다시 품는 것은 바로 우리 자신이다. 변하는 것도, 가능성을 죽이는 것도, 좌절하고 체념하는 것도, 목표를 버리는 것도 결국 우리 자신임을 명심하자. 희망과 절망은 말 그대로 한 끗 차이다. 희망을 끊어 버리면 곧 절망이 되는 것이다. 언제나 마음에는 태양을 품자.

무리 짓기의 유연성

2015년 1월 6일, 이른바『서초 세 모녀 살인 사건』이라는 믿을 수 없는 일이 발생했다. 피의자는 생활고에 몰린 나머지 아내와 두 딸을 살해하고 스스로 목숨을 끊으려 한 것이다. 그러나 뉴스를 접한 일반인들은 그의 생활고를 도저히 납득할 수 없었다. 실직 상태에 수억 원의 빚을 졌다고는 해도 본인 명의의 아파트와 아내가 가진 현금 자산을 모두 합치면 10억 원 가까운 재산이 있었기 때문이다. 아무리 성실히 살아도 국민 대부분이 죽을 때까지 만져보지 못하는 엄청난 자산을 가진 그가 생활고에 시달렸다는 것은 도대체 무슨 말일까?

피의자는 사건 발생 2개월 뒤 치러진 공판에서 '주위에 손 벌리는 것이 부끄러웠다', '(최근의 처지를)친가나 처가에서 알게 될까 두려웠다'는 이야기를 늘어놓으며 상대적 빈곤감, 상대적 박탈감이 범행의 동기였음을 밝혔다.

미육군 부사관의 진급에 관한 만족도 조사에서 유래한 상대적 박탈감은 자신을 어떤 집단, 혹은 어떤 대상과 비교하느냐에 따라 상대적인 박탈감을 느끼는 정도에 차이가 있다는 것이다. 자신이 경제적으로 불편함 없이 잘 살더라도 주변에 풍족하게 사는 사람뿐이라면 차라리 모두 못사는 게 낫다는 심리는 바로 이 상대적 박탈감과 맥을 같이 한다. 방글라데시와 같이 소득 수준이 낮은 나라의 행복 지수가 우리나라보다 훨씬 높은 것도 상대적 박탈감이 덜한 것으로 설명할 수 있다. 우리 선조들도 사돈이 땅을 사면 배가 아프다고 하지 않았던가. 2015년 다보스 포럼에서도 가장 주목받은 주제가 소득불균형이었을 만큼 상대적 박탈감은 심각한 사회문제를 야기할 수 있는 원인으로 떠오르고 있다.

그런데 이 개념이 성립하기 위해서는 자신과 비교하고 대조할 수 있는 대상, 즉 비슷한 무리라고 여겨지는 사람이나 사람들이 필요하다. 우리는 부모의 재력 덕분에 엄청난 부를 누리는 사람들에게서 이런 감정을 느끼곤 한다. 만약 주변에 이런 사람이 있다면 이들에 관한 소식을 들을 때마다 속이 꽤나 쓰릴 것이다. 즐거웠던 기분이 우울해지는 건 한 순간이다. 올림픽에서 은메달리스트보다 동메달리스트가 더 행복해 보이는 것도 마찬가지 원리이다. 잘하면 금메달도 딸 수 있었는데 하는 심리와 잘못하면 동메달도 못 딸 뻔했다는 심리가 대비되기 때문이다.

아내와 두 딸의 목숨을 앗아간 악마의 심리는 바로 이것이다. 힘들게 입성한 강남에서 다시 나와야 한다는 것은 지금껏 누려온 생활수준을 포기하고 인간관계가 끊어지며, 그로 인해 자신에 대한 주변의 평판은 물론 가족들의 실망까지도 감당해야 하는 것을 뜻한다. 그것이 죽기보다도 싫었다는 것은 피의자의 진술에서도 확인할 수 있다.

필자는 자신을 다른 누군가와 비교하는 것을 찬성하지 않는다. 그것은 영혼을 좀 먹는 일이기 때문이다. 그러나 여전히 많은 사람들은 상대적 박탈감을 호소하며 자신의 인생을 비관한다. 무리 짓기에 유연성이 필요한 이유가 바로 여기에 있다. 굳이 비교하고 대조해야 한다면 그 대상을 유연하게 정할 필요가 있다.

낮은 곳에서 세상을 바라보며 자신보다 힘들게 사는 이들을 돕는 것은 아름다운 일이다. 순수한 선행은 바람직하고 서로에게 권할 만하다. 어려운 사람을 보면 인간으로서 돕고 싶은 것이 인지상정이지만 그 이면에는 상대적 우월감을 느끼려는 심리가 공존한다. 이를테면 "내가 가진 것은 없지만 그래도 행복한 편이다"와 같은 생각이 드는 것이다. 이것은 자원봉사나 선행의 의도를 그르치는 것도, 나쁜 마음도 아니다. 오히려 자연스러운 현상이다.

　필자 또한 초등학교에 입학한 아들이 학교에서 아프리카의 불우한 어린이들을 돕자는 캠페인에 동참해달라는 편지를 가져왔을 때 비슷한 반응을 보였다. 우리가 조금만 아끼면 이들에게는 큰 힘이 되니 도와주자, 우리나라도 예전에는 참 힘들었다, 이렇게 어려운 환경에서 자라는 친구에 비하면 우리는 행복하다고.

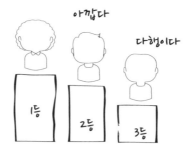

　이렇게 생각하면 어떨까? 성장과 발전은 타인과 비교하는 것보다 자신의 어제와 비교하는 것이 좋을 것 같다. 왜냐하면 그것은 어디까지나 인생의 목적에 따라 자신이 설정한 목표를 성취하는 과정이기 때문이다. 다른 사람의 위치가 참조점이 될 수는 있지만 그것이 자신의 마음가짐을 흔드는 요인이 되어서는 곤란하다. 반면 어렵고 힘들 때는 자신보다 어려운 사람을 생각하는 게 도움이 될 수 있다. 심지가 굳어 그럴 필요가 없다면 다행이지만 그렇지 않다면 주변을 둘러보자. 여전히 희망은 존재하며 자신의 상황이 그렇게 나쁜 것만은 아니라는 생각이 들 것이다.

절대 약점과
절대 위기는 없다

기업을 포함한 많은 조직에서 경영전략 수립의 한 방법으로 활용하는 SWOT 분석 기법은 스탠포드연구소(Stanford Research Institute)가 포춘 500대 기업의 자금을 지원받아 1960년부터 10년간 진행한 연구에서 나온 개념이다. 이들은 기업의 계획이 틀어지는 원인이 무엇인지, 변화를 관리할 수 있는 새로운 시스템은 무엇인지 밝히려 했는데 결국 경영전략을 수립하는 참조점을 기업의 내부와 외부로 구분하고 각각에서 긍정과 부정적인 요인을 함께 살피는 것이 주효함을 찾아낸 것이다. 즉 내부에 해당되는 강점(Strength)과 약점(Weakness), 외부의 환경에 해당되는 기회(Opportunity)와 위협(Threat)의 관점에서 해법을 고안하자는 것이다.

이처럼 SWOT는 분석틀이 단순하고 내부와 외부의 양극단을 함께 살피며 전략의 방향을 설정할 수 있다는 데에서 비교적 탄탄한 모델이다. 이를테면 개인이나 조직은 자신의 강점을 통해 기회를 잡을 것인가(SO전략) 아니면 강점을 발휘하여 외부의 위협을 피할 것인지(SW전략)

전략의 방향을 잡을 수 있다. 반대로 약점을 보완함으로써 기회를 잡을 수도 있고(WO), 위협을 회피할 수도 있다(WT).

그러나 50년이 더 된 이 기법은 변화 속도가 극심한 오늘날의 환경에 어울리지 않을 때가 많다. 특히 관점에 따라 약점은 강점이 되기도 하고, 위협은 위기가 될 수도 있는데 이것을 담아낼 유연성이 부족하다. 분석틀의 기본이 되는 개념 자체가 흔들린다는 말이다.

예를 들어 여러분이 탄산음료 회사의 입장에서 SWOT 분석을 한다면 '건강에 대한 관심 증가로 탄산음료 소비 감소'라는 요인을 '위협'으로 분류할 것이다. 실제로 최근 코카콜라와 펩시는 세계적인 식재료 기업인 카길(Cargill)과 손잡고 설탕을 대체할 천연 감미료 개발을 시작했다. SWOT 분석 기법에 따르면 단점을 극복해 위협에 대처한다는 전략이다. 건강에 영향을 주지 않으면서도 기존의 콜라 맛을 낼 수 있는 방법을 찾겠다는 것이다.

그러나 좀 더 유연하게 생각해보면 건강에 대한 소비자의 관심 증가를 단순히 회피해야 할 위협이라고 보기는 어렵다. 실제 탄산음료 매출은 9년째 지속 감소 중이다. 심지어 다이어트 콜라의 매출도 매년 7%씩 줄고 있다. 1980년대 로베르토 고이주에타(Roberto Goizueta) 회장이 코카콜라의 경쟁상대에 펩시콜라뿐 아니라 우유, 심지어 물까지 포함시킨 후 엄청난 마케팅으로 성장을 이끌었는데 최근 이에 대한 소비자의 냉정한 판단이 시작되었다고 생각한다. 그의 경영전략은 기발하고 탁월했지만 탄산음료가 비만이나 치아부식, 골다공증의 주요 원인이 된다는 사실을 외면한 채 오히려 재미있고 친근한 이미지로 포장하려 했다.

　콜라 회사들이 건강에 아무런 영향을 주지 않는 탄산음료를 시장에 내놓아도 이미 소비자의 마음은 돌아섰을지 모른다. 이제 소비의 기준은 '해를 끼치지 않는 것'에서 '건강에 이로운 것'으로 이동하고 있기 때문이다. 그리고 이런 변화는 일시적인 트렌드가 아니라 모든 소비재들이 '인류의 건강한 삶'이라는 핵심적인 가치에 기여하는 방향으로 생산되어야 한다는 철학으로 이어질 것이다. 최근 이슈가 되고 있는 '지속가능 경영'도 결국은 같은 맥락이다. 어떤 기업도 단순히 기업 자체의 비전이나 이윤만 추구해서는 생존할 수 없다. 얄팍한 마케팅 전략으로 소비자의 지갑을 열 수는 있겠지만 인류 번영에 이바지하지 못한다면 지속할 수 없다. 기부, 봉사와 같은 활동으로 기업의 이미지를 예쁘게 포장하는 것도 금세 탄로가 난다. 결국 기업은 자신들이 생산하는 재화나 용역이 고객에게 어떤 가치를 남기느냐로 평가받게 된다.

　일반적으로 SWOT 분석 기법은 강력하며 효과적이다. 그러나 유연성이 부족해 변화가 심한 상황에서는 마땅한 해법을 내놓지 못한다. 6·25전쟁 당시 낙동강까지 밀린 한국군과 UN군의 상황을 SWOT 분석한다면 절대 인천상륙작전 같은 걸작은 탄생할 수 없다. 북한군을 기만에 빠뜨린 여러 조건들, 조석간만의 극심한 차이나 방어에 유리한 상륙지점의 지형 등은 회피해야 할 '위협'에 속하는 요인들이었다. 그러나 오히려 이것을 기회로 활용했던 것이 더 큰 성공으로 이어졌다. 개인의 관점에서도 마찬가지로 생각할 수 있다. 배우지 못했다는 약점은 오히려 더 많은 것을 고정관념 없이 배울 수 있는 가능성이므로 강점이 될 수 있다. 몸이 약하다는 단점은 어려서부터 타인의 도움을 이끌어내는 강점을 형성한 원천이 될 수도 있다. 경영의 신이라 불리는 마쓰시타 고노스케처럼 말이다.

이 세상에 절대 약점과 절대 위기는 없다. 그 속에도 강점과 기회라는 속성이 존재한다. 이 사실을 믿고 그것을 발견하는 데 집중하면 절망 속에서도 희망을 찾을 수 있다. 고정된 틀에 갇혀 다양하고 새로운 관점을 잃어서는 안 된다. 마치 SWOT 분석이 일반적이고 강력한 수단이긴 하지만 그 역시 단점을 갖고 있는 것처럼 말이다.

다윗과 골리앗

우리는 약자와 강자의 싸움을 다윗과 골리앗에 비유하곤 한다. 구약성서에 등장하는 이 둘의 결투 장면은 흥미로울 뿐 아니라 약자가 강자를 이겼다는 메시지 덕분에 서양미술의 소재로도 빈번히 사용되었다. 일반적으로 이들의 대결 구도에서 약자의 상징인 다윗은 올바르고 지켜내야 할 선이라면 강자의 상징인 골리앗은 그릇되고 욕심이 많으며 제재하고 통제해야 할 악으로 인식된다. 그래서 강자에게는 약자와 싸운다는 것 자체가 부담이다. 이 둘의 싸움에서 약자에게 마음이 가는 것은 인지상정이다. 강자에게 약자와의 싸움은 이겨봤자 남는 게 없는, 잘해야 본전에 불과한 게임이다.

그런데 다윗은 정말 힘없는 양치기에 불과했을까? 또 골리앗은 모두가 겁낼 만큼 무시무시한 전사였을까? 이 둘의 이야기를 모티브로 약자가 강자를 이기는 방법을 다룬 말콤 글래드웰의 《다윗과 골리앗》은 구약성서의 문장을 일일이 설명하면서 이런 생각이 고정관념이었음을 깨닫게 해준다. 실제로 구약성서 사무엘 상 17장을 보면 골리앗이 두꺼운 갑옷으로 방호력을 높이는 대신 기동력을 포기했음을 알 수 있다. 특히 다른 누군가가 골리앗을 대신해 방패를 들고 앞서 걸었다는 대목은 이를 반증한다.

반면 다윗이 사울에게 사자와 곰에게서 새끼 양을 구한 적이 있음을 설명하는 장면에서는 다윗이 동물만큼이나 빠르다는 것이 부각된다. 게다가 그는 무겁고 불편하다는 이유로 사울이 건넨 놋 투구와 갑옷, 칼을 거부하고 가벼운 옷차림에 몽둥이와 물매, 돌멩이 다섯 개만 가지고 골리앗을 상대한다. 다윗은 철저히 속도를 바탕에 둔 기동성에 집중한 것이다. 이 둘의 싸움은 한 번의 물매질로 끝났다. 쓰러진 골리앗을 밟고 올라 선 다윗은 골리앗의 칼로 그의 목을 베었다.

그런데 이 이야기의 핵심은 약자가 강자를 이겼다는 사실이 아니라 약점을 강점으로 잘 활용했다는 데 있다. 덩치가 작은 것은 빠른 발을 이용해 기동력으로 승화시켰고, 먼 거리에서 물매질을 하면서 부족한 힘을 극복한 것이다. 농구로 따지자면 가드와 센터의 대결이 될 것이고 축구로 치자면 건장한 수비수와 발 빠른 공격수의 다툼과 같을 것이다.

구약성서가 성문화되고 3,000년가량이 지난 오늘날에도 무패지존의 완벽한 것은 없다는 다윗과 골리앗의 메시지가 여전히 실현되고 있다. 특히 대기업이 골목상권까지 다 먹어버린다는 비판을 공론화시킨 '동네 빵집의 몰락' 속에서도 살아남은 다윗들이 이를 증명하기 때문이다. 비록 소수이긴 하지만 골리앗을 이긴 이들의 이야기는 오늘을 살아가는 우리에게 큰 의미가 있으리라 생각한다.

파리바게트, 뚜레주르, 던킨도너츠는 시골 마을에도 하나쯤은 있을 법한 대표적인 골리앗이다. 이 프랜차이즈 베이커리가 골목에까지 진출하면서 개인의 이름을 걸고 영업을 해왔던 동네 빵집들은 폐업이라는 막다른 길목으로 내몰렸다.

대한제과협회의 자료에 따르면 2008년 8,153개에 달했던 동네 빵집은 2011년 기준, 35%가 줄어든 5,290개로 조사되었다. 매년 1,000곳의 동네 빵집이 문을 닫은 것이다. 반면 같은 기간 프랜차이즈 베이커리는 3,572개에서 5,184개로 45% 증가했다. 특히 파리바게트는 1998년 가맹 사업 이후 2008년까지 가맹점은 1,762개였는데 2009년부터 3년간 무려 1,333개의 신규 가맹점을 개설했다. 자본의 힘에 밀려 설 자리를 잃은 동네 빵집은 절망에 빠졌고 2012년 어느 동네 빵집 사장의 자살을 계기로 분노가 폭발했다. 이들은 상생의 목소리를 높이기도 했고 정부의 규제를 촉구했지만 여전히 예전의 영광을 되찾기는 어려워 보인다. 골리앗은 다윗을 무참히 제압했다.

그러나 프랜차이즈의 가공할 완력에 맞서 오히려 동네 빵집이 가진 약점을 강점으로 승화시킨 곳이 있었다. 대표적인 곳이 바로 대전의 성심당과 파주의 프로방스 베이커리이다. 1956년 찐빵집에서 시작된 성심당은 튀김 소보로, 판타롱부추빵 등 독창적인 상품을 개발하며 승승장구했다. 하지만 1990년대부터 구도심의 인구가 줄어들고 프랜차이즈 베이커리가 진출하며 매출이 감소했다. 게다가 2005년에는 공장에서 화재가 발생하면서 위기에 직면했다. 그러나 철저히 지역 브랜드로서의 정체성을 잃지 않고 주민들과 함께하는 노력을 아끼지 않았다. 창업 이후 거의 매일 500여 개의 빵을 더 구워 이웃들에게 나눠줄 만큼 더불어 사는 삶을 중시하고 있다. 대기업의 러브콜이 끊이지 않고 있지만 성심당은 여전히 대전시민의 브랜드로서 그간의 사랑을 보답할 계획이다.[25] 성심당이 골리앗의 공격을 이겨낼 수 있었던 것은, 지역을 벗어날 수 없으며 유통망을 넓히지 않는 한 성장에 한계가 있다는 동네 빵집의 약점을 인정하고 이것을 오히려 강점으로 활용했기 때문이다. 대전에 와야만 맛볼 수 있다는 인식을 심어주는 것이 바로 성심당의 전략이었다. 그 결과 그 어떤 프랜차이즈도 대전에서는 성심당의 명성을 이길 수 없게 되었다.

프란시스코 교황이 먹으면서 교황 빵으로 유명해진 키스링(Kiss Ring)은 프로방스 베이커리의 대표 상품이다. 이곳의 전략은 동네 빵집의 단점이라 할 수 있는 취약한 유통망을 역이용하는 것이었다. 냉동상태로 유통하여 간단히 조리해서 먹을 수 있는 빵을 개발한 것이다. 지금

---

25 대전일보 기사(2015. 3. 11) 『수익창출보다 향토기업 본분 충실하고파』

은 개별 매장과 대형 마트 등 전국 100여 곳에 납품하고 있으며 온라인 매장을 통해서도 영업을 하고 있다. 프로방스 베이커리의 김신일 공동 대표는 빵을 개발할 때부터 "제주도민들까지 먹을 수 있게 한다"는 생각으로 시작했다고 한다. 제품개발력과 같은 강점을 유지하면서 동네 빵집의 영업력 부족이라는 단점을 극복한 사업 전략이 성공으로 이어진 셈이다.

두꺼운 갑옷과 물매가 등장하지 않을 뿐 여전히 우리는 다윗과 골리앗의 대결 구도를 심심치 않게 목격한다. 그것은 자신과 경쟁자의 대결 구도가 아닌 자신에게 주어진 불리한 조건을 극복하느냐 그렇지 못하느냐의 문제로 받아들일 수도 있다. 즉 다윗과 골리앗 모두 내 안에 존재하는 것이다.

물론 사회구조적으로 해결해야 할 문제도 있다. 그것은 뜻을 모아 개선해야 할 목표이기도 하다. 필자는 이것을 간과하는 것이 아니라 개인 차원에서 할 수 있는 것들은 해보자는 것이다.

우리가 가진 모든 조건은 다윗과 골리앗처럼 일장일단을 가지고 있다. 그러므로 이제 다윗과 골리앗의 결투는 우리 모두의 마음속에서 '단점만 생각하며 여건에 굴복할 것인가 아니면 강점을 발견하고 환경을 극복할 것인가'의 문제로 재탄생하는 것이다. 체격의 열세를 대수롭지 않게 생각하는 축구선수, 난독증을 극복하고 세계적인 가구기업의 회장이 된 경영자, 장애를 딛고 강단에 선 교수, 파킨슨씨병을 앓고 있으면서도 두 아이를 키워낸 정신과 의사처럼 내면에 존재하는 다윗과 골리앗을 잘 다스려보자. 약점 뒤에는 강점이 숨어 있고, 위기 속에도 기회는 존재한다.

Homo
Unaskus

계획이 어긋나는 것을 고통스러워한다
부정적인 생각에서 벗어나지 못한다
넘어지면 일어날 생각조차 하지 않는다

Homo
Askus

계획이 바뀌는 것을 인정하고 받아들인다
현실적이면서도 희망은 버리지 않는다
위기 속에서 기회를 발견한다

CHAPTER

나는 충분히 건강하고 튼튼한가?

수면 부족의 장본인,
'1만 시간의 법칙'

장거리 여행에서 휴게소에 들르는 것처럼 하나의 목표를 달성했다면 좀 쉬면서 자동차도 살피고 개인 용무도 봐야 한다. 목적지에 들어서며 먼저 해야 할 일은 유일하면서도 가장 소중한 자산인 건강을 확인하는 것이다. 건강은 평소에 관리하는 것이 바람직하지만 많은 사람들이 간과하기 때문에 목적지에 도착했을 때를 기점으로 한 번씩 확인해주는 게 좋다. 건강에 적신호가 들어오기 전에 두 가지 지표를 통해 건강을 챙기자. 그 둘은 바로 일에 파묻힌 우리가 쉽게 포기하고 마는 수면과 휴가다.

수면 부족의 가장 큰 원인은 노력에 대한 왜곡된 믿음이다(새벽까지 이어지는 회식이나 TV 채널 돌리기는 제외하겠다). 노력을 다했는지에 대한 사람들의 기준은 저마다 다르지만 실패의 이유를 노력이 부족했던 탓으로 돌리거나 매사에 성실하고 노력해야 한다는 생각은 공통의 신념이 되었다. 이것이 바로 잠을 줄여가며 일을 하게 만드는 근원이 되었다.

이런 현상이 생긴 데에는 자신의 분야에 매일 3~4시간씩 10년을 투자하면 전문가가 될 수 있다는, 소위 '1만 시간의 법칙'이 적지 않은 영향을 미쳤다. 척박한 벼농사 환경과 6·25전쟁 후 재건의 역사 등으로 인해 우리는 성실함과 노력을 맹목적으로 추종해 왔는데 말콤 글래드웰이 자신의 저서 《아웃라이어》를 통해 1만 시간의 법칙을 확산시키는 데 성공하면서 소위 성공하려면 남들에 비해 훨씬 더 많이 노력해야 한다는 확고한 믿음이 형성된 것이다. 그러니 웬만큼 노력해서는 노력을 다했다고 자신 있게 말할 수 없는 상황이 되어버렸다.

그러나 여기에는 일부 오해가 있다. 1만 시간의 법칙은 서양 장기인 체스의 챔피언들을 연구하여 1947년 《체스에서의 사고와 선택》이라는 책을 출판한 네덜란드의 심리학자 아드리안 데헤롯(Adriaan de Groot)에서 시작되었다. 그의 연구를 이어받은 허버트 사이먼(Herbert A. Simon)과 윌리엄 체이스(William G. Chase)는 열 살 이전에 체스 국제대회에서 챔피언이 되는 사람이 없는 점을 확인하고 체스 전문가가 되기 위해서는 1만 시간 이상을 준비해야 한다고 주장했다. 그리고 이 내용을 『체스에서 마음의 눈』이란 챕터로 1973년에 출간된 《시각 정보의 처리》라는 책에 실었는데 여기에서 자신들의 연구 결과를 '10년의

법칙(10-year rule of thumb)'이라 이름 붙였다.[26] 1만 시간의 법칙이라
는 어마어마한 표현 속에는 사실 어떤 행위를 '10년 동안' 한다는 일관
성과 꾸준함이 숨어있는 것이다. 절대적인 시간의 투입도 중요하지만
이를 얼마 동안 일관되게 유지했는가도 중요한 척도가 된다는 말이다.

10년이란 긴 시간을 기다리기에는 세상이 너무 빠르게 변한다. 그래
서인지 우리는 단기간에 집약된 노력을 투자하고 이를 위해 다른 일에
써야 할 시간을 아낀다. 가장 쉬운 선택은 잠을 줄이는 것이다. 많은 이
들이 열정, 자기관리, 성찰과 같은 인생의 중요한 가치를 간과한 채 오
직 노력에만 도취되어 '물리적인 시간의 투자'를 '최선의 노력'과 동일하
다고 생각하는 오류를 범한다. 건강을 담보로 한 악마와의 거래가 시작
되는 것이다.

그러나 노력이 성숙하여 숙련함과 노련함, 나아가 탁월함으로 발전
하기 위해서는 물리적으로 충분한 시간이 필요하다. 그것이 바로 1만
시간을 연구했던 학자들이 밝힌 사실이고 그것은 10년이다. 그러나 우
리는 1만 시간을 하루 6시간씩 5년, 혹은 하루 12시간씩 3년 만에 끝
내려 한다.

학습과 수면에 대한 많은 연구 결과들은 잠을 자지 않고 공부하는 것
이 기억력 향상에 큰 도움이 되지 않는다고 입을 모아 이야기하고 있다.
오히려 충분히 잠을 잘 때, 학습 내용이 정리되어 장기기억으로 전환된
다. 우리가 맹신했던 '사당오락'이나 '밤을 새서 안 되는 일은 없다'는 구

---

26 오헌석, 최지영, 최윤미, 권귀헌 〈세계를 이끄는 한국의 최고 과학자들〉, 서울대학교출판부

호가 사실은 근거도 없는 허황된 각오에 불과했던 것이다.

캘리포니아 버클리 대학의 수면연구가 매튜 워커 박사는 "뇌는 뭘 배우기 전에 충분한 수면으로 새로운 정보를 맞이하는 준비를 한다"고 했다. 그는 또 학습 이후의 수면이 정보의 저장에 결정적이며 잠을 자지 않을 경우 지식 습득 능력이 40%나 감소할 수 있다고 했다.[27]

성과와 수면에 관한 수많은 사례를 통해서도 충분히 잠을 자야 하는 이유를 짐작할 수 있다. 앞서 언급한 덴마크 사업가 마틴 베레가드는 맥킨지의 잘 나가던 컨설턴트였지만 지금은 '회사를 만드는 회사' 레인메이킹의 대표이다. 창업 8년 만에 스타트업 18개를 성공적으로 키워냈고 이 중 3개는 업계 3위 안에 들 정도다. 연 매출 5천 만 달러 이상의 기업이지만 1년에 8주의 휴가를 가고 주 35시간 이상 일하지 않는다. 믿지 못하겠지만 사실이다.

그가 세계적인 기업을 박차고 나온 것은 과로와 수면 부족으로 출장차 머물던 호텔 복도에서 쓰러져 잠들어 버린 어느 날, 문득 인생을 다시 돌아보게 되었기 때문이다. 15개월간 하루 3시간씩 잠을 자며 일에 열정을 쏟았지만 남은 것은 회사의 높아진 기대와 엉망진창이 되어 버린 몸뿐이었다. 엉망이 된 몸 앞에서는 높은 연봉도, 은퇴 후의 풍족한 삶도 소용이 없었다. 그는 무리하지 않고 즐거운 마음으로 일해야 한다는 신념으로 창업을 했고 지금은 스마트한 성공을 이룩한 건실한 창업

---

27 미국립보건원이 발행하는 월간지 〈News in Health〉 2013년 4월호에 게재된 『Sleep on it: How snoozing strengthens memories』

가로 자리매김했다. 그가 자신의 신념과 같은 방식으로 성공을 이룩한 25명을 인터뷰하여 엮어낸《스마트한 성공들》은 2013년 출간 즉시 아마존 베스트셀러에 올랐고, 영국 국립도서관의 '2013~2014 올해의 책'에 선정되기도 했다.

마틴 베레가드의 아버지는 59세의 나이에 베레가드의 남동생을 낳았으며 가라테를 배우기 시작한 열정적인 사람인데 언제나 그에게 "돈이 아니라 시간을 아깝게 생각하라. 나중에 가서야 후회하는 건 어리석은 일이다"라고 했다. 베레가드는 아버지의 말을 되새기며 정말 소중한 일에 시간을 써야겠다고 결심했고 맥킨지를 그만둔 것이다. 일을 줄이자 수면시간이 늘고 오히려 성과는 높아졌다. 게다가 사랑하는 이들과 함께하는 시간이 많아지면서 삶은 더욱 풍요로워졌다.

여전히 잠을 줄여가며 일해야 한다는 사람들을 위해 몇 가지 사례를 더 소개하겠다.[28] 말콤 글래드웰이 '1만 시간의 법칙'을 흥행시킬 때 제시했던 근거 중 하나가 안데르스 에릭손(K. Anders Ericsson)이 연구한 바이올리니스트들의 사례였는데 이들은 보통 수준의 연주자들보다 더 많은 시간을 연습에 할애했지만 동시에 많은 시간을 잠자는 데 사용하기도 했다. 에릭손의 연구에 따르면 이들은 하루 평균 8.6시간 잠을 잤으며 매주 2.8시간의 낮잠을 잔다. 미국인들의 일일 평균 수면시간보다 1시간이 길며, 낮잠시간도 2시간가량 길다. 연습 때 발휘하는 높은 집중력이 충분한 수면에서 생긴다는 것이다.

---

[28] 에릭손의 연구는 그렉 맥커운(김원호 역)의 〈에센셜리즘〉에 소개된 내용을 참고함.

높은 성과를 내기 위해서는, 즉 하는 일이 뭔가 효과를 발휘하기 위해서는 충분히 잠을 자야 한다. 게다가 수면 부족은 비만을 유발하고, 당뇨병의 원인이 되기도 하며 기본적인 인지능력을 떨어뜨린다. 하버드 메디컬스쿨의 수면의학과장인 러셀 사나(Russell Sanna)는 하버드비즈니스리뷰와의 인터뷰에서 지난 30년 동안 평균 수면시간이 1시간 30분 줄어들었는데 그 결과 비만, 당뇨, 고혈압, 심혈관 질환, 우울증, 뇌출혈과 같은 질환이 증가했다고 밝혔다. 그리고 이런 질병은 수면 부족과 함께 나타난다는 것이 과학적으로 증명되었다고 했다.[29]

여전히 실패의 원인을 노력의 부족으로 돌린 채 방대한 시간의 투입을 노력의 척도로 생각한다면 성과를 높이기는커녕 성취감이나 행복을 맛볼 기회조차 없을 것이다. 물론 일을 하다보면 절대적인 시간이 필요한 경우도 있다. 때에 따라서는 밤을 새기도 하고, 출퇴근이 어려워 회사에서 며칠을 보낼 수도 있다. 그러나 이 또한 개인과 조직의 선택이라는 것을 명심해야 한다. 마틴 베레가드를 비롯하여 그가 만난 25명의 스마트한 성공들을 기억하자. 1주일에 35시간만 일하고도 우리는 충분히 행복해 하면서도 자신의 일에서 깊은 성취감을 맛볼 수 있다.

만약 여러분이 새벽 4시 반에 일어나 자기계발에 열을 올리고 있다면 10시 이전에 잠자리에 드는 습관을 가지기 바란다. 어쩔 수 없이 일에 치여 잠잘 시간이 부족하다면 일과 잠 이외의 다른 활동이라도 줄여야 한다. 모든 것을 고려해도 수면 시간이 부족할 수밖에 없는 상황이라면

---

29 하버드비즈니스리뷰 아이디어캐스트 2014년 4월 29일자 『Attacking the sleep conspiracy』

이 상황을 최단 기간에 끝낼 수 있도록 결단을 내려라. 충분히 건강하지 않다면 집중력이 떨어질 뿐 아니라 설사 목표를 이뤘다 해도 건강을 잃기 때문이다. 인생에서 중요한 것이 무엇인지 한 발 더 나아가 생각해보자. 내가 없으면 이 세상도 없다.

1년에 40일을
출퇴근에 쓰다

물론 수면 부족의 이유를 개인의 잘못으로만 돌릴 수는 없다. 여기에는 분명 우리 사회의 구조적인 문제가 존재한다. 2010년 통계청 조사에 따르면 출근 소요시간이 1시간 이상인 통근자 수는 433만 명이었다. 특히 1시간 30분 이상 걸려 출근하는 사람의 수는 5년 전보다 44% 이상 늘어났다. 왕복 하루 4시간씩 한 달 20일이면 1년에 960시간, 40일을 출퇴근하는 데 쓰고 있다는 말이다. 실감이 나지 않는다면, 직장 생활 9년 중 1년은 버스에 몸을 싣고 있었다고 생각해보라. 쓴웃음이 절로 날 것이다.

수도권 상황은 더 심각하다. 한국교통연구원의 『국민 통근통행 부담격차 완화 정책방안(2012)』에 따르면 2010년 기준 서울, 인천, 경기도에 거주하는 통근자 가운데 통근시간이 1시간 이상인 사람은 261만 명으로 전체 통근자의 24.5%에 달했다. 2000년 대비 무려 35.4%(88만 명)가 늘어났다. 이 중 경기도에서 통근하는 직장인의 증가율이 61%(45만 명)로 가장 컸는데 경기도에 대규모 주거지가 개발되면서 많은 직장인들이 거주지를 옮겼기 때문이다. 동년 기준 수도권 사업체의 46.2%, 고용자의 49.5%가 서울에 집중되어 있다. 특히 수도권 고용자의 28.7%가 서울의 강남, 서초, 중구, 영등포구와 글로벌 제조업체가 있는 수원에서 근무하고 있다. 반면 서울 강북, 도봉, 중랑구, 서울 주변 도시인 과천, 구리, 광주, 김포 등에는 10만 명 이하가 근무하고 있다. 이러한 취업 기회의 편중이 수도권에서 엄청난 통근 소요로 나타나며 이것이 출퇴근 시간의 교통 체증을 유발하여 통근자의 피로는 더욱 증가한다. 최근에는 가파른 전·월셋값 상승에 따른 외곽 이주가 이어지면서 이러한 추세는 심화될 것으로 보인다.

출퇴근 시간이 뭐 대수냐고 할 수도 있다. 그 시간에 오히려 영어공부를 하거나 책을 읽으면 자기계발도 된다는 위로도 가능할 것이다. 그러나 서울연구원의 『대중교통 서비스 개선을 위한 서울시 출근통행의 질 평가(2014)』에 따르면 단거리 통근자(5km 미만)의 행복지수가 73.9로 가장 높았고 중거리(5~25km)는 71.6, 장거리(25km 이상)는 70.1이었다. 길 위에서 보내는 시간이 많아질수록 행복하다는 생각이 작아지는 것이다.

실제로 외국의 통근 시간과 건강의 상관관계에 관한 연구 사례를 인용한 한 언론의 보도[30]에 따르면 영국의 일부 통근자는 통근 기차가 연착할 때 혈압이 급상승하는 경우가 있었는데 그 수치는 낙하산을 메고

---

30 한겨레신문 기사(2014. 11. 20) 『출퇴근만 네 시간, 청춘이 다 가네』

뛰어내리거나 전투기를 조종할 때에 버금가는 수준이라고 했다. 미국에서는 출근 거리가 16km 이상인 4,300명을 조사한 결과 일반인보다 고혈압 가능성이 높았고, 24km 이상인 경우 비만과 운동 부족의 위험성이 높은 것으로 나타났다. 우리나라 직장인 1,582명을 대상으로 한 조사에서도 장거리 출퇴근으로 매일 스트레스를 받는 사람이 31.4%(496명)였으며 출퇴근 문제로 아픈 적이 있었던 경우는 41.3%(654명)에 달했다.

한국인의 출퇴근과 삶의 질을 심도 있게 논의한 MBC 다큐스페셜 『두 시간 째 출근 중-길 위의 미생』에 따르면 우리나라는 경제협력개발기구(OECD) 가입국 가운데 출근 시간이 가장 길다. 우리나라의 평균 출근시간은 58분으로 미국 21분, 프랑스 23분, 독일 27분을 가볍게 재친 것은 물론 2위를 차지한, 장시간 출퇴근으로 악명 높은 일본을 무려 18분 차이로 누르고 당당히 1위를 차지했다.

또한 출근시간이 1시간 30분을 넘는 집단에서는 스트레스를 나타내는 호르몬인 코르티솔의 농도가 평균보다 높게 나타났다. 길어진 출근시간은 수면 시간의 부족, 가족과의 대화 감소 등 삶의 질을 결정하는 활동에 부정적인 영향을 미쳤기 때문이다. 실제 스웨덴에서는 장거리 통근자(30km) 부부의 이혼율이 단거리 통근자와 비교해 40%나 높았다는 연구 결과가 나왔는데 우메오 대학의 에리카 샌도우 교수에 따르면 전체 장거리 통근자 부부의 16%가 결혼한 지 5년 내에 이혼했다.[31]

무엇보다도 장시간 출근이 위험한 것은 만성 피로와 수면 부족이 교

---

31 한겨레신문 기사(2014. 11. 20) 『출퇴근만 네 시간, 청춘이 다 가네』

통사고 위험을 크게 높여 우리의 생명을 위협하기 때문이다. 필자 역시 인천과 성남을 오가며 일했던 2011년 경, 수면 부족과 과로로 목숨을 잃을 뻔한 사고를 경험한 적이 있다. MBC 다큐스페셜에서도 실제 사고 경험자의 사례를 소개하며 장거리 출퇴근의 위험성을 경고했다. 이 정도면 출퇴근 시간이 뭐 대수냐고 말하긴 어려울 것이다.

　이처럼 안타까운 현상이 발생하는 원인은 결국 직장과 집이 멀기 때문이다. 그 배경에는 집값 상승에 따른 거주지 변경, 정부 정책이나 세제 혜택 등을 고려한 직장의 부지나 사무소 이전, 자녀 교육, 부모 봉양, 육아 등이 있다.

　이런 상황에 놓인 사람들은 저마다 입을 모아 이야기한다. 어쩔 수 없다, 별 다른 도리가 없다고. 물론 이들도 깊은 고민을 했을 것이다. 어느 하나를 쉽게 포기할 수 없는 상황에서 최대한 가족 모두에게 유리한 결정을 내렸을 것이다. 그러나 과연 최악이 아닌 차악을 선택했다는 자신들의 결정에 만족하는지 모르겠다.

　문제를 조금 다른 관점에서 볼 필요가 있지 않을까? 정말 중요한 가치가 무엇인지, 결코 잃어서는 안 되는 것이 무엇인지 생각해볼 필요가 있다. 자신의 건강, 여유로운 저녁이나 주말을 포기하고 장거리 출퇴근을 선택했다면 그 결과에서 행복을 느껴야 할 텐데 그런 사람은 많지 않아 보인다. 더군다나 몸은 병들어 가고 있다.

　정답이 될 수는 없겠지만 필자의 경우 2012년 여름에 직장이 경기도 성남에서 이천으로 이전을 했는데 인천에 살고 있던 필자는 가족 전체가 이사를 할 것인지 결정해야 했다. 고민 끝에 적지 않은 손실을 감수하고 집을 정리한 뒤 출퇴근 10분 거리로 가족 전체가 이사를 갔다. 당시 판단의 기준은 '가족 모두가 함께 소중한 시간을 보낼 수 있느냐'였다. 아내는 상대적으로 장기간 휴직이 가능했지만 이사를 가게 되면 3년이나 휴직을 해야 하는데 자신의 경력에 좋을 리가 없었다.우리는 아파트 매도로 이천만 원 가까운 돈을 손해 봤고, 아내의 예상 수입을 포기했다. 아내 또한 자신의 경력을 양보했고, 큰 아이의 교육에 대해서도 한 발 물러섰다(이사를 간 곳은 아주 시골마을이었다. 필자는 아주 좋아했지만 아내는 걱정이 많았다). 함께 생활하던 동네 지인들과의 관계도 이전처럼 끈끈하지는 못하다. 하지만 그 대신 우리 가족들은 늘 함께하며 가족의 소중함을 알 수 있었다. 무엇보다도 건강을 되찾을 수 있어서 좋았다. 인천에서 성남으로 매일 3시간씩 출퇴근했던 필자는 수면 부족과 과로로 인해 당뇨 초기 증세를 앓고 있었다. 그러나 통근시간이 30분 이내로 줄어들면서 건강도 되찾고 업무에도 더 집중할 수 있게 되었다.

저마다 처한 상황은 다르겠지만 선택은 스스로 하겠다는 생각을 가지는 것이 내일을 변화시킬 수 있는 출발점이 된다. 그리고 '일과 가정', '건강과 돈' 같이 다소 배치되는 가치 중 하나를 선택해야 하는 상황이라면 정말 자신에게 소중한 것이 무엇인지 스스로 물어보는 과정이 필요하다.

특히 자신이 정말 건강하고 튼튼한지 물어보는 것, 지금 결정하는 일로 인해 자신의 건강이 나빠질 수도 있는지 검토하는 것은 절대 빠뜨려서는 안 될 일이다. 이 세상의 중심은 자신이다. 자신을 희생하는 것이 정말 가족을 위한 길인지 생각해보자. 당신에게 가족이 소중하듯, 가족에게도 당신의 존재는 소중하다. 오래도록 함께하기 위해서 반드시 갖춰야 할 것은 돈도, 명예도, 권력도 아니다. 그것은 건강이다.

방전된 배터리로는
아무것도 못한다

직장 동료가 시간당 51,000원을 벌 때 당신은 33,000원밖에 벌지 못하고 있다. 게다가 잠자는 시간을 1시간씩이나 줄여가며 동료보다 매일 2시간 24분을 더 일하고 있는 상황이라면 무엇을 개선해야 더 높은 성과를 올릴 수 있을까?

한국 근로자의 노동생산성이 지독할 만큼 낮은 수치라는 사실은 잘 알고 있을 것이다. 불이 꺼지지 않는 밤이 있기에 굳이 낮 시간에 집중해서 일을 해야 할 필요성을 느끼지 못한다. 애석하게도 이것이 우리의 직장 문화다. 낮에는 이런저런 이유로 커피 마시며 얘기도 하고 사내 정치를 하는 게 관례이니까. 정시에 퇴근하겠다고 혼자 열심히 달려봤자 모난 돌로 인식될 뿐이다. 저녁 시간을 의미 있게 보낼 계획이라면 마치 저녁에 중요한 약속이 있는 듯 아침부터 부지런히 티를 내야 한다.

그 결과 한국인의 근로시간은 2014년 기준, 연간 2,163시간으로 OECD 2위를 차지했고 OECD 평균보다는 1.3배, 네덜란드와 비교하면 1.6배에 달한다. 1위를 차지한 멕시코는 2,237시간으로 우리가 70시간만 더 일하면 1위 자리를 되찾을 수 있다. 반면 3위와는 130시간, 미국과는 400시간, 독일과는 무려 900시간 가까이 차이가 난다.[32] 당분간 메달권에서 멀어지긴 힘들어 보인다. 반면 한국생산성본부가 2012년 OECD 자료를 기준으로 발표한 내용을 보면 한국의 노동생산성은 시간당 30.4달러로 OECD 평균인 47달러보다 크게 낮았고 조사대상 34개국 중 28위에 그쳤다. 87.1달러를 생산하는 노르웨이 근로자와 비교했을 때는 절반도 안 되는 부가가치를 생산하는 꼴이다.[33]

그런데 또 다른 조사를 보면 한국인의 수면시간은 하루 평균 7시간 49분으로 OECD 조사대상 18개국 중 꼴찌를 차지했다. 8시간 50분으로 1위를 차지한 프랑스에 비해 무려 1시간이 짧은 것이다.[34]

일은 많이 하는데도 생산성은 상당히 떨어진다. 그런데도 잠은 안 자는 것이 바로 우리 한국의 근로자들이다. 이러한 통계 수치들은 충분한 수면을 포함한 휴식이 성과를 높이는데 상당한 영향을 줄 수 있다는 것을 보여준다.

2009년, 캘리포니아대학교의 밸러리 레이미(Valery Ramey)와 노스캐롤라이나대학교의 네빌 프랜시스(Neville Francis)는 미국인의 시간 사용에 대한 세기적 결과를 발표했다. 거기에는 미국인들이 1900년부

32 연합뉴스 기사(2014. 8. 25)『한국인 근로시간 연간 2천163시간...OECD 2위』
33 서울경제 기사(2014. 6. 26)『한국 시간당 노동생산성 30.4달러, OECD 가운데 28위에 그쳐』
34 헤럴드 경제 기사(2014. 7. 24)『한국인 평균 수면시간 OECD 최하위, 노동생산성도 떨어져』

터 2005년에 이르는 105년의 시간 동안 노동, 가사, 수업, 여가에 어떻게 시간을 사용했는지가 담겨 있었다. 한 세기 동안 세상은 급격하게 변했다. 수많은 과학기술의 발전은 우리에게 편리함을 선물했다. 세탁은 물론이고 건조까지 해준다. 힘들다면 세탁소도 있다. 수많은 조리기구와 주방가전들이 주부들의 수고를 덜어주고 있다. 이제 더 이상 글자 하나 틀렸다고 A4 한 페이지를 다시 쓰는 일은 없다. 힘들게 자료를 찾을 필요도 없다. 거의 모든 것이 전산화되어 데이터베이스로 관리된다. 찾기만 하면 모니터에서 바로 볼 수도 있다. 충분히 일에서 자유로워질 수 있는 여력이 생긴 것이다.

그런데 여가에 들이는 연간 550시간은 지난 105년 동안 변하지 않았다. 과학기술이 발달하면서 우리에게 많은 자유시간이 생겼지만 우리는 그 시간을 다시 노동이나 가사, 학습에 써왔던 것이다. 끝없이 뭔가를 생산해내야 한다는 강박관념, 가만히 있으면 마치 게으른 것으로 인식될 것이라는 오해, 그리고 무엇보다 경쟁에서 뒤처질 것이라는 두려움과 불안이 우리에게서 쉴 여유를 허락하지 않은 것은 아닐까?

필자는 일중독자나 편집광이 일종의 정신질환을 앓고 있는 것이라고 생각한다. 자신의 가치를 인정받는 방법을 오직 일과 그에 따른 성과에서만 찾고 있기 때문이다. 이런 사람들은 일에 관해서 만큼은 전략적이며 종합적인 사고를 하지만 일을 벗어나서는 어떤 사고도 하지를 못한다. 일이 아닌 다른 것에서는 다양하지도, 비판적이지도, 분석적이지도 못하고 오히려 무관심하며 때로는 신경질적이다.

세기의 연구가 시사한 것처럼 우리에게는 더 이상의 일이 아니라 더 많은 휴식이 필요하다. 과학기술의 발전이 가져오는 문명의 발달이라는 것이 끝없는 노동과 성취만을 뜻하는 것은 아닐 것이다. 그 속에는 분명 우리가 건전한 시민으로서 행복과 만족을 느끼며 영혼을 풍성하게 가꾸는 것도 들어 있다.

조직에서 구성원들이 늦은 시간까지 회식을 하거나 술 마시는 것을 제재하는 이유는 그런 행동이 다음 날 근무에 영향을 주기 때문인데 조직에서는 야근을 방조하거나 심지어 권장하기까지 한다. 그것이 가져올 심각한 부작용을 여전히 간과하고 있는 듯하다. 실제 대학병원 전공의를 대상으로 이뤄진 한 연구에서는 수면 부족에 시달리는 전공의가 수면은 충분하지만 음주로 인해 0.04~0.05%의 혈중알코올농도를 보이는 전공의보다 수행 능력이 더 떨어지는 것으로 나타났다. 수면에 관한 다수의 연구들은 사람이 18시간 이상 깨어있을 때 혈중알코올농도 0.05%와 비슷한 수준의 인지능력을 보이는 것으로 보고하고 있다. 개인마다 다르겠지만 보통 소주 5잔을 섭취한 수준이다. 필자도 별 보면서 출근해 별 보며 퇴근한 때가 있었는데 돌이켜 보면 아침 출근길에 소주를 들이켰던 것과 다를 바가 없었다는 생각이 든다.

하루를 봤을 때는 수면이 최고의 휴식이라면, 1년을 놓고 봤을 때는 (개인 업무 사이클에 따라서는 반년 또는 프로젝트 종료 시) 1주일 이상의 휴가를 다녀오는 게 매우 중요하다. 일에서 완전히 해방되어 순수한 휴식을 즐겨야 한다. 몸과 마음을 완전히 재충전할 기회는 일상에서 벗어나는 길뿐이다. 퇴근 후 업무 관련 메일도, 복잡한 인간관계가 형성한 더욱 복잡한 SNS의 시도 때도 없는 알림에서 벗어나 절대 휴식을 취하는 것이다.

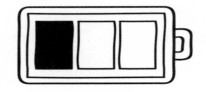

<에너지가 없을 땐 충전해야 한다>

그러나 안타깝게도 우리는 쉬지 않고 일하는 것이 무슨 훈장인 마냥 으스대고 자신이 없으면 무슨 큰일이 나는 걸로 착각한다. 지난 몇 년 동안 너무 바빴다는 것이 대단한 무용담인 양 떠드는 것을 얼마나 많이 듣고, 또 스스로도 얼마나 많이 떠들었던가. 때로는 팀을 위한다는 명분으로 아이가 있는 동료를 위해 휴가를 양보하기도 하지만 결국 이런 행동은 휴가를 사용하는 것에 대한 죄책감을 양산할 뿐이다.

미국 경제분석업체인 옥스퍼드이코노믹스가 2014년 조사한 바에 따르면 미국인들이 휴가를 제대로 사용하지 않아 근로자 자신에게는 극심한 피로가 누적되고, 회사 입장에서는 사용하지 않은 휴가일을 보상해야 하는 경제적 책임이 발생해 이를 비용으로 환산하면 연간 2,240억 달러(약 246조 원)에 달한다고 했다. 휴가를 사용하지 않는다면 좋을 사

람이 아무도 없다는 것이다.[35]

반면 일부 기업들은 일중독에 대한 그릇된 환상을 깨뜨리고 최대한 휴가를 즐기도록 제도적으로 장치를 마련하고 있다. 스마트폰 메모 애플리케이션 업체인 에버노트는 2011년부터 휴가일수 제한을 없애고 직원 당 1,000달러의 휴가비를 챙겨주고 있으며 소프트웨어 업체인 풀컨택트는 2012년부터 휴가를 가는 직원에게 연 7,500달러를 휴가비로 제공하고 있다. 시장조사기관인 랜드는 하루 휴가를 갈 때마다 월 기본급의 3%를 지급하는데 최대 사용 가능한 20일을 모두 사용하면 연 급여의 5%를 더 받는 셈이다. 이 얼마나 아름다운 제도인가.

휴가를 다녀온 이들의 반응은 하나같이 놀랍다. 업무를 위임받으면서 업무를 보다 입체적으로 확인할 수 있게 되었고, 또 업무를 넘겨주고 가야 하니 문서를 더 명확히 정리하고 평소에도 필요한 정보를 수시로 공유한다는 것이다. 게다가 완전한 휴식을 즐기던 때를 떠올리며 일에 더욱 매진하게 되었다고 한다. 결국 일이 한 사람에게 몰리며 생기던 여러 문제들이 모두가 휴가를 사용함으로써 한 번에 해결되는 것이다.

방전된 배터리로는 아무것도 못한다. 설사 할 수 있다고 해도 대단히 효율이 떨어지며 효과적인 일, 즉 새로운 것을 고안하거나 창조하는 일은 엄두도 내지 못한다. 충분한 휴식을 통해 심신을 건강한 상태로 만드는 것이 필요하다. 휴식이 부족해도 좋다는 생각이 들 때는 술에 취해

---

35 WSJ Korea 기사(2015. 3. 9.) 『미국인들 안 쓴 휴가, 액수로 따지면 200조 원 넘어』, WSJ Korea 기사(˚2014. 8. 14) 『"제발 휴가 좀 가세요" 돈까지 주는 기업 늘어』를 참고

일하는 것은 괜찮은지 반문해보자. 그리고 가능하다면 운동을 겸하는 게 좋다. 심장을 단련할 정도면 더할 나위가 없겠지만 햇살을 맞으며 하루 30분 정도 걷는 것만으로도 충분히 건강을 유지할 수 있기 때문이다.

Homo
Unaskus

포기 1순위는 수면과 휴식이다
머리가 묵직하고 몸이 무겁다
사고력이 떨어지고 쉽게 흥분한다

Homo
Askus

충분히 자고 제대로 쉰다
정신이 맑고 몸이 가뿐하다
아이디어가 풍부하며 여유가 넘친다

CHAPTER

다음 목적지는 어디인가?

한 발짝 올라서면
더 긴장해야 한다

록그룹『부활』의 리더이고 작곡가이자 기타리스트인 김태원은 〈비와 당신의 이야기〉, 〈희야〉, 〈사랑할수록〉 등 수많은 히트곡을 작곡한 실력파 음악가이다. 그는 2011년 한 TV 프로그램에 출연해 1986년 당시 록의 이미지와는 어울리지 않았던 미소년 이승철을 영입한 뒤에 거둔 엄청난 성공과 곧 이어진 실패에 대해 이야기했다. 데뷔 이듬해인 1986년, 김태원은『부활』멤버들의 반대에도 불구하고 끈질긴 설득 끝에 이승철을 합류시켰고 곧이어 발매한 앨범의 〈희야〉 등 여러 곡이 히트를 치면서『부활』은 전성기를 구가하게 되었다. 그러나 이듬해 김태원의 대마초 사건이 터지면서 어렵게 준비한

2집 음반은 실패로 돌아갔다. 김태원은 당시를 회상하며 "내 생애 처음 겪은 성공이었다. 그래서 자만심이 극에 달했었다. 창작하는 사람에게 자만심은 독약이다"라고 했다.[36] 그는 대마초보다도 자만심이 극에 달했던 것이 더 심각한 문제였다고 평가했는데 『부활』이 팬들의 사랑을 다시 찾는 데에는 6년이라는 오랜 시간이 걸릴 정도로 자만심의 대가는 컸다.

우리는 엄청난 흡인력으로 대중의 사랑을 받는 연예인들이 하루아침에 몰락하는 모습을 심심치 않게 볼 수 있다. 그들에게서 팬들의 사랑과 명성을 빼앗아간 요인은 성범죄, 성추문, 병역비리, 폭행, 마약류, 도박, 뺑소니, 음주운전 등으로 다양하다. 기대가 크면 실망도 큰 법. 대중의 마음을 다시 얻는 데에는 얼마의 시간이 걸릴지 모르며 영영 얻지 못할 수도 있다. 이들이 김태원처럼 다시 부활할지는 알 수 없지만 작든 크든 일종의 성공을 맛본 뒤 바로 몰락했다는 것은 하나같이 비슷해 보인다.

목표를 달성한 뒤 더 나아가지 못하고 심지어 무너지는 문제는 연예인에게만 국한되지 않는다. 스포츠계에서는 인기 종목의 감독이나 선수들이 승부 조작에 연루되어 기소되기도 했다. 문학계에서는 한국을 대표하는 인기 소설가가 표절 논란에 휩싸이며 수많은 독자들을 좌절시켰다.

이러한 공식은 조직에서도 발견된다. 대표적인 경영사상가인 짐 콜린스는 위대한 기업이 몰락하는 과정을 다섯 단계로 설명했는데 주목

---

36 MBC 〈황금어장-무릎팍도사〉 (2011. 3. 30) 방송분 내용 참고

할 것은 몰락의 첫 단계를 "성공으로부터 자만심이 생겨나는 단계"로 이름 붙였다는 것이다. 그는 휴대전화의 대중화를 이끌었던 모토로라, 월마트의 아성을 위협할 만큼 성장했던 전자제품 전문 유통기업 서킷시티의 사례를 들며 큰 성공을 거둔 뒤 몰락의 길로 접어든 많은 기업들이 힘들게 성취한 결과를 마치 당연한 것처럼 받아들인다는 것을 발견했다. 성공하기까지 위험한 순간도 있었고 예상치 못한 운도 많이 따랐는데 몰락한 기업들은 순전히 자신들의 뛰어난 역량 때문에 성공한 것으로 착각했다. 몰락의 암세포인 자만심이 싹트는 것은 전혀 눈치채지 못한다.

이렇게 자라난 자만심은 자신들의 핵심 사업을 간과하게 하고 다른 사업으로 눈을 돌리게 만든다. 이는 창업 철학이나 경영 이념을 무시한 채 상품성만 높은 제품에 몰두하는 결과를 낳는다. 자신들이 왜 존재하는지를 망각한 결과 유행에 민감하고 경쟁 기업을 꺾는 데에만 혈안이 된 조직으로 변하는 것이다.

짐 콜린스의 이런 주장은 《나는 왜 이 일을 하는가》, 《리더는 마지막에 먹는다》의 저자 사이먼 사이넥(Simon Sinek)의 생각과도 맥을 같이 한다. 그는 우리가 애플의 아이폰을 구매하는 이유가 단순히 예쁘고 심플하기 때문은 아니라고 한다. 물론 일부는 그렇겠지만 그보다는 혁신을 추구하며 인간의 삶을 더욱 새롭고 값지게 해준다는 애플과 스티브 잡스의 철학에 동의하기 때문이라는 것이다. 그의 '골든 서클' 개념을 빌리자면 소비자들은 기업이 만든 '무엇'이 아니라 그것을 만드는 '왜'

에 동의하기 때문에 기꺼이 지갑을 열어 '무엇'을 사는 것이다. 그러나 기업이 건전하고 정직하며 바람직했던 '왜'를 망각한 채 '무엇'에 집착한다면 이는 몰락으로 가는 전형적인 절차를 밟는 것과 같다. 그리고 그런 집착의 시작은 바로 자만심에서 비롯되는 것이다.

〈목표를 성취할수록 떨어질 때의 충격은 크다〉

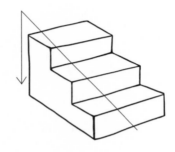

작더라도 하나의 목표를 달성하는 것은 보다 큰 목표를 달성하기 위해, 또는 궁극적으로 추구하는 목적을 위해서도 필요하다. 큰 성공도 결국은 작은 성취들이 꾸준히 축적되면서 이루어지는 것이기 때문이다. 한 번의 시도, 한 번의 노력으로 이뤄지는 것은 결코 진정한 목표라고 할 수 없다.

그러므로 목표 달성보다도 그 뒤의 마음가짐과 행동이 더 중요하다. 로또 1등 당첨자들이 신기할 정도로 비슷하게 모두 비참한 생을 맞이하는 것도 오직 1등 당첨이라는 목표 하나만 생각했기 때문이다. 이들의 공통점은 큰돈을 갖게 된 뒤에 무엇을 할지 구체적으로 생각한 적이 없다는 것이다. 게다가 마음가짐도 단단하지 못했다. 결국 무절제한 소비와 타락한 유흥에 빠져 전보다 더 깊은 나락으로 떨어진다.

목표를 선점한 뒤의 마음가짐은 인생의 축소판이라는 바둑판 위에서도 중요하다. 보통 프로 바둑 결승에서는 5전 3선승제 또는 7전 4선승제를 택하는데 먼저 2승 또는 3승을 거둔 기사가 내리 서너 번을 지며 패하는 경우가 적지 않다. 이미 따놓은 승리가 승부에서 자만심을 불러오고 이기려는 마음이 강해지면서 정확한 판단을 못하기 때문이다. 작은 성취 이후에 초심을 잃어버리면 결국 우승이라는 성공을 놓칠 수밖에 없다.[37] 초심이란 결국 지금까지의 대전 결과에 관계없이 상대를 진지하게 대하는 겸손한 마음이다.

떨어진다는 것은 어딘가 올라선 뒤에 일어나는 일이다. 이것은 어딘가에 올라서면 떨어지지 않도록 주의해야 한다는 말과 같다. 우리는 소위 "돈 좀 생기더니 사람이 달라졌다"고 하는 말을 귀담아 들어야 한다. 사돈이 땅을 사면 배가 아프다는 옛말처럼 나의 작은 성공이 남들에게는 부러움을 넘어 시기의 대상이 될 수 있기 때문이다. 남들의 관심을 왜곡하자는 게 아니다. 만약 목표를 달성해 이전보다 한 계단 올라섰다는 생각이 들면 더욱 겸손해지고 자신을 낮추어야 한다는 다짐과 실천이 필요하다는 말이다.

목적지에 들어설 때는 다음을 생각하자. 작은 성취에 도취되어 자신

---

37 이지훈, 〈단〉, 문학동네

의 기량을 뽐내지 말자. 능력은 작은 밑거름에 지나지 않는다. 오히려 수많은 사람들의 배려와 도움, 게다가 적지 않은 행운이 오늘의 성취를 만들어냈다고 그들에게 공을 돌리자. 자만심의 싹을 자르고 겸손을 길러내자.

등산보다 하산이
더 중요하다

갈망하던 목표를 이뤘다. 이제 목적지에 들어서는 스스로를 격려하고 칭찬도 해주자. 쉽지만은 않은 여정이었으리라. 누구보다 애쓴 자신에게 충분히 보상을 해주자. 성취감을 만끽하고 그 기분을 즐기자. 지금이 아니면 다시 기억하지 못할 것이다. 그런 다음 해야 할 일은 바로 다음에 갈 곳을 정하는 것이다. 이는 인생의 궁극적인 목표와 목적을 위한 여정에는 끝이 없음을 상기시켜 줄 뿐아니라 목표 달성에 따른 자만심이 자라지 않도록 해준다.

남극과 북극점을 정복하고 에베레스트를 네 번이나 오른 탐험가 허영호 씨는 정상을 오르는 게 목표가 아니라고 했다. 아무리 정상이 가까워도 내려올 자신이 없으면 정상 길목에서라도 포기해야 하기 때문이다. 그렇지 않고 욕심을 부리면 목숨을 잃을 수도 있다.

실제 KBS 데이터 저널리즘 팀이 분석한 2013년 국내 산악사고 6천여 건을 분석한 결과에서도 산을 오를 때보다는 내려올 때 더 많은 사고가 발생하는 것으로 드러났다. 체력이 고갈되기도 했지만 정상을 밟았다는 생각에 마음이 급해졌기 때문이다.[38]

　정상을 목표로 삼는다면 내려오는 길은 위험해질 것이다. 그러나 정상을 오른 뒤 안전하게 내려오는 것을 목표로 한다면 하산길도 목표를 향한 일부분이 된다. 우리의 삶도 이와 같다. 목표 달성 또한 긴 여정의 부분에 불과하다. 그러므로 다음 목적지를 생각하는 것은 당연하고 자연스런 일이다.

　우리에게《하워드의 선물》로 잘 알려진 하버드대학교 경영대학원의 하워드 스티븐슨(Haward H. Stevenson)은 정해진 트랙을 도는 경주마가 되어서는 안 된다고 말했다. 경주마는 달리기 위해 생각을 멈추지만 야생마는 생각하기 위해 달리기를 멈춘다는 것이다.[39] 오직 기수의 명령에 따라 앞으로만 달리는 경주마에게서 자신의 모습이 보인다면, 앞으로 달리느라 주변은 물론 자신도 돌보지 못했다면 잠시 멈춰 서라. 그리고 지금 서 있는 자리, 달려온 길, 가야 할 길을 바라보는 시간을 가져야 한다. "지금 제대로 가고 있는 거 맞아" 하고 말이다.

　인생은 끝없는 항해이며 그 끝은 누구도 미리 가볼 수 없다. 살아 있는 한 의미 있는 목표를 찾고 그것을 성취하기 위해 정진하는 것이다. 그리고 그 과정에서 보람과 성취는 물론 좌절과 실패의 고통도 경험하게 된다. 그것이 바로 우리의 인생이다. 심리학자들은 행복을 가늠하는

---

38 KBS 인터넷 뉴스 기사(2014. 11. 17) 『국내 최초 산악사고 지도, 우리 동네 산은?』
39 조선일보 위클리비즈팀, 〈더 인터뷰〉, 21세기북스

중요한 척도로 관심 있는 대상이 있는지를 보기도 한다. 이것은 곧 열망하는 어떤 목표가 지속적으로 가슴에 머무르고 있느냐 하는 것이다. 평생 동안 도전을 지속하는 삶도, 조용한 가운데 일상을 즐기는 안분지족의 삶도 본질은 같다. 자신이 세운 목표를 조금씩 지속적으로 성취해나가는 것이다.

끝은 없다. 끝은 곧 죽음을 말한다. 한 번의 성취에 도취된다면 그 다음을 볼 수 없다. 첫 번째 정거장에서 짐을 푼다면 그 다음에는 무엇이 있는지, 어떤 여정이 기다리고 있는지 알 길이 없다. 그걸로 여행은 끝나는 것이다. 정말 꿈꾸는 삶이 있다면 그것을 어떻게 이룰지 고민하고, 그것을 위해 무엇을 해야 할지 생각해보라. 몇몇 목표를 성취하는 것만으로 달성될 일은 아닐 것이다. 우리가 동경하는 삶은 긴 호흡으로 멀리 내다보지 않으면 이룰 수 없는 그런 모습일 것이다. 설령 단숨에 이뤄진다고 해도 그 상태를 유지하기 위해서는 또 다른 목표를 세우고 이뤄나가야 한다. 삶은 한순간의 꿈이 아니다.

전 세계의 오지를 체험하든 매일 아침 햇살에서 감사함을 느끼든 결국 우리는 어떤 목표를 세우고 그것을 달성하고 또 다음 목표를 향해 나가야 한다. 그리고 이런 과정을 통해 자만심은 제어하고 겸손함과 감사의 마음은 최대한 이끌어낸다. 산을 오르는 것보다 내려오는 것이 더 중요하다. 목표라고 생각했던 정상 너머 하산길이라는 또 다른 목표를 보자.

다음 목적지가
너무 멀면 닿지 못한다

성공의 공을 자신이 아닌 외부로 돌리는 겸손함과 다음 목표를 생각하는 것은 목표를 이룬 자가 가져야 할 마음가짐과 행동이다. 이 둘은 다시 목표를 성취하는 밑바탕이 될 것이며 또 다른 목표로 이어진다. 이는 결코 무시할 수 없는 삶의 단면이다. 어떤 삶도 이 틀에서 벗어날 수 없다. 분명하게 인식하지 못할 뿐, 우리는 늘 목표, 계획, 이상, 동경과 같은 일종의 지향을 따르기 때문이다. 그러므로 어떤 상태를 끝없이 추구하며 거기에 도달하려는 다양한 노력들은 우리가 살아가는 모습 그 자체이다.

여기에서 우리는 일회성, 단발성 이벤트, 한탕 같은 단어들이 얼마나 무의미한지 짐작할 수 있다. 우리의 삶 자체가 끝없이 이어지는 긴 여정이기 때문에 한 번에 이룬 결과로 그것을 마무리 짓겠다는 발상은 성립할 수 없는 말이다. 오히려 『목표 설정 → 노력 → 성취 → 목표 재설정』과 같은 일련의 절차를 제대로 수행하는 것이 삶을 보람되게 채우는 길이다. "우리 삶이 일정한 형태를 띠는 한 우리 삶은 습관 덩어리일 뿐이다"라고 한 미국의 심리학자 윌리엄 제임스(Willam James)의 말처럼[40] 하나의 목표를 달성하면 자연스레 다음 목표를 찾는 것이 하나의 습관으로 형성되는 것이 유리할 것이다.

자만심을 죽이고 겸손함을 기르며 다음에 나아갈 목표를 찾는 것은

---

40 찰스 두히그(강주헌 역), 〈습관의 힘〉, 갤리온

『목표 설정 → 노력 → 성취 → 목표 재설정』이란 고리가 끝없이 이어지도록 해준다. 그러나 이것만으로는 부족하다. 또 다른 마음의 문제는 단단해 보이던 고리를 언제든 끊을 수 있다.

성취에 따른 자만심과 함께 경계해야 할 것이 바로 다음 목적지를 수립할 때 생기는 욕심이다. 이는 역도와 같이 자신이 이미 갱신했던 기록을 공개적으로 평가받는 스포츠를 통해 엿볼 수 있다. 연습과는 달리 실전은 변수가 많다. 환호하는 관중, 익숙하지 않은 경기장, 기록에 대한 부담 등도 문제이지만 가장 큰 부담으로 작용하는 것은 기회가 서너 번밖에 안 된다는 것이다. 평소에는 수차례 들 수 있었던 무게이지만 주어진 기회 내에서 재현해내야 하는 상황에서는 근육을 위축시키고 호흡을 불규칙하게 만들 만큼 오히려 부담스러운 기록이 된다.

처음이나 두 번째 시도에서 실패할 때, 상대 선수의 기록을 앞설 자신이 생길 때, 조금만 더 욕심을 내면 메달을 딸 수 있을 때, 선수들은 자신의 역량을 넘어서는 무리한 무게를 요청한다. 게다가 그것을 이루려는 과도한 의지는 욕심이 되어 오히려 손목이나 팔꿈치, 어깨, 허리나 골반에 큰 부상을 입는 빌미로 작용하기도 한다. 장기적 관점에서는 다소 저조한 기록으로 대회를 마치는 것이 치명적인 부상을 입는 것보다 나을 수도 있다.

역도의 사재혁 선수는 2008년 베이징 올림픽 77kg 역도에서 금메달을 땄다. 남자 역도에서는 1992년 바르셀로나 올림픽의 전병관 선수 이후 16년만의 쾌거였다. 자연스레 2012년 런던올림픽 2연패를 노리게 되었다. 그러나 그는 2011년 연습 중 부상을 입어 제대로 훈련을 하지 못했다. 다행히 런던올림픽 시합 당일 컨디션이 좋아 인상 1차 시기에서 158kg을 들어 올리며 인상 경기에서 3위에 올랐다. 그는 인상 종목에서 중국 선수들과 격차를 조금이라도 줄인다면 강점인 용상 시합을 통해 금메달을 노려볼 만하다고 판단했다. 올림픽 2연패는 대한민국 역도사에서 전무후무한 기록이다.

그는 2차 시기에서 162kg을 요청했다. 지난해 전국체전에서 이미 165kg을 들어 올리며 한국 신기록을 갈아치웠기에 자신이 있었다. 그러나 예상과 달리 역기를 드는 과정에서 오른쪽 팔꿈치가 탈골되는 부상을 입었다. 문제는 강한 의지였다. 당시 상황을 두고 박종영 대한역도연맹 전 회장은 신체 균형이 무너진 상태에서 바벨을 끝까지 들고 있었던 것이 화근이었다고 지적했다. 역도 관계자들에 따르면 미숙한 동호인들조차도 시합 중에는 팔이 빠지지 않는데 사재혁의 금메달을 향한 강한 의지가 부상을 초래한 것 같다고 했다.[41]

만만치 않은 기록을 시도하는 것은 욕심이 아니다. 그것은 용기 있는 도전이며 계산된 모험이다. 그러나 그것이 성공하지 못할 것이라는 결정적 증거 앞에서도 포기하지 않는다면 욕심이 된다. 그것은 목표 달성은커녕 지금껏 이뤄놓은 성과까지도 허무하게 만들 수도 있다. 다시 시작하기 위해 먼 길을 돌아야 할지도 모른다.

끝으로 다음 목표를 수립할 때 반드시 확인해야 하는 것들을 다시 한

---

41 연합뉴스 기사(2012. 8. 2) 『역도인들 "사재혁 의지 너무 강해 부상"』

번 살펴보겠다. 이 책의 2부에 소개된 것처럼, 새로운 목표는 스스로 결정한 것인지, 하려는 의도가 분명한지(궁극적인 삶의 목적에 부합하는지), 청사진은 뚜렷한지, 진정으로 원하는지, 성취함으로써 남달라질 수 있는지 따져봐야 한다. 이에 추가하여 이전의 목표와도 연결되어야 한다. 스티브 잡스는 과거를 보면서 수많은 경험들을 이을 수 있다고 했지만 이것은 어디까지나 과거를 활용하자는 관점의 접근 방식이다. 앞날을 계획하는 입장에서는 목표가 서로 유기적으로 연결되어야 한다. 다음 목표는 지금껏 이룩한 성과를 더욱 빛내거나 자신의 가치를 높여줄 수 있어야 한다. 전혀 무관해 보이거나 일관성이 떨어지는 목표는 '집중'과 '단순화'에 역행하는 상징임을 잊지 말자.

Homo
Unaskus

목표를 달성하면 자만에 빠진다
한 번의 성취로 모든 것을 얻으려 한다
능력을 과신하고 욕심을 부린다

Homo
Askus

목표를 달성할수록 겸손해진다
만족하되 안주하지 않고 다음을 생각한다
욕심 부리지 않는다

CHAPTER

세상은 어떻게 변하고 있는가?

나비효과

　　　　　　　IT 기술은 우리의 일상을 바꾸어 놓았을 뿐 아니라 수많은 사람의 인생 또한 바꿔 놓았다. 수십 년간 종사해온 일자리가 하루아침에 사라지는 것도, 전혀 다른 업무를 배워야 하는 것도 새로운 기술의 개발이 가져온 변화이다. 그래서 일부 사람들은 기술의 발달과 그에 따른 문명의 진보를 달갑지 않게 보기도 한다.

　내비게이션의 등장으로 도로교통지도 책자 산업이 몰락한 지 10년이 채 안 되었는데 이제는 내비게이션 또한 스마트폰 애플리케이션에 자리를 빼앗기고 있는 추세다. 고속도로 요금 징수원 자리는 하이패스가 점차 대체해 나가는 분위기이고 새로 생기는 주차장의 요금 결제도 이제는 대부분 정산기계가 담당하고 있다. 지하철역에서 표를 끊어주던 역무원은 이제 안전 문제를 확인하거나 승객의 불편사항을 해소해주고 있다. 대신 커다란 발권기가 그들이 했던 매표 업무를 처리하고 있다. 불법 주차 단속반이 주차 위반 스티커를 붙이다가 차주와 다툼을 벌이는 일도 보기 어려워졌다. 이제는 단속 차량의 카메라가 불법 주차 차량의 번호판을 인식하는 방식으로 대체되고 있다.

　소위 일류라 불리는 IT기업의 기술은 상상을 초월한다. 아니 기술 개발을 선도하는 그들의 상상력이 상상을 초월한다는 표현이 정확할 것이다. 아마존은 드론을 이용한 무인 택배 배달 서비스를 추진 중이고, 구글은 무인 자동차 개발을 선도하고 있다. 이는 단순히 소비자의 편의를 증진시키는 것에 끝나지 않고 수많은 변화를 야기할 것이다. 무인 택배는 택배 기사의 일자리를 대신하는 것뿐 아니라 기존의 물류회사에 적지 않은 타격을 줄 것이다. 운송용 트럭의 소비가 줄어들 것이고 관련 소비재 및 차량 정비, 유류 소비 등에 영향을 미칠 것이다. 교통사고 발생률이 제로에 가까운 것으로 알려진 무인 자동차가 등장하면 보험과 정비 관련 산업은 큰 변화를 각오해야 한다. 대리운전, 택시 등의 산업도 영향을 받을 것이다.

　레온 트로츠키(Leon Trotsky)가 "당신은 전쟁에 관심이 없을지 몰라도, 전쟁은 당신에게 관심 있다"고 말한 것처럼, 당신은 세상의 변화에 관심이 없을지 몰라도, 세상의 변화는 당신에게 어떤 형태로든 영향을 미치게 된다. 이 세상에 태어나 존재하는 순간부터 우리는 세상의 변화에서 자유로울 수 없다. 속세를 버리고 산으로 들어가 살더라도 인간들의 어떤 행위에서 야기된 황사, 산성비, 강수량의 감소, 생태계의 변화 등의 문제를 마주할 수밖에 없다.

너무나 많은 요소들이 영향을 미쳐 기상을 관측하기 어렵다는 것을 우회적으로 표현한 데에서 비롯된 '나비효과'라는 말이 지금의 우리를 가장 잘 설명하는 말이 된 것 같다. 지구 반대편에서 만들어진 신기술이 몇 년 후 나의 일자리를 빼앗을 수도 있으니 말이다. 변화의 속도는 빨라졌고 그 파장의 범위는 넓어졌으며 충격도 점점 커지고 있다. 잠시만 손을 놓고 있으면 저만치 밀려나 구닥다리가 되는 건 시간문제다.

이런 상황에서 기술의 발달을 달갑지 않게 본다고 그 변화의 파장에서 비켜설 수는 없다. 게다가 변화를 가져오는 것은 기술뿐만이 아니다. 국가의 정책을 결정하는 고위 관료의 철학이나 가치관에 따라 사회는 바뀔 수 있다. 때로는 여성 교육권을 주장하며 자신의 소신을 굽히지 않았던 파키스탄의 마랄라 유사프자이(Malala Yousafzai) 같은 약자들의 목소리가 예상치 못한 변화를 가져오기도 한다. 기후가 추워지거나 더워지면서, 인구가 이동하면서, 소비자들의 기호가 바뀌면서 변화는 시작된다. 변화는 늘 출발선에서 달려 나갈 준비를 하고 있어 우리는 언제 어떤 변화가 우리의 일상으로 달려 들어올지 예의주시해야 한다.

어떤 분야에서 무슨 일을 하는지에 따라 정도의 차이는 있겠지만 변화로부터 자유로운 사람은 없다. 우리는 변화의 희생자가 될 수도 있고 수혜자가 될 수도 있다. 변화에 어떻게 대응하느냐에 따라 결과는 크게 달라진다. 한 마리 나비가 일으키는 파장이 어느 지역에서 어떤 규모의 태풍을 일으킬지 잘 판단해야 한다. 큰 변화에 대해서는 흐름을 읽을 줄 알아야 한다.

변화를 관통하는
사고력, 통찰

우리는 목표 너머를 생각해야만 한다. 서두를 필요는 없지만 평생 그 자리에 머물 계획이 아니라면 뱃머리를 어디로 돌려야 할지 정해야 한다. 성취감을 만끽하고 충분한 휴식을 취하자. 그리고 다음 목표를 구체적으로 설정하자.

목표를 정하는 일은 앞에서 언급한 것처럼 열정, 비전, 목적 등을 분명히 하면 충분히 가능한 일이다. 그러나 하나의 목표를 성취한 뒤, 새로운 목표를 다시 설정할 때는 한 가지 더 고려해야 할 것이 있다. 그것은 바로 변화의 방향이다.

어떤 분야에서 처음으로 무엇인가를 시작할 때에도 업계의 동향이나 유행 등을 파악했겠지만 계획한 목표를 달성한 시점과 비교한다면 정보나 요령이 부족하여 상대적으로 미흡했다고 볼 수 있다. 게다가 목표를 이루는 과정에서 변화를 바라보는 관점이 바뀔 수도 있고, 변화의 흐름 자체가 바뀌었을 수도 있다. 해당 분야를 어느 정도 맛보았기 때문에 이전에는 보이지 않았던 것을 볼 수가 있는 것이다.

그러므로 자기가 그리려고 하는 큰 그림을 먼발치에서 다시 한 번 보는 일이 필요하고 이 시점에서 필요한 것이 바로 통찰력이다. 물론 통찰력이 특정 시기에만 필요한 것은 아니다. 변화의 흐름을 이해하고 어떻게 변화할지, 변하지 않는 본질은 무엇인지 분별하는 것은 어느 때고 필요한 일이다.

그럼에도 불구하고 목표를 달성한 뒤 통찰력을 언급하는 것은 두 가지 이유 때문이다. 우선은 앞에서 말한 대로 한 번의 경험을 통해 일정 부분의 궤도 수정이 필요하다는 것을 깨달았기 때문이다. 넓고 깊어진 시야는 처음에 보지 못했거나 놓친 부분을 찾아준다. 그것이 남다른 생각을 낳고 전에 없던 성과를 창출하는 것이다.

또 다른 이유는 변화가 심한 상황에서 처음부터 너무 통찰에만 집착한다면 어떤 일도 착수할 수 없기 때문이다. 자신이 하려는 일이 변화의 흐름과 맥을 같이 하는지 따지다 보면 어느새 또 다른 변화의 물결이 몰려온다는 말이다. 한 번의 시도와 목표 달성을 경험한 후 통찰을 논하는 것이 더 적합한 이유이다.

통찰하라는 말은 단기간에 끝나고 마는 유행에 집착하라는 것이 아니다. 사물이나 현상을 진지하고 끈질기게 관찰하고 질문을 통해 본질을 찾다보면 깨닫게 되는 일종의 큰 물결이다. 이것은 당장에 닥칠 일에 관한 것이기도 하며 몇 년 혹은 수십 년 뒤의 일에 관한 것일 수도 있다.

요즘 최대 이슈 중 하나인 인구 감소를 예로 들어보자. 실제 인구가 감소하면서 발생할 것으로 예상되는 우려스런 일들은 불과 몇 년 안에 우리에게 들이닥칠 가능성이 매우 높다. 인구 구조와 소비 흐름의 변화에 기반을 둔 경제 전문 분석가인 해리 덴트(Harry Dent)가 집필한 《2018 인구절벽이 온다》는 소비가 정점에 이르는 47세의 인구가 급격하게 감소하는 시점을 눈여겨봐야 한다고 했다. 그에 따르면 미국은 2007년, 독일과 영국은 2013년에 이를 경험했으며 유럽의 나머지 국가들은 2013년에서 2018년 사이에 대규모 인구 집단의 소비가 정점에 도달한 뒤 꺾이기 때문이다. 또한 그는 출산 인구가 가장 많았던 해가 일본은 1949년이고 한국은 1971년임을 언급하면서 한국이 일본의 경제 상황을 22년 뒤에서 따라가고 있다고 했다. 그러면서 한국은 2018년 이후 인구 절벽 아래로 떨어지는 마지막 선진국이 될 것이며 그에 따라 소비 흐름은 2020년 이후 지속적으로 감소할 것으로 내다봤다. 실제로 일본은 1990년부터 소비가 급락했고 1997년부터는 장기 하락세에 접어들었다. 해리 덴트는 인구 감소에 따른 충격을 최소화하기 위해 퇴직 시점을 75세가량으로 늦추거나 장기적으로 출산율을 끌어올려야 한다는 대책을 제시했다.[42] 정부의 출산장려정책과 맥을 같이 한다. 아이를 둘 이상 낳아야 한다는 애국심에 호소하기 좋은 정보다.

반면 《인구쇼크》라는 책은 지구상의 과도한 인구가 경제에 악영향을 미치며 궁극적으로 환경까지 파괴해 지속가능한 생존을 위협한다고 내다봤다. 저출산 공포에 떨고 있는 국가의 지도자들에게는 엉뚱하게 들리겠지만 저자인 앨런 와이즈만(Alan H. Weisman)의 주장은 상당히 설

---

42 해리 덴트(권성희 역), 〈2018 인구절벽이 온다〉, 청림출판

득력이 있다. 그가 유엔 인구국에 직접 확인해본 결과 4.5일마다 세계 인구는 100만 명씩 늘고 있었다. 1900년에 16억 명에 불과했던 지구촌 인구는 2014년에 72억 명을 돌파했고 2082년에는 100억 명을 넘어설 것으로 예상된다. 그의 표현을 빌리자면 "약 20만 년간 거의 일정한 수를 유지하던 세계 인구가 역사의 마지막 0.1퍼센트 기간 동안 마치 폭발하듯 증가"하고 있는 것이다. 문제는 지구의 최대 수용 인구가 몇 명인지 알 수가 없다는 것이다.[43]

  그러나 인구 과잉은 지구촌 곳곳에서 환경 파괴, 물과 식량 부족, 에너지 고갈 등의 문제점을 드러내고 있다. 1980년대에는 학교 운동장의 수도꼭지에서 바로 물을 마셨고, 주변의 아무 하천에서나 물놀이를 할 수 있었다. 공기가 좋다는 생각은 한 적이 없다. 나쁜 공기를 마셔보지 못했기 때문이다. 그러나 요즘은 생수나 정수기 물이 아니면 의심스러워 맘 놓고 마시질 못한다. 환기를 위해 창문을 열고 싶어도 미세먼지가 더 위험하다는 언론보도 때문에 울며 겨자 먹기식으로 공기청정기를 구입한다. '식량은 조달이 될까, 기름은 충분할까, 공기가 모자랄 일은 없겠지?' 이런 걱정이 이제 현실로 다가올지도 모른다. 출퇴근길의 비좁은 지하철을 떠올려보라. 탑승객이 줄지 않는 한 지하철 증편은 임시방편에 불과하다.

  두 책은 상반되는 주장을 하고 있지만 모두 논리적이고 설득력이 있다. 아쉽게도 필자는 이 분야의 전문가가 아니기 때문에 인구 증가 또는

---

43 앨런 와이즈먼 (이한음 역), 〈인구쇼크〉, 알에이치코리아

감소에 대한 대책으로 뭐가 옳은지 모른다. 그러나 무시할 수 없는 변화가 일어나고 있으며 인구가 중요한 이슈가 될 것이라곤 확신할 수 있다. 그래서 관련 공부를 하며 필자의 꿈과 목표에 인구 변화가 미칠 영향을 짐작해 본다. 자신이 이룰 꿈과 목표만 바라보느라 세상의 이런 변화에 무관심하거나 둔감해지면 안 된다는 말이다. 이런 변화는 '왜?'라는 질문에 결정적인 영향을 줄 수 있기 때문이다.

인구 폭증으로 환경이 파괴되어 대부분의 사람들이 생리적 욕구를 해결하는 데 어려움을 겪는다면 지금의 꿈과 목표는 더 이상 우리에게 중요한 문제가 아닐 수도 있다. 물과 공기를 구하기도 어려운 상황에서 외교를 논하고, 기업 경영을 말하며, 문학과 예술을 즐기는 것이 지금과 같을 수는 없다.

비단 인구 문제만이 아니다. 일례로 군에서 발생하는 총기난사 사고가 빈도를 더해가며 발생 주기가 짧아지고 있는데 이는 병영이라는 외부와 고립된 환경에서 어떤 리더십을 발휘해야 하는가, 구조적이고 시스템적으로 개선할 것은 무엇인가 하는 문제와 직결된다. 나아가 중·고교생의 진학 및 진로 지도, 가정에서 자녀 교육 및 의사소통, 부부의 결혼생활 유지, 게임 중독 및 치료 등의 사회적 문제와도 연결된다.

만약 여러분의 목표가 위에서 언급된 일과 관련 있다면 여러분의 꿈을 구체화하고 다듬는데 군에서 발생한 총기사고가 영향을 줄 수도 있다. 총기사고를 접하면서 우리는 자신의 문제를 해결하는 방식이 상상할 수 없을 정도로 충동적이고 폭력적으로 변하고 있음을 알 수 있다.

이뿐 아니라 평범한 사람이 저지르는 끔찍한 보복운전에 관한 뉴스는 감정 조절 장애가 점점 심각해지고 있음을 깨닫게 해준다. 강원도 전방 부대의 총기사고, 순간을 충동을 이기지 못하는 보복운전 같은 현상에서도 현대인의 감정에 관한 문제를 엿볼 수 있는 단서가 존재한다는 것이다.

노력한다면 하나의 목표를 성취할 수는 있을 것이다. 그러나 한 번의 성취에 도취되거나, 자신이 설정한 목표에만 매몰되어 주변을 돌아보지 못한다면 중요한 변화를 놓치게 되고 현실과는 동떨어진 공허한 꿈만 좇게 될 수도 있다. 자연히 꿈의 달성은 더 어려워지고, 손에 쥐더라도 의미는 퇴색된다. 나를 둘러싼 세상이 어떻게 변하는지, 그럼에도 불구하고 변하지 않는 것은 무엇인지 가려내는 눈이 필요하다. 하나의 목표를 성취했다면 이제는 세상으로 눈을 돌려 어떤 변화가 오고 있는지 살펴보자.

삶의 의미가 진화하다

아르헨티나의 작은 마을에 자리한 카페에서 모처럼의 휴식을 즐기던 스물아홉 살의 미국인 남성은 신발을 나눠주는 봉사활동을 하고 있는 여성을 만났다. 그는 그녀와 대화하면서 아르헨티나처럼 비교적 잘사는 나라에서도 신발이 없어 맨발로 다니며 생활에 불편을 겪을 뿐 아니라 그로 인한 상처 때문에 각종 질병에 감염되는 아이들이 많다는 사실을 알게 되었다. 그날 이후 그는 대도

시를 조금만 벗어나도 극심한 빈곤에 시달리는 사람들을 발견할 수 있었고 그곳에서 신발 없는 아이들의 현실을 실감했다. 뭔가를 해주고 싶었지만 생각이 떠오르질 않았다. 그러다 불현듯 아르헨티나를 여행하며 수없이 목격했던 국민 신발 알파르가타가 떠올랐다. 부드러운 캔버스 천으로 만든 이 신발은 폴로 선수, 농부, 학생에 이르기까지 전 국민이 신다시피 했다. 이것을 아이들에게 어떻게 제공해줄 수 있을까? 기부를 받는 것은 분명 한계가 있을 테고 공급도 일정치 않을 게 뻔했다.

깊은 고민 끝에 그는 이 좋은 일을 자신의 기업가 정신에서 해결하기로 마음먹었다. 기부를 사업화하겠다는 것이었다. "한 켤레를 팔 때마다 신발이 없는 아이들에게 새 신발을 한 켤레씩 주는 것"이 바로 사업모델이었다. 그는 스페인어를 구사할 수 있는 친구 한 명과 함께 제화공들을 모집해 바로 신발 제작에 들어갔다. 수탉과 당나귀, 이구아나들이 가득한 친구의 헛간에서 몇 주 고생한 끝에 미국 시장에서도 통할 정도로 약간의 각색을 한 알파르가타 250켤레를 만들어 미국으로 돌아왔다. 그는 어렵사리 아메리칸 래그(American Rag)라는 소매점에 신발을 납품할 수 있었는데 그의 착한 사업 모델이 〈로스엔젤레스 타임스〉에 소개되면서 순식간에 2,200건의 주문이 들어왔다. 빈곤에서 힘든 나날을 보내고 있는, 미래의 희망인 아이들에게 신발을 기부한다는 그의 착한 마음에 소비자들이 기꺼이 공감을 표한 것이다.

하늘색 두꺼운 두 줄 사이에 "TOMS"라는 글씨가 들어가 있는 로고를 투박하게 뒤꿈치 부분에 붙여 놓은 탐스 신발은 이렇게 탄생했다. 지금은 100만 켤레 이상의 신발을 아이들에게 나눠주는 세계 최고의 기부 기업 중 하나로 성장했다. 창업자 블레이크 마이코스키(Blake Mycoskie)는 탐스 사업을 통해 "한 사람으로서, 사업가로서, 자선 사업가로서의 내 야망을 따로 나눌 필요 없이 탐스라는 하나의 소명으로 응집시킬 수 있었다"고 한다.

그는 아르헨티나에 가기 전 대학생들에게 세탁물을 배달하는 사업, 리얼리티 프로그램만 방송하는 케이블 방송 사업, 중고등학생들에게 온라인으로 운전을 가르치는 사업을 하며 나름 만족스런 삶을 보내고 있었다. 그러나 우연히 신발 없는 아이들의 고통스런 모습을 목격한 뒤 더 보람되고 가치가 있으며 의미 있는 일에 자신의 재능을 쓰기로 마음을 바꾼 것이다. 그는 세태가 변하고 있음을 알아봤다. 성공을 갈망하는 사람의 마음은 변함없지만 성공에 대한 정의가 달라졌다는 것이다. 이제는 성공이 단순히 지위나 부를 획득하는 것이 아니라 무언가를 기부하고 자신이 원하는 조건에 따라 살아가는 것으로 확대되고 있다는 것이다.

마이코스키는 1만 켤레의 탐스 슈즈를 판 뒤에 아르헨티나로 돌아갔다. 그는 미국인이지만 삶의 의미가 존재하는 곳, 그 의미를 발견한 곳이 아르헨티나이기에 이제는 그곳으로 향하는 것을 돌아간다고 표현하는 게 맞을 것이다. 그곳에서 그는 동료들과 함께 열흘간 이 마을 저 마을을 돌며 1만 켤레의 신발을 아이들에게 나눠줬다. "TOMS"는 "Tomorrow's Shoe"의 약자로 "Shoes for Tomorrow"라는 의미를 담고 있다. 그가 준

것은 단순한 신발이 아닌 미래이자 희망이었다. 그 때의 감회를 그는 이렇게 전한다.

"어떤 마을은 모든 게 허물어져서 마치 쓰레기 매립장을 보는 듯했다. 집은 쓰러지기 일보 직전이었고, 거리는 깨진 유리와 쓰레기로 넘쳐났다. 그래도 아이들은 기뻐하며 우리 주위로 몰려들었고, 웃고 까불며 진심으로 고마워했다. 이번에도 역시 우리는 만감이 교차했다. 나는 부모님을 바라보았고, 그분들이 우는 걸 보자 더 눈물이 났다. 그러면 부모님들은 내가 우는 걸 보고, 또 더 많은 눈물을 흘렸다. 전에는 '기쁨의 눈물'이라는 말을 이해하지 못했지만, 이제는 그 말의 의미를 알게 되었다."

첫 번째 기부 여행(슈 드랍, Shoe Drop)에서 돌아온 그는 완전히 딴 사람이 되었다. 기존의 사업을 정리하고 탐스에 전념하기로 마음을 바꿨다. 신발 사업에 잔뼈가 굵은 인재를 고용해 사업을 확장했다. 그는 스스로를 최고신발기부자(Chief Shoe Giver)라고 부른다. 게다가 2011년부터는 아이웨어(안경) 사업을 시작해, 그에 따른 수익으로 제3세계의 아이들에게 시력교정용 안경을 처방하거나 백내장 시술 등의 의학 서비스를 제공하고 있다. 이보다 더 아름다운 일, 이보다 더 의미 있는 사업, 이보다 더 숭고한 삶이 또 있을까?

목표를 달성했다면 우리는 보다 나은 삶에 대한 고민을 시작해야 한다. 단순히 나의 배와 영혼을 불리는 일에만 열정을 쏟기에는 우리의 삶이 너무 허망할 것이다. 자신이 가진 재능을 돈 버는 데에만 쓴다면 너무 아깝지 않느냐고 수많은 혁신적 리더들이 입을 모아 말한다. 우리도 그러지 못할 이유가 있을까?

　꿈을 향해 가면서도 얼마든지 나의 목표가 사회에 긍정적인 영향을 미치도록 다듬을 수 있다. 굳이 기부가 아니어도 좋다. 나의 이야기가 다른 이에게는 희망이, 내가 이룬 목표가 다른 누군가에게는 실질적인 도움이 될 수 있다. 다음 목적지를 정할 때 이를 한 번 고민해보자. 고립된 섬에서 홀로 누리는 행복보다는 함께 나누고 즐기는 행복이 더 아름답다.

Homo
Unaskus

세상의 변화에 무관심하다
목표 이외의 것은 신경 쓰지 않는다
다른 사람에게 무관심하다

Homo
Askus

변하지 않는 것과 변하는 것을 구별한다
목표에 영향을 미치는 것은 놓치지 않는다
삶의 목표와 목적이 이타적으로 진화한다

에필로그

　이 책에 담긴 질문은 새롭지 않을 뿐 아니라 뻔하기까지 하다. 그러나 바로 그 때문에 우리는 이들을 간과한다. '이미 다 아는 이야기 아니야, 누가 그런 생각을 못해' 하며 말이다. 함정은 바로 이 부분에 존재한다. 늘 시간이 부족하고 처리해야 할 수많은 일에 둘러싸인 우리들에게 이미 알고 있는 일을 새롭게 고민하는 일은 시간낭비에 지나지 않는다. 그러나 과연 제대로 알고 있다 확신할 수 있는가? 그리고 아는 것을 실천하며 산다고 자신하는가?

　현상 이면에 보이지 않는 진실을 보게 해주며, 내면에 숨어 드러나지 않은 진심을 알게 해주는 것은 바로 문제에 대한 진지한 질문이다. 우리는 이것에 대한 적절한 답을 찾는 과정에서 이전까지는 경험하지 못한 사색과 사유를 통해 일종의 깨달음, 즉 답을 얻는다. 그것은 다른 이들의 생각 또는 사회 통념과 다르더라도 충분한 가치가 있다. 삶이란 다른 누군가의 평가에 의해 좌우되는 것이 아니라 자신의 가치관에 의해 결정되는 것이기 때문이다.

사람들은 질문하는 사람을 보며 "뭘 그리 심각하게 사느냐"며 인생을 즐기라고 충고한다. 그러나 필자는 심각한 것과 진지한 것을 구분해야 한다고 답하고 싶다. 삶을 대하는 우리의 자세는 심각할 필요가 없다. 하지만 진지해야 한다. 심각한 태도는 문제만 키우지만 진지한 태도는 해결책을 찾는다. 심각한 관계는 불편함을 양산하지만 진지한 관계는 풍요로움을 잉태한다. 심각한 사람은 상대방의 말문을 막지만 진지한 사람은 상대방의 마음속 말까지 끌어낸다. 우리가 스스로의 삶에 진지하지 못할 이유가 있을까?

인생을 소풍에 비유하며 시간이 허락할 때마다 새로운 것을 경험하며 즐거움과 기쁨을 좇는 것도 삶에 대한 진지한 성찰과 앞날에 대한 통찰에서 오는 것이다. 우리의 삶을 아름다운 작품을 완성하는 과정이라고 생각해보자. 평생 단 하나밖에 만들지 못하는 작품이다. 구상부터 제작, 그리고 마무리까지 결코 간단하지 않고 오랜 기간이 소요된다. 때로는 쉬면서 기분전환도 하고, 전혀 상관없어 보이는 경험에서 새로운 느낌을 얻는 것도 필요하다. 그러나 중요한 것은 방향과 의미를 잃지 않으면서 끝까지 해내느냐 하는 것이다.

우리의 삶은 어땠나. 처음부터 자신의 의지와는 관계없는 작품을 만들다가 어느 순간부터 열정도 의욕도 사라져 살아지는 대로 만들어오고 있진 않은가? 무엇을 만드는지도, 왜 하는지도 모른 채 상황은 심각해져만 가는 것이다. 그것은 더 이상 작품이라고 할 수도 없는 무의미한

습관 덩어리일 뿐이다.

간과해왔던 질문에 마음을 주자. 내일을 어떻게 만들어갈지는 지금 내가 던지는 질문에 그 답이 있다. 질문이 없는 삶에는 아무런 변화도 발전도 없다. 그래서 우리는 늘 같은 자리에서 맴도는 것이다. 마치 그네처럼 앞뒤로 흔들릴 뿐 더 나아가지도 못한다. 하늘로 솟구치길 원하지만 언제나 다시 돌아올 수밖에 없다. 앞으로 나아가고 싶다면 자신의 삶에 어울리는 답을 스스로의 질문에서 건져 올리자.

마지막으로 사랑하는 아내와 나의 아들 현오, 성오, 민오에게 이 책을 바친다.